Birgit Seemann / Edgar Bönisch

Das Gumpertz'sche Siechenhaus –
ein »Jewish Place« in Frankfurt am Main

Die Autoren Birgit Seemann und Edgar Bönisch rekonstruieren auf der Grundlage unterschiedlicher Quellen, etwa Archivalien, Texten, Fotos und Gesprächen mit Zeitzeuginnen und Zeitzeugen die Geschichte des »Gumpertz'schen Siechenhauses«, einer bedeutenden jüdischen Pflegeeinrichtung am Röderbergweg im Frankfurter Ostend.

Sie erzählen die Geschichte dieser Einrichtung jedoch nicht nur in der Dimension einer historischen Rekonstruktion entlang einer Zeitachse, sondern verorten die Entwicklung im wahrsten Sinne des Wortes in der Geschichte des Hauses, in den Raum als solchen. Damit greifen sie den aktuellen Diskurs um »Jewish Space« und »Jewish Place« auf und weben ihn in die Erzählung über die Geschichte des Hauses ein. So finden sich eingebettet in dieses Raum-Zeit-Kontinuum auch die Darstellung der Akteurinnen und Akteure, der Gründerinnen, der Bewohnerinnen, des Personals und auch der Mieterinnen in der Zeit nach dem Krieg, um nur einige zu nennen.

Wir lesen nun »im Raume auch die Zeit«, um mit Karl Schlögel zu sprechen. Von einer Ausflugs- und Erholungslandschaft im 18. Jahrhundert entwickelte sich Ende des 19. Jahrhunderts in diesem Stadtbezirk ein jüdischer Raum, in dem zahlreiche Institutionen jüdischer Wohlfahrt entstanden, so unter anderem das Gumpertz'sche Siechenhaus, das vor allem für weibliche jüdische Bedürftige eingerichtet wurde. In der Entstehungsgeschichte und in der Geschichte dieser Einrichtung spiegeln sich die Entwicklung jüdischer Wohlfahrtseinrichtungen in Frankfurt, ihrer Gemeinden mit den unterschiedlichen Strömungen sowie der Bruch und die Zerstörung in der NS-Zeit wider.

*Birgit Seemann,* Dr. phil., Sozialwissenschaftlerin und Historikerin, 2005 Gastprofessorin an der Lettischen Kulturakademie in Riga; seit 2006 Autorin und Redakteurin des Forschungsprojekts »Jüdische Pflegegeschichte« an der Frankfurt University of Applied Sciences. Auftragsstudien und zahlreiche Fachbeiträge zur Biografie-, Institutionen- und Berufsgeschichte der jüdischen Krankenpflege in Deutschland, 2014–2016 Preisträgerin der »Förderung zeitgeschichtlicher Forschung in Nürnberg und der Vermittlung ihrer Ergebnisse (FZFN)« des Verlags testimon.

*Edgar Bönisch,* Dr. phil, Autor und Redakteur des Forschungsprojekts »Jüdische Pflegegeschichte« an der Frankfurt University of Applied Sciences. Neben der Pflegegeschichte gilt sein Interesse als promovierter Ethnologe insbesondere der Organisationsethnologie. Auch als Verleger möchte er das Interesse an historischen und gegenwärtigen Kulturen wecken. Im *kula* Verlag für Ethnologie und Kulturwissenschaften verlegt er wissenschaftliche Literatur.

Birgit Seemann / Edgar Bönisch

# Das Gumpertz'sche Siechenhaus – ein »Jewish Place« in Frankfurt am Main

Geschichte und Geschichten
einer jüdischen Wohlfahrtseinrichtung

Herausgegeben vom Verein zur Förderung
der historischen Pflegeforschung e. V.

Wissenschaftliche Begleitung:
Prof. Dr. Eva-Maria Ulmer
Prof. Dr. Gudrun Maierhof

Brandes & Apsel

Auf Wunsch informieren wir Sie regelmäßig mit unseren Katalogen *Frische Bücher* und *Psychoanalyse-Katalog*. Wir verwenden Ihre Daten ausschließlich für die Zusendung unserer beiden Kataloge laut der EU-Datenschutzrichtlinie und dem BDS-Gesetzes. Bitte senden Sie uns dafür eine E-Mail an info@brandes-apsel.de mit Ihrer Postadresse. Außerdem finden Sie unser Gesamtverzeichnis mit aktuellen Informationen im Internet unter: www.brandes-apsel.de.

Für weitere Informationen zum Buch besuchen Sie die Website des Forschungsprojekts www.juedische-pflegeschichte.de.

1. Auflage 2019

© Brandes & Apsel Verlag GmbH, Frankfurt a. M.
Alle Rechte vorbehalten, insbesondere das Recht der Vervielfältigung und Verbreitung sowie der Übersetzung, Mikroverfilmung, Einspeicherung und Verarbeitung in elektronischen oder optischen Systemen, der öffentlichen Wiedergabe durch Hörfunk-, Fernsehsendungen und Multimedia sowie der Bereithaltung in einer Online-Datenbank oder im Internet zur Nutzung durch Dritte.

DTP und Cover: Brandes & Apsel Verlag
Coverabbildung: © Universitätsbibliothek Frankfurt am Main/Digitale Sammlung Judaica, https://sammlungen.ub.uni-frankfurt.de/cm/periodical/pageview/3288197
Druck: STEGA TISAK d. o. o., Printed in Croatia
Gedruckt auf einem nach den Richtlinien des Forest Stewardship Council (FSC) zertifizierten, säurefreien, alterungsbeständigen und chlorfrei gebleichten Papier.

Bibliografische Information der Deutschen Nationalbibliothek:
Die Deutsche Nationalbibliothek verzeichnet diese Publikation in der Deutschen Nationalbibliografie; detaillierte bibliografische Daten sind im Internet über www.ddb.de abrufbar.

ISBN 978-3-95558-253-1

# Inhalt

## Grußworte

| | |
|---|---|
| Peter Feldmann, Oberbürgermeister der Stadt Frankfurt am Main | 11 |
| Prof. Dr. Frank E.P. Dievernich,<br>Präsident der Frankfurt University of Applied Sciences | 13 |
| Prof. Dr. Leo Latasch, Mitglied des Vorstandes<br>der Jüdischen Gemeinde Frankfurt am Main | 15 |

## Geleitwort des Herausgebers

Hilde Schädle-Deininger,
Verein zur Förderung der historischen Pflegeforschung e.V.,
Frankfurt am Main                                                        17

## Einleitung (Eva-Maria Ulmer, Gudrun Maierhof)

Das Gumpertz'sche Siechenhaus – Geschichte und Geschichten            19

### Erstes Kapitel (Edgar Bönisch)

**»An einem der luftigsten und freundlichsten Punkte
unserer Stadt, auf dem Röderberge...«**                                   25

| | |
|---|---|
| Die Familien Lindheimer und Osterrieth im Röderbergweg | 27 |
| Der Weinanbau in Frankfurt am Main – ein Exkurs | 34 |
| Lindheimers englischer Garten | 38 |

### Zweites Kapitel (Edgar Bönisch)

**Das jüdisch geprägte Ostend und die jüdischen Institutionen
im Röderbergweg**                                                         41

| | |
|---|---|
| Die Israelitische Volksschule im Röderbergweg 29 | 46 |
| Ein Altersheim im Röderbergweg 77 –<br>    die Israelitische Versorgungsanstalt | 54 |
| Die Israelitische Waisenanstalt im Röderbergweg 87 | 57 |

Das Hospital der Georgine Sara von Rothschild'schen Stiftung
im Röderbergweg 93–97     63
Das Mathilde von Rothschild'sche Kinderhospital im Röderbergweg 109    69

Drittes Kapitel (Birgit Seemann):

## Ein »Jewish Place« der Pflege: das Gumpertz'sche Siechenhaus in den Jahren 1888 bis 1906     73

Ein Frankfurter jüdischer Pflegeort als ›Makom‹ und ›Jewish Place‹    73
Sozialethische Gründungsmotive: Zedaka und Gemilut Chassadim    75
Eine fromme Jüdin aus Warmaisa: Betty Gumpertz    79
»Unterkunft und Pflege« – das Gumpertz'sche Siechenhaus
   öffnet 1888 seine Pforten    85

Viertes Kapitel (Birgit Seemann):

## Stifterinnen, Bewohnerinnen und zwei Oberinnen – Frauengeschichte(n) rund um das Gumpertz'sche Siechenhaus in den Jahren 1907 bis 1932     97

Ein neues »Haus für weibliche Sieche«    97
»[…] der Stadt, in welcher das Stammhaus meiner Familie steht« –
   Mathilde von Rothschild und ihre Töchter    98
Die »Blinde, ein Lichtblick« – ›Gustchen‹ und andere Bewohnerinnen    112
»Geschick, Pflichttreue und große Herzensgüte« – Thekla Isaacsohn
   und Rahel Seckbach, die Oberinnen des Gumpertz'schen Siechenhauses    119
»Jewish Space«: die Kehilloh Gumpertz und ihr Makom auf dem
   Röderberg    124
Weihnukka im Vorderhaus: das Pflegeheim im Ersten Weltkrieg    129
Die »Zufluchtsstätte« erhalten – das Gumpertz'sche Siechenhaus
   in den Krisenjahren der Weimarer Republik    133

Fünftes Kapitel (Birgit Seemann):

## »Familie« und »Schicksalsgemeinschaft« – die Kehilloh Gumpertz in der NS-Zeit (1933–1941)     143

Verfolger als ›Nachbarn‹: das jüdische Hinterhaus und das
   nationalsozialistisch besetzte Vorderhaus    143
Röderbergheim und Brauer-Institut    148

| | |
|---|---|
| ›Schicksalsgemeinschaft‹ im Hinterhaus | 153 |
| Ein Jewish Place wird vernichtet | 163 |
| Rahel Seckbach und der verlorene Jewish Place: Frankfurt – Theresienstadt – Manchester | 167 |

Sechstes Kapitel (Edgar Bönisch)

## Der Röderbergweg 62–64 nach dem Zweiten Weltkrieg 177

| | |
|---|---|
| Handwerkerinnen, Handwerker und Geschäftsleute im Haus | 185 |
| Eine avantgardistische Kunstszene entwickelt sich | 193 |
| Die Künstlerszene im Röderbergweg 62–64 | 196 |
| Adam Seide | 197 |
| Rosa von Praunheims erster Kurzfilm | 200 |
| Die Kinderläden | 203 |
| Die Arbeiterwohlfahrt (AWO) auf dem Grundstück des ehemaligen Gumpertz'schen Siechenhauses | 205 |

Siebtes Kapitel (Edgar Bönisch und Birgit Seemann)

## »Was hätte aus diesem Haus noch alles werden können…« – neu entdeckte Orte der Erinnerung an das Gumpertz'sche Siechenhaus 207

| | |
|---|---|
| Einweihungstafel und Grabmäler – Frankfurter Jüdische Friedhöfe | 208 |
| Straßen und Plätze | 211 |
| Charles-Hallgarten-Hof – Frankfurt University of Applied Sciences | 213 |
| ›Stolpersteine‹ für Hedwig Flora Hausmann und das Ehepaar Wronker | 215 |
| Gedenkort Großmarkthalle im Ostend | 218 |
| Erinnerung an einen jüdischen Pflegeort: eine Gedenktafel für das Gumpertz'sche Siechenhaus am August-Stunz-Zentrum (Senioren- und Pflegeheim) | 220 |
| Die Website ›Jüdische Pflegegeschichte‹ – ein »virtuelles Denkmal« | 222 |

| | |
|---|---|
| Verzeichnis der Quellen, Literatur und Links | 225 |
| Bildnachweise | 251 |
| Dank | 257 |

Monica Kingreen (1952–2017)
und ihrem Lebenswerk gewidmet

# Grußwort des Oberbürgermeisters der Stadt Frankfurt am Main Peter Feldmann

Als Oberbürgermeister der Stadt Frankfurt am Main freue ich mich sehr über diese neue Publikation, in der ein bisher völlig unbekannter, aber hinsichtlich des jüdischen Frankfurts mehr als interessanter Ausschnitt aus der Geschichte vorgestellt wird. Im Mittelpunkt stehen die Entwicklungen im jüdisch geprägten Ostend am Ende des 19. Jahrhunderts bis in die 80er Jahre des 20. Jahrhunderts, dargestellt an einer sozialpflegerischen jüdischen Institution, dem Gumpertz'schen Siechenhaus. Durch die Aktivität jüdischer Stifterinnen und Stifter, die für die Entwicklung Frankfurts jeher bedeutend waren, entstanden jüdische Institutionen, unter ihnen das Alten- und Pflegeheim Gumpertz'sches Siechenhaus am Röderbergweg. Die wechselvolle Geschichte dieser Institution und des Makoms, eines jüdischen Ortes, wird in dem vorliegenden Band erstmals nachgezeichnet, von ihrer Entstehung bis zu der Zerstörung im Nationalsozialismus und der späteren Nutzung nach 1945.

Nach 1945 begann ein neuer Abschnitt in der Geschichte des Hauses, der bis zum Abriss des Gebäudes Ende der 1980er Jahre andauerte. Diese wechselvolle Nachkriegsgeschichte wird auf der Grundlage von Archivmaterialien und vor allem anhand von Interviews mit Zeitzeuginnen und Zeitzeugen eindrucksvoll nacherzählt.

Das Buch zeigt den Wandel des Frankfurter Ostends zu einem Jewish Space, es zeigt Frankfurt als Ort jüdischen Lebens; immerhin war Frankfurt nach Berlin und Breslau die größte jüdische Gemeinde in Deutschland.

Als Schirmherr des Forschungsprojekts »Jüdische Pflegegeschichte in Frankfurt«, das an der Frankfurt University of Applied Sciences angesiedelt ist, bin ich besonders erfreut, dass mit dieser Publikation erstmals ein Forschungsergebnis in gedruckter Form vorliegt. Bisher wurden die Forschungsergebnisse auf der Website www.juedische-pflegegeschichte.de präsentiert, jüdische Biografien, Institutionen und Netzwerke auf diese Weise recherchierbar gemacht.

Die Forscherinnen und Forscher haben einen bedeutenden Aspekt unserer Stadtgeschichte, auch hinsichtlich unserer jüdischen Geschichte, freigelegt und somit der Stadt Frankfurt zurückgegeben. Nicht nur aus diesem Grund wünsche ich dem Buch viele Leserinnen und Leser.

*Peter Feldmann*
*Oberbürgermeister der Stadt Frankfurt am Main*

# Grußwort des Präsidenten der Frankfurt University of Applied Sciences, Prof. Dr. Frank E.P. Dievernich

Es ist mir eine Ehre, mit dem vorliegenden Buch einen kleinen Ausschnitt aus der vielfältigen Forschung unserer Hochschule vorzustellen.

Unsere Hochschule sieht sich in der Pflicht, Forschungsergebnisse kontinuierlich in die Gesellschaft zu tragen und diese einem breiten Publikum zugänglich zu machen. Wir sehen uns als Hochschule, die gesellschaftliche Entwicklungen aufgreift, analysiert und den Diskurs darüber weiterführt. Dabei steht sie in enger Wechselbeziehung mit der Region und der Stadt Frankfurt.

Der Fachbereich 4 Soziale Arbeit und Gesundheit hat sich seit vielen Jahren zur Aufgabe gestellt, die Geschichte der Sozialen Arbeit und Pflege darzustellen. Denn die Auseinandersetzung mit der Geschichte ist ein zentraler Bestandteil der beruflichen Identitätsbildung. Das bedeutet, dass Fachkräfte, die mit Menschen arbeiten, sich der Geschichte ihrer jeweiligen Berufe, der Sozialen Arbeit und der Pflege widmen müssen.

Seit 2006 beschäftigen sich Forscherinnen und Forscher unserer Hochschule mit einem Ausschnitt der Frankfurter Geschichte: In dem Forschungsprojekt »Jüdische Pflegegeschichte in Frankfurt« werden Biografien und Institutionen mit den komplexen Fragestellungen der Geschichte der medizinisch-pflegerischen Versorgung untersucht. Der zeitliche Schwerpunkt liegt zwischen 1870, dem Beginn des modernen jüdischen Pflegewesens, und 1945, dem Ende des Nationalsozialismus. Bisher wurden die Forschungen digital vorgestellt (www.juedische-pflegegeschichte.de). Nun freue ich mich, dass ein Teil der Forschung auch in gedruckter Form vorgelegt wird, denn dadurch ist es uns möglich, ein marginalisiertes Forschungsfeld, was die jüdische Pflegegeschichte in Deutschland ja leider immer noch darstellt, ins Auge der breiten Aufmerksamkeit und Öffentlichkeit zurückzuholen.

Im Fokus der Publikation steht das Frankfurter »Gumpertz'sche Siechenhaus«, das sich im Ostend im Röderbergweg befand. Das Buch erzählt von der wechselhaften Geschichte einer sozialpflegerischen Institution, die im Kontext anderer jüdischer Einrichtungen existierte, macht darüber hinaus die radikalen Aufbrüche, die Blütezeit und die Vernichtung jüdischen Lebens wie unter einem Brennglas deutlich.

Das Wissen über historische Zusammenhänge ist unabdingbar, um aktuelle gesellschaftliche Phänomene zu verstehen und um handlungsfähig zu sein, insbesondere in den Berufen, in denen wir mit Menschen arbeiten.

Ich wünsche diesem Buch eine breite Leserschaft und lebhafte Diskussionen.

*Herzlich*
*Ihr Prof. Dr. Frank E.P. Dievernich*

# Grußwort des Dezernenten für Soziales der Jüdischen Gemeinde Frankfurt am Main, Prof. Dr. Leo Latasch

Frankfurt am Main – mit einer der größten jüdischen Gemeinden vor dem NS-Regime – war schon immer für das jüdische Mäzenatentum bekannt. Viele Institutionen der Stadt Frankfurt wurden über Jahrzehnte von jüdischen Frankfurter Bürgerinnen und Bürgern teilweise oder vollständig finanziert. Mit Hilfe dieser Spenden entstanden Netzwerke der sozialen Fürsorge, der Bildung, Kunst und medizinischen Grundversorgung. Bereits 1870 entwickelte sich daraus ein hoch modernes Krankenhaussystem, das auch für christliche Patientinnen und Patienten offen war und eine professionelle Ausbildung der jüdischen Krankenschwestern in Frankfurt beinhaltete.

Die Krankenpflege gehört zu den wichtigsten Bestimmungen jüdischer Religion und Sozialethik, weil sie der Bewahrung und Heiligung des Lebens dient.

Mit Beginn der NS-Zeit kam es zu einer kompletten Zerstörung dieser Strukturen; jüdisches Pflegepersonal und jüdische Ärztinnen und Ärzte wurden verfolgt, vertrieben und ermordet.

Seit 2006 untersuchen Forscherinnen und Forscher der Frankfurt University of Applied Sciences im Forschungsprojekt »Jüdische Pflegegeschichte« Biografien und Institutionen mit Fragestellungen aus der Geschichte der medizinisch-pflegerischen Versorgung, wobei der zeitliche Schwerpunkt zwischen 1870, dem Beginn des modernen jüdischen Pflegewesens, und 1945, dem Ende des Nationalsozialismus, liegt.

Die vorliegende Publikation befasst sich mit dem Frankfurter Gumpertz'schen Siechenhaus, das sich im Ostend im Röderbergweg befand.

Das Siechenhaus, eingerichtet für kranke, arme und bedürftige Jüdinnen und Juden, wurde nach seiner Stifterin Betty Gumpertz (1823–1909) benannt.

Es existierte im Kontext anderer jüdischer Einrichtungen und zeigt die Blütezeit, aber auch den Versuch der Vernichtung jüdischen Lebens. Im Gumpertz'schen Siechenhaus verschränken sich Geschichte und Geschichten mit persönlichen Erinnerungsspuren und Schicksalen, mit Menschen, die in dem Haus gearbeitet und gelebt haben.

Dies gelingt einerseits durch Aufarbeitung von bestehendem Archivmaterial und andererseits durch Interviews mit Zeitzeugen. Darüber hinaus erfahren wir auch etwas über die spätere Nutzung nach 1945.

Während bisher Ergebnisse über die jüdische Pflegegeschichte immer nur in digitaler Form (www.juedische-pflegegeschichte.de) vorlagen, ist dies das erste Mal, dass das Ergebnis des Forschungsprojekts in Buchform präsentiert wird.

Frau Prof. Dr. Eva-Maria Ulmer und Frau Prof. Dr. Gudrun Maierhof sowie Frau Dr. Birgit Seemann und Herrn Dr. Edgar Bönisch gebührt der Dank, ein weiteres Stück jüdischen Lebens dokumentiert zu haben. Ich wünsche dem Buch viel Erfolg.

*Prof Dr. med. Leo Latasch*
*Dezernent für Soziales*
*Jüdische Gemeinde Frankfurt am Main*

# Geleitwort des Herausgebers

Der Vorstand des Vereins zur Förderung der historischen Pflegeforschung e. V. freut sich über die Herausgabe des Buchs: Das Gumpertz'sche Siechenhaus – ein »Jewish Place« im Frankfurter Ostend. Geschichte und Geschichten einer jüdischen Wohlfahrtseinrichtung im 20. Jahrhundert.

Der Verein fühlt sich dem Buchprojekt in besonderer Weise verbunden, denn diese Veröffentlichung hängt eng mit seinen Zielen zusammen. Entstanden ist der Verein 1999 anlässlich des Todes von Hilde Steppe. Die Ziele waren und sind unter anderem die Unterstützung von Projekten im Bereich der historischen Pflegeforschung und Lehre sowie den Nachlass Hilde Steppes aufzuarbeiten, zu sichern und ihre Ansätze weiterzuverfolgen (siehe auch: www.verein-pflegegeschichte.de). Vor dem Hintergrund ihres Schaffens ist dieses Buch entstanden, das sich erweiternd mit der spezifischen Entwicklung im Frankfurter Ostend befasst.

Ihre Dissertation »...*den Kranken zum Troste und dem Judenthum zur Ehre*...« *– Zur Geschichte der jüdischen Krankenpflege in Deutschland* war die Grundlage zu breiteren Forschungen zur jüdischen Pflegegeschichte und vor allem auch zu jüdischen Orten, zu jüdischem Leben und Krankenpflege in Frankfurt. Der Verein unterstützt diese Forschungen an der Frankfurt University of Applied Sciences. Diese Weiterarbeit passt auch zum berufspolitischen und bürgerschaftlichen Engagement, was für Hilde Steppe immer zusammengehörte und ihr eine Pflicht war.

Einleitend ist in der Dissertation zu lesen: »Es ist ungemein schwierig, die Geschichte jüdischer Institutionen nicht quasi ›von rückwärts‹ zu denken, also ausschließlich von ihrer Vernichtung her zu beschreiben, weil diese fast zwangsläufig alle anderen Elemente überschattet und dabei oftmals die frühere Vielfalt und der Reichtum jüdischen Lebens nicht mehr wahrgenommen werden kann«[1].

Von daher ist dieses Buch, das eine besondere jüdische Einrichtung in Frankfurt darstellt, ein historischer Beleg: das von Betty Gumpertz im Jahre 1888 gegründete Siechenhaus für Bedürftige, chronisch kranke und

---

1  Steppe 1997: 20.

bettlägerige Menschen. In dieser Einrichtung wurden Kranke und Behinderte, Alte und Arme gepflegt, begleitet und unterstützt. Eine Besonderheit war, dass trotz konservativer und streng ritueller jüdischer Führung auch »Nicht-Juden« aufgenommen werden konnten. Das im Frankfurter Ostend gelegene Haus war eingebettet in weitere Institutionen der jüdischen Wohlfahrt und beherbergte vor allem weibliche jüdische Bürger. Im Nationalsozialismus wurde dieses besondere Hilfsangebot zerstört, fast alle Bewohnerinnen und Bewohner ermordet. Die Entwicklung des Hauses nach 1945 zu einem besonderen Ort ganz anderer Art wird in diesem Buch beschrieben.

Wir wünschen, dass diese Veröffentlichung viele Leser und Leserinnen findet, damit ein Stück Geschichte lebendig und menschliches Miteinander sichtbar bleibt und an nachfolgende Generationen weitergegeben wird!

*Hilde Schädle-Deininger*
*Vorstand des Vereins zur Förderung*
*der historischen Pflegeforschung e. V.*
*Offenbach, im November 2018*

# Einleitung:
# Das Gumpertz'sche Siechenhaus –
# Geschichte und Geschichten

»Häuser sind das Persönlichste, Intimste, das sich denken lässt. An ihnen haftet die Erinnerung. An ihnen haftet das ›Eigentum‹. Das ist überhaupt die intimste und festeste Beziehung, die es geben kann. Diese Beziehung wurde im 20. Jahrhundert durch die Gewaltverhältnisse durchtrennt, mehrmals. Die Häuser sind gekennzeichnet durch die Abwesenheit derer, die sie errichtet, derer, die darin gelebt haben: Sie sind ermordet, vertrieben, andere sind eingezogen. In diesen Häusern verschränken sich: Rechtsverhältnisse, Geschichte der Gefühle und Leidenschaften, Erziehungsgeschichte, Biographien, die gebaute Geschichte von Orten, Gewaltgeschichte.«

Dies schreibt der Historiker Karl Schlögel 2003 in seiner Monographie *Im Raume lesen wir die Zeit*.[1] Häuser erzählen nach Schlögel »Geschichten«, und wir möchten die Geschichte des Gumpertz'schen Siechenhauses und Geschichten, die mit dem Haus und dem Ort verbunden sind, nachzeichnen.

Das Siechenhaus, eingerichtet für kranke, arme und bedürftige Jüdinnen und Juden im Frankfurter Ostend, wurde nach seiner Stifterin Betty Gumpertz (1823–1909) benannt. Es hatte seinen Standort ab 1892 zunächst in der Ostendstraße 75, ab 1898 teilweise schon im Röderbergweg 62–64 und seit 1907 in einem großen Neubau auf diesem Grundstück (vgl. Kapitel 3). Bis 1941 diente das Siechenhaus als jüdische Pflegeeinrichtung.

Das Frankfurter Ostend war bereits ab Mitte des 19. Jahrhunderts Zentrum jüdischer Wohlfahrtseinrichtungen. Hierzu gehörten, um nur einige Beispiele zu nennen, eine Suppenanstalt für jüdische Wohlfahrtsbedürftige in der Theobaldstraße, ein Waisenhaus für jüdische Jungen und eines für Mädchen, letzteres geleitet von der Sozialreformerin und Frauenrechtlerin Bertha Pappenheim (1859–1936) und der Israelitische Kindergarten im Baumweg. Wir fragen in unserem Buch nach dem Zusammenhang

---
1 Schlögel 2003: 321.

## Einleitung

von Orten, Menschen und Handlungen und werden die Leserinnen und Leser im historischen Frankfurter Ostend durch den Röderbergweg und durch das Gebäude des Gumpertz'schen Siechenhauses führen.

Das Haus erzählt viele Geschichten, die wir mit dem Diskurs um »Jewish Space« (jüdischer Raum) und »Jewish Place« (jüdischer Ort) verbinden möchten. Damit betonen wir die Dimension Raum in der Zeit und »lesen« – wie Schlögel formulierte – »im Raume die Zeit«. Die Rekonstruktion der Geschichte führt uns auf die Spuren der Akteurinnen und Akteure, etwa die der Stifterinnen, der Bewohnerinnen und Bewohner oder der dort Tätigen. Wir unterscheiden dabei den »Jewish Space« als den jüdisch geprägten Raum um das Gumpertz'sche Siechenhaus im Röderbergweg und den konkreten Ort, den »Jewish Place« des Siechenhauses als einen jüdischen Ort, der Bewohnerinnen und Bewohner mit einschließt. Die religiöse Bedeutung eines solchen jüdischen Ortes, eines »Makom«, werden wir in Kapitel 3 betrachten.

Im Gumpertz'schen Siechenhaus verschränken sich Geschichte und Geschichten mit persönlichen Erinnerungsspuren und Schicksalen, mit Menschen, die in dem Haus gelebt und gearbeitet haben. Indem wir die Geschichte des Gumpertz'schen Siechenhauses erzählen, geben wir Einblicke in viele Dimensionen, die sich in die Diskurse um Kontinuitäten und Brüche jüdischen Lebens in Frankfurt am Main und in Deutschland einbetten lassen.

### Recherchen – Zufälle, Wege und Umwege

Unsere Recherchen über das Gumpertz'sche Siechenhaus führten uns in zahlreiche Archive in Deutschland, Israel, Großbritannien, Frankreich und den USA. Sie brachten uns zudem zu vielen Personen, die in ganz unterschiedlicher Weise mit dem Haus verbunden waren. Für die Geschichte nach 1945 änderte sich die Form unserer Recherche: Hatten wir für die Zeit davor in Dokumenten geforscht und mit Nachfahren der Akteurinnen und Akteure gesprochen, fanden wir nun Zeitzeuginnen und Zeitzeugen, die uns über ihre Erlebnisse im Haus erzählten. Plötzlich trafen wir im Freundeskreis Personen, die darin gelebt hatten. Ein Kollege nahm 1967 mit seiner Frau am Polterabend von Donatus Bölkow, einem Hausbewohner, teil. Er erinnerte sich an große Räume, an Ateliers und viele Künstlerinnen und Künstler. Wir erfuhren, dass Rosa von Praunheim seinen ersten zwölfminütigen Film in der Wohnung eben dieses Donatus Bölkow gedreht hatte. Die Cutterin dieses Films ist die Bekannte eines unserer Autoren. Im Film ist das Haus nur schemenhaft zu sehen, was unser Wissen über den Ort zu diesem Zeitpunkt widerspiegelte.

Ein anderer Kollege berichtete, dass er, als er für sein Abendabitur lernte und wenig Geld besaß, sehr günstig zur Untermiete im Gumpertz'schen Siechenhaus gewohnt hatte. Als Gegenleistung hätte er mit seiner Frau die Wohnung von Adam Seide geputzt. Adam Seide, ein künstlerisches Multitalent, schrieb später einen Roman über das Haus, ein Text, der uns zusätzlich motivierte, über das Haus zu forschen.

Bei einem Sommerfest im Nordend trafen wir auf weitere Zeitzeugen: Ein Ehepaar, das im Gumpertz'schen Siechenhaus Anfang der 1970er Jahre, vor dem Abriss, einen Kinderladen betrieb. Wenig später traf Eva-Maria Ulmer eine Kollegin, die ihr berichtete, dass im Röderbergweg in der ehemaligen Israelitischen Volksschule die Synagoge ihrer Eltern gewesen sei, sie habe oft dort gespielt. Es stellte sich heraus, dass ein Studienkollege ebenfalls kurzzeitig im Röderbergweg in der ehemaligen Israelitischen Volksschule gewohnt hatte. Auch Eva-Maria Ulmer selbst lebte Anfang der 1970er Jahre im Röderbergweg, schräg gegenüber dem Gumpertz'schen Siechenhaus, ohne etwas von der Geschichte dieses Ortes zu ahnen. Parallel zu diesen Begegnungen und Zufällen verlief die systematische Recherche in den einschlägigen Archiven im In- und Ausland.

In dem Roman von Adam Seide *Rebekka oder ein Haus für Jungfrauen jüdischen Glaubens besserer Stände in Frankfurt am Main*[2] – erschienen 1987 – wird das Haus mit Personen belebt, die auf eindrückliche Weise auf die vielfältige Geschichte des Hauses verweisen. Dieses Buch ist Alf Bayrle (1900–1982) und Heinz-Herbert Karry (1920–1981) gewidmet, für uns ein Hinweis, bei den Familien Bayrle und Karry nachzufragen. Thomas Bayrle, dessen Vater Alf Bayrle mit dem Völkerkundler Frobenius in Afrika gewesen war, erzählte uns in einem Interview, dass er sein Atelier im ehemaligen Gumpertz'schen Siechenhaus hatte. Der Sohn von Heinz-Herbert Karry, Ronald, war ebenfalls spontan zu einem Gespräch bereit, so dass wir aus der Sicht von Zeitzeuginnen und Zeitzeugen die Zeit Ende der

---

2  Seide 1987.

1940er bis Ende der 1950er Jahre erfahren konnten. Majer Szanckower, der heutige Verwalter des Jüdischen Friedhofs, gab uns ebenfalls bereitwillig Auskunft, er war im Lager für Displaced Persons in Föhrenwald geboren worden und kam 1956 nach Frankfurt, wo er gegenüber dem Gebäude des ehemaligen Gumpertz'schen Siechenhauses wohnte. Er gab den Anstoß, dass wir die Stiftertafel des Gumpertz'schen Siechenhauses zur Einweihung des Vorderhauses auf dem Alten jüdischen Friedhof (Rat-Beil-Straße) wieder auffanden (Abbildung 54). Auffallend war, dass alle Zeitzeuginnen und Zeitzeugen sehr lebhafte Erinnerungen hatten, das Haus als einen »Übergangsraum« beschrieben und aus ihrer Zeit im ehemaligen Gumpertz'schen Siechenhaus berichteten, als ob es gestern gewesen sei.

## Was erwartet Sie als Leserin und als Leser in diesem Buch?

Erinnerung ist eine kulturelle und kollektive Leistung. Sie ist nicht einfach da, sondern muss immer wieder aufs Neue konstruiert werden. Bei unseren Recherchen zum Gumpertz'schen Siechenhaus wurde deutlich, was Aleida Assmann bereits 1996 in einem ihrer Essays festgestellt hat. Sie spricht von einem »Erinnerungsort, der durch Diskontinuität, das heißt: durch eine eklatante Differenz zwischen Vergangenheit und Gegenwart gekennzeichnet ist. Am Erinnerungsort ist eine bestimmte Geschichte gerade nicht weitergegangen, sondern mehr oder weniger abrupt abgebrochen.«[3] Das Gumpertz'sche Siechenhaus als »Jewish Place« wurde schrittweise im Nationalsozialismus zerstört. Und diese Tatsache führt uns erneut zu einem Gedanken von Aleida Assmann: »Ein Erinnerungsort ist das, was übrigbleibt von dem, was nicht mehr besteht und gilt. Um dennoch fortbestehen und weitergelten zu können, muß eine Geschichte erzählt werden […].«[4] Wir nähern uns in diesem Buch der Geschichte des Ortes, des Raumes im Frankfurter Ostend und der dort lebenden Personen an, wissend, dass es sich lediglich um eine Rekonstruktion handeln kann. Die Ergebnisse unserer Recherchen legen wir Ihnen in sieben Kapiteln vor. Der Raum Röderberg hat sich im Laufe der Zeit und im Kontext der

---

3 Assmann 1996: 16.
4 Ebd.

Stadtentwicklung Frankfurts gravierend gewandelt. Bis zum Ende des 18. Jahrhunderts wurde diese Gegend landwirtschaftlich genutzt, unter anderem mit Weinbau. Ende des 18. Jahrhunderts begann der Umbruch von Weinbau und Landwirtschaft hin zu einem Erholungs- und Villengebiet für wohlhabende Frankfurter Bürgerinnen und Bürger (Kapitel 1).

Kapitel 2 geht auf die vielfältigen sozialen Institutionen ein, die als Antwort auf die drängenden sozialen Problemlagen der jüdischen Bevölkerung sowohl im Frankfurter Ostend als auch in den Landgemeinden durch Stiftungen entstanden. Aufgereiht wie auf einer Perlenkette finden sich im Röderbergweg die Israelitische Volksschule, Röderbergweg 29, die Israelitische Versorgungsanstalt, Röderbergweg 77, die Israelitische Waisenanstalt, Röderbergweg 87, das Hospital der Georgine Sara von Rothschild'schen Stiftung, Röderbergweg 93–97, das Mathilde von Rothschildsche Kinderhospital, Röderbergweg 109, und auf der anderen Straßenseite gelegen, das Gumpertz'sche Siechenhaus, Röderbergweg 62–64.

In Kapitel 3 wird die Entstehung des Gumpertz'schen Siechenhauses als Institution sozialpflegerischer Aktivitäten und als Ausdruck religiös begründeter jüdischer Wohlfahrt beschrieben. Die Stifterin, Betty Gumpertz, griff die drängende Not mittelloser und pflegebedürftiger Jüdinnen und Juden auf und gründete 1888 zum Andenken an Ehemann und Sohn das Siechenhaus. Bereits in diesem Kapitel wird deutlich, dass nicht nur eine Person, sondern ein Netzwerk von Stifterinnen und Stiftern und jüdische Institutionen zur Realisierung des Projekts von Betty Gumpertz beigetragen haben.

Der Schwerpunkt in Kapitel 4 liegt auf den Stifterinnen, Oberinnen, Bewohnerinnen und Bewohnern im Gumpertz'schen Siechenhaus. Die Stiftung von Betty Gumpertz wurde besonders durch Zuwendungen aus der Familie von Rothschild unterstützt. Auch hier wird eindrucksvoll deutlich, wie groß die Bereitschaft war, ärmeren und mittellosen Menschen zu helfen. Unterschiedliche Quellen gaben uns einen Einblick in das tägliche Leben im Gumpertz'schen Siechenhaus.

In Kapitel 5 zeigen wir auf, wie diese Gemeinschaft von Gepflegten und Pflegenden zur Zeit des Nationalsozialismus auseinandergetrieben und zerstört wurde und wie sich die allmähliche gewalttätige Verdrängung und Vernichtung der Menschen sowie der Institution bis 1945 vollzogen hat.

Die wechselvolle Geschichte des Hauses nach 1945 greifen wir in Kapitel 6 auf. Neben Handwerkerinnen und Handwerkern übernahmen nun Künstlerinnen und Künstler den Ort. Interessanterweise entstand bereits Mitte der 1950er Jahre in der Nachbarschaft des ehemaligen Gumpertz'schen Siechenhauses mit dem August-Stunz-Heim der Arbeiterwohlfahrt ein sozialpflegerisches Zentrum. Dieses Zentrum befindet sich auf dem Platz des Vorderhauses des ehemaligen Gumpertz'schen Siechenhauses, das Anfang der 1980er Jahre abgerissen worden war.

Im abschließenden Kapitel 7 werden Orte der Erinnerung in Frankfurt an das Gumpertz'sche Siechenhaus, seine Bewohnerinnen und Bewohner, die dort Arbeitenden und die Stifterinnen und Stifter gezeigt. Weitere Informationen zu Personen und Institutionen finden Sie auf der Website des Forschungsprojekts www.juedische-pflegegeschichte.de

Unsere Recherchen sind nicht abgeschlossen; für Hinweise zum Gumpertz'schen Siechenhaus sind wir dankbar.

Erstes Kapitel

## »An einem der luftigsten und freundlichsten Punkte unserer Stadt, auf dem Röderberge...«

Edgar Bönisch

Mit der Beschreibung eines luftigen und freundlichen Punktes auf dem Röderberg nahm der Schreiber dieses frühen Zeitungszitats[1] Bezug auf den »Jewish Space«, den jüdischen Raum, in welchem auch das Gumpertz'sche Siechenhaus zu finden war.

Mit unserer Beschreibung dieses Raumes beginnen wir 1792; für dieses Jahr haben wir frühe Zeugnisse gefunden, und um diese Zeit änderten sich die Lebens- und Wohnmöglichkeiten der Frankfurter Juden deutlich. Die jüdische Bevölkerung löste sich in mehreren Schritten von dem Zwang, im Ghetto leben zu müssen.[2] 1796 schossen französische Truppen auf die österreichische Armee, die Frankfurt besetzt hatte, wodurch Teile des Frankfurter Judenghettos niederbrannten. Daraufhin mussten Bewohnerinnen und Bewohner außerhalb der Judengasse untergebracht werden. Der Ghettozwang wurde dann 1811 aufgehoben und 1864 erfolgte die endgültige Gleichstellung der Juden in Frankfurt.[3]

Im Sommer 2014 waren meine Kollegin Birgit Seemann und ich gemeinsam mit dem stellvertretenden Leiter des Instituts für Stadtgeschichte der Stadt Frankfurt am Main in einem der Institutsarchive unterwegs. In dessen riesigen Regalen fanden wir erste Belege für die Vorgeschichte des Gumpertz'schen Siechenhauses. Die amtliche Bezeichnung des Grundstücks, auf dem später die beiden Gebäude des Gumpertz'schen Siechenhauses entstehen sollten, war: Gewann II, No. 34. Dieser amtliche

---

1 It: XXVIII (04.07.1887) 51: 921 (vgl. Literaturverzeichnis: Jüdische Zeitungen/Periodika).
2 Vgl. Otto 1998: 37.
3 Vgl. http://www.juedische-pflegegeschichte.de/entdecken/zeitleiste-2/ [02.11.2018].

Kapitel 1

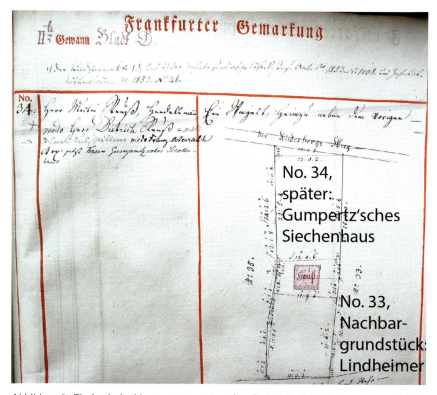

Abbildung 1: Flurbuch des Vermessungsamtes, ohne Datum [mit Ergänzungen von E. B.].

Vermerk führte uns zu weiteren Quellen, z. B. zu einem Flurbuch des Vermessungsamtes, archiviert im Institut für Stadtgeschichte in Frankfurt am Main.

Durch weitere Recherchen zu diesem Gewann II erhielten wir eine Vorstellung des Gebietes, wie es vor dem Zeitpunkt aussah, als die Stiftung der Betty Gumpertz hier ein Grundstück mit Villa kaufte. Eine völlig andere Welt existierte. Der prägende Weinbau wurde nach und nach von großbürgerlichen Sommersitzen mit englischen Gärten abgelöst. Gleichzeitig entstanden Ausflugsziele der Frankfurterinnen und Frankfurter mit Apfelweinwirtschaften und Aussichtsplätzen wie dem Röderbergturm. Für diesen östlichen Stadtteil außerhalb der Befestigungsanlagen hatte sich der Name »Ostend«[4] eingebürgert.

---

4   Krohn 2000: 13.

»An einem der luftigsten und freundlichsten Punkte unserer Stadt, auf dem Röderberge…«

Die Besitzverhältnisse der Grundstücke an und um den Ort unseres Interesses lassen sich anhand der städtischen Grundbücher auch heute noch nachvollziehen. Das Grundstück »Gewann II No. 34« etwa, auf dem später das Gumpertz'sche Siechenhaus stehen würde, gehörte 1828 Dietrich Reus und seiner Ehegattin Maria Jacobea, geb. Bansa. Es wurde weitergegeben an Johann Reus und unterschiedliche Mitglieder der Familie Bansa, bevor es 1861 in den Besitz der Familie Osterrieth kam, die es schließlich an die Stiftung von Betty Gumpertz verkaufte.

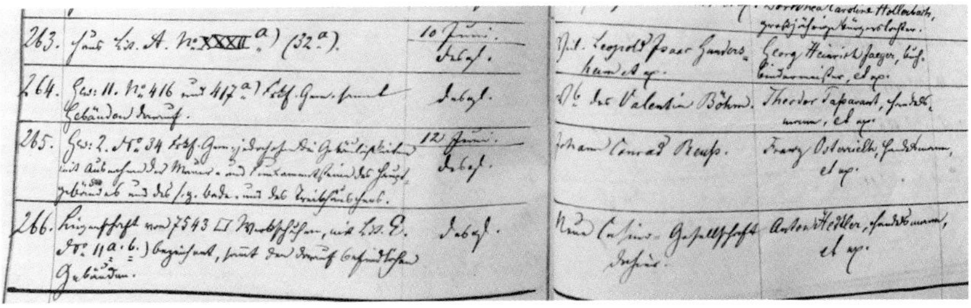

Abbildung 2: Der Eintrag 265 des Transkriptionsbuchs für 1861 dokumentiert die Übertragung des Gewanns II No. 34 von Johann Conrad Reuß an Franz Osterrieth.

## Die Familien Lindheimer und Osterrieth im Röderbergweg

Auf der Abbildung 3, einem Kartenausschnitt von 1792, ist die östliche Frankfurter Vorstadt mit der großflächigen Verbreitung von Weinbergen zu sehen. Das Osterrieth-Areal befindet sich im rechten unteren Viertel der Karte, eine exaktere Bestimmung ist schwierig. Familien wie die der Osterrieths prägten den Wandel Frankfurts vor den Stadttoren. Sie kauften Gartenland und Wingerte, um darauf Sommersitze mit angegliederten Gärten zu bauen.

Die Familie Osterrieth wird hier angeführt, da sie die Eigentümerin und Erbauerin der Villa war, in die die Stiftung der Betty Gumpertz mit dem Siechenhaus einzog. Die Familie Lindheimer war über mehrere Generationen die Eigentümerin des Nachbargrundstücks. Aus dieser Familie stammte die Ehefrau Sophie Osterrieth, geb. Harnier. Da aus der Familienchronik der Familie Lindheimer sehr viel überliefert ist, was das Leben vor Ort dokumentiert, zitiere ich hier aus diesen Dokumenten.

Kapitel 1

Abbildung 3: Die östliche Vorstadt Frankfurts auf einem Plan von 1792.

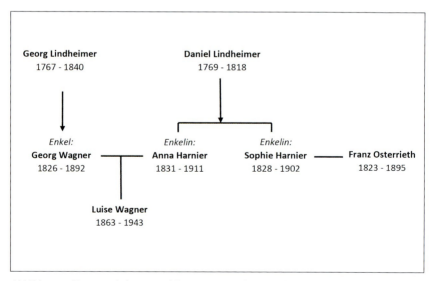

Abbildung 4: Protagonistinnen und Protagonisten der Familie Lindheimer und Osterrieth.

Die Brüder Georg[5] und Daniel[6] Lindheimer hatten sich mit ihren Familien jeweils ein Anwesen in den Weinbergen gekauft. Georg Lindheimer und Maria, geb. Wallacher,[7] auf dem Mühlberg, südlich des Mains. Daniel Lindheimer mit seiner Frau Susanna, geb. Schindler,[8] nördlich des Mains, auf dem Röderberg. »Die Familien gaben sich hinüber und herüber mit Fähnchen öfters Zeichen«,[9] was man auch heute noch nachvollziehen kann, wenn man sich einen passenden Standort sucht.

Luise Wagner,[10] eine Nachfahrin der Lindheimers, schreibt über den Grundstückserwerb:

> »Im Jahr 1792 wurde [...] das sieben Morgen grosse Grundstück auf dem Roederberg von [...] Daniel [...] Lindheimer, unserem Urgrossvater mütterlicherseits, von der Familie Textor, den Verwandten von Goethe's Mutter, erworben.«[11]

Das Flächenmaß war damals der Morgen Land, welcher definiert war als »die Fläche, die ein Bauer an einem Tag mit Hilfe eines Ochsengespanns pflügen konnte«.[12] Bemerkenswert ist, dass aus der Landübernahme von der Familie Textor scheinbar ein Familienmythos entstanden war, der die Nähe zur Familie Goethes beinhaltete. So relativierte Anton Wagner, ein Neffe der Schreibenden: »Da wir aus einer anderen Lindheimer'schen Familie stammen als Goethe, waren Deine Urgroßväter Georg Wilhelm Lindheimer und [...] Daniel [...] Lindheimer nicht etwa nahe Vettern Goethes, sondern nur Vettern 5. Grades, d. h. jeder hatte 3,125% seiner Lindheimer'schen Ahnen gemeinsam mit Goethe.«[13]

Über die Atmosphäre im Haus der Lindheimers am Röderbergweg berichtet Luise Wagner:

---

5   Georg Wilhelm Lindheimer (1767–1840).
6   Andreas Daniel Ludwig Lindheimer (1769–1818).
7   Maria Lindheimer, geb. Wallacher (1780–1806).
8   Susanna Barbara Lindheimer, geb. Schindler (1782–1865).
9   ISG: S1-413 /24.
10  Luise Wagner (1863–1943).
11  ISG: S1-413 /24.
12  Schmidt/Schmidt 2006: 307.
13  ISG: S1-413 /24.

Kapitel 1

»Die Urgrosseltern L.[indheimer] lebten im Winter in der Stadt, die ja noch von Toren, die abends geschlossen wurden, umgeben war. […] Im Sommer zogen sie in das Landhaus auf dem Röderberg, dessen Südhang nach dem Main zu noch ganz von Weinbergen bestanden war. Zum grossen Ärgernis der Weinbergbesitzer liess sich Urgrossvater L. auf dem oberen Teil seines Grundstücks einen ›englischen Garten‹ anlegen, eine ›Wildnis‹, wie es im Volksmund genannt wurde, dessen grüne Bäume und Gebüsch die Vögel anlockten.«[14]

Auf dem »Malerischen Plan von Delkeskamp« von 1864 (Abbildung 5) ist zu sehen, was seit Beginn des Jahrhunderts aus dem englischen Garten der Familie Lindheimer und seiner Umgebung geworden ist. Die Karte zeigt städtische Strukturen mit drei- bis vierstöckigen Häusern, eine Bauweise, die seit 1849 genehmigt wurde.[15] Der Hanauer Bahnhof[16] war 1848 eingeweiht worden. Seit 1847 waren Straßennummern in Frankfurt festgelegt worden,[17] so vermutlich auch für das Lindheimersche Grundstück als Röderbergweg

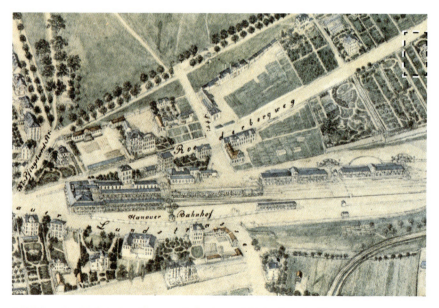

Abbildung 5: »Malerischer Plan von Delkeskamp 1864«, Ausschnitt.

---

14 Ebd.
15 Krohn 2000: 13.
16 Vom Hanauer Bahnhof fuhren die Züge damals nach Hanau, er entspricht in etwa dem heutigen Ostbahnhof, der allerdings um ein Stück östlicher verlegt worden ist.
17 Reinfurth o. J.

72, welches ganz rechts oben (angeschnitten) zu sehen ist. Die Villa auf dem Grundstück Röderbergweg 62, die zum Gumpertz'schen Siechenhaus wurde, ist noch nicht erbaut, dieses Areal ist zu dieser Zeit komplett mit Weinreben bedeckt.

Sophie Osterrieth,[18] die mit ihrem Ehemann Franz die Erbauerin der Villa im Röderbergweg 62 war, gehörte mütterlicherseits zum Familienzweig des Daniel Lindheimer und war die Tochter von Caspar Harnier, einem Frankfurter »älteren Bürgermeister«. Sophie spielte und lebte oft auf dem Gelände ihrer Großmutter, dem Nachbargrundstück des Gumpertz'schen Grundstücks.[19] Auch hierüber schreibt Sophie Osterrieths Nichte Luise Wagner:

»Von der schönen Jugend, die die Urgrossmutter [Susanna Barbara Lindheimer,[20] E.B.] ihren Kindern bereitete, sprechen die wundervollen Spielsachen, die aus jener Zeit auf uns gekommen sind, die Puppenküche, die jedem Altertumsmuseum zur Ehre gereichen würde, und das Schaukelpferd. Leider ist der Pferdestall, zu dem auch alle Arten der damaligen Fuhrwerke gehörten, verschenkt worden, ebenso ist die Puppenstube verschollen und der grosse Kinderkochherd, von dem unsere Mutter erzählte.«[21]

Abbildung 6: Sophie Harnier im Jahr 1848. Sie ist die Tochter von Anna Christina Louise Lindheimer und Eduard von Harnier, einem ehemaligen Bürgermeister von Frankfurt.

---

18 Susanne Sophie Osterrieth, geb. Harnier (1828–1902).
19 Sophies Vater, Caspar Ludwig Simon Eduard Harnier (1800–1868), war Jurist und Kommunalpolitiker, er brachte es bis zum »älteren Bürgermeister« der Stadt Frankfurt und war als Bundesgesandter der Stadt und als Bevollmächtigter der Stadt besonders in England tätig. 1862 wurde er in den österreichischen Adelsstand erhoben. Seine Ehefrau war Anna Christina Louise, geb. Lindheimer (1804–1859).
20 Susanna Barbara Lindheimer (1782–1865), die Großmutter von Sophie Osterrieth.
21 ISG: S1-413 /24.

Weiter berichtet Luise Wagner von den Kutschen, die vorfuhren, einem kleineren Haus auf dem Grundstück, in dem abwechselnd die verheirateten Kinder unterkamen und den Sommer verbrachten. Auch berichtete sie von den Wäscherinnen, die einmal im Jahr für eine Woche ins Haus kamen und z. B. die 72 Oberhemden des Hausherrn reinigten; so sparte man sich das Waschen im Winter. Das Haus wurde später, im Jahr 1854, von der Urgroßmutter Susanna Lindheimer zu einem ständigen Wohnhaus umgebaut.

Franz Osterrieth[22] und Sophie, geb. Harnier, heirateten am 3. Juni 1851 in Frankfurt am Main.[23] Um 1859 lebten sie in Köln und handelten mit Fellen und Häuten. Franz Osterrieth war zudem Konsul der argentinischen Konföderation.[24] Die Osterrieths bekamen fünf Kinder, vier davon wurden in Köln geboren, Adele, das fünfte Kind, 1860 in Frankfurt.[25] 1861 hatten sie den zu jener Zeit als Wingert[26] genutzten Hang am Röderberg von der Familie Reus gekauft, der als Gewann II, No. 34[27] eingetragen war und neben dem Grundstück der Lindheimers lag (No. 33). Zwischen 1863 bis 1866 lebten die Osterrieths an unterschiedlichen Adressen im Röderbergweg und bezogen um 1867 den Neubau einer Villa, die inzwischen als Röderbergweg 62 gekennzeichnet war, die Villa des späteren Gumpertz'schen Siechenhauses.[28]

Die Ehe verlief offensichtlich nicht glücklich, denn zwei Jahre nach dem Bezug der Villa trennte sich Sophie Osterrieth von ihrem Mann und lebte im Westen der Stadt.[29] Franz Osterrieth und der Gärtner Lerch blieben bis zu Franz Osterrieths Tod im Jahr 1896 im Haus.[30] Das Anwesen übernahm eine Erbengemeinschaft, und ab 1899 ist unter der Adresse Röderbergweg 62–64 das Gumpertz'sche Siechenhaus eingetragen, in welchem weiterhin der Gärtner Lerch lebte. Womit wir an dem Ort sind, dem unser Interesse in diesem Buch im Besonderen gilt.

---

22  Franz Osterrieth (1823–1895).
23  Vgl. ISG: S4i-13.
24  Vgl. Adressbuch Frankfurt am Main: 1859.
25  Vgl. ISG: S4i-13: Ludwig Franz (1853–1922), Louise (1853–1862), Auguste (1855–1878), Paul (1860–1933), Adele (1868–?).
26  Wingert = mundartlich für Weingarten, Weinberg [E. B.].
27  Vgl. ISG: Grundbücher-Stadt Nr. 137.
28  Vgl. Adressbücher Frankfurt am Main 1863–1868.
29  Vgl. ISG: Nachlassakten 1871 / 460.
30  Mahlau's Frankfurter Adressbuch 1898: 217.

## Der Weinanbau in Frankfurt am Main – ein Exkurs

Doch zunächst noch einmal zurück, um den betrachteten Raum kennenzulernen, wie er vor dem Bezug durch die Gumpertz'sche Stiftung beschaffen war. Die Gegend um den heutigen Ostbahnhof und das Areal Lindheimer/Osterrieth beschreibt der Frankfurter Mundartdichter Friedrich Stoltze für die Mitte des 19. Jahrhunderts als gänzlich von Wingerten, also Weingärten, bedeckt.[31]

Luise Wagner, die bei ihren Urgroßeltern und Großeltern viele Sommer verbrachte, weist auf die Bedeutung des Weines für die Gesundheit hin:

»Der Wein galt in unserer Jugend noch ganz als Stärkungsmittel. Wollte man einem Kranken eine Wohltat erweisen, so brachte man ihm eine Flasche Wein, der Glaube an die heilende und stärkende Kraft des Weines war allgemein verbreitet, jedenfalls hat es sich augenfällig in den Zeiten der Influenza erwiesen.«[32]

So wundert es nicht, dass der Wein auch ein wichtiger Wirtschaftsfaktor für die ganze Stadt Frankfurt als Genuss- und auch als Lebensmittel war. Nachdem bereits die Römer im Rhein-Main-Gebiet Wein kultiviert hatten,[33] gibt es bis ca. 1100 keine gesicherten Quellen zum Weinanbau im Frankfurter Raum. Erst der Frankfurter Theologe und Historiker Anton Kirchner verweist auf eine Schenkung einiger Weinberge in Breungesheim (heute: Preungesheim) durch Heinrich IV. (1050–1106) an das Bistum Halberstadt.[34] Für das 13. Jahrhundert[35] ist überliefert, dass die Umgebung Frankfurts von dichtem Wald bedeckt war und man zu roden begann, um einige der Frankfurter Gutshöfe einzurichten, die zum Verteidigungssystem der Stadt gehörten. In die Gutshöfe konnten sich die auf den Feldern arbeitenden Dorfbewohner vor überraschenden Angriffen in Sicherheit bringen.[36] Der Historiker Rudolf Maxeiner zitiert die zeitgenössische Ausgabe der *Frankfurter Allgemeinen Zeitung*:

---

31  Vgl. Stoltze, zit. nach Maxeiner 1979: 90.
32  ISG: S1-413 /24.
33  Vgl. Schmidt 2006: 311f.
34  Vgl. Kirchner 1807, zit. nach Maxeiner 1979: 79.
35  Vgl. UB JCS Ffm: Weinbau in und um Frankfurt a. M.
36  Vgl. FGA: 23. November 1932, zit. nach Maxeiner 1979: 56.

»Der Weinbau blüht in dieser Gegend schon nachweisbar vor dem dreizehnten Jahrhundert. Bis in die Neuzeit hinein waren Sachsenhäuser Berg, Röderberg und Seckbach-Bornheimer Berg mit Wingerten angelegt, die von den Feldhütern und Feldschützen ganz besonders überwacht wurden.«[37]

Feldhüter und Feldschützen waren von der Stadt abgestellte Soldaten, die insbesondere zur Weinlesezeit die arbeitenden Winzer schützten. Als Beispiel für die Gefahr, die den Winzern drohte, wird auf den Städtekrieg verwiesen, der auf einem Feld bei Eschborn 1389 entschieden wurde. Einige niedrige Adlige hatten sich gegen die Stadt Frankfurt verbündet und ließen der offenen Auseinandersetzung den Raub einiger Sachsenhäuser Winzer vorausgehen, um Lösegelder zu erpressen. Auch in anderen Situationen konnte man »nie vor einem plötzlichen Ueberfall adeliger Schnapphähne und Raubritter sicher sein. Man hielt [es] deshalb zur Weinlesezeit in der Regel für nöthig, Söldner im Feld so lange aufzustellen, bis die Lese beendet war.«[38]

Ein weiterer Hinweis auf den Wirtschaftsfaktor Wein stammt aus dem Jahr 1331. In diesem Jahr wurden im Frankfurter Hafen die Holzkrane gegen steinerne Krane getauscht, um die großen Gewichte der Fässer stemmen zu können. Ebenso entstanden neue Berufe: Der Weinschröter schrotete die großen Fässer in die Weinkeller, unterstützt von den Weinknechten. Häcker, Winzer und Weinhändler wie auch Weinausrufer, Weinstecher und Weinunterkäufer arbeiteten in der Stadt.[39]

Jeder, der einen Weinberg besaß, durfte auch keltern[40] und hatte zum Zeichen des Weinausschankes, einen Strauß aus Buchenlaub vor die Tür zu hängen.[41] Wein war ein preisgünstiges Lebensmittel, das von allen Bevölkerungsschichten getrunken wurde,[42] weshalb Rudolf Maxeiner feststellt:

»Die Zecherei muß eine verbreitete und beliebte Freizeitbeschäftigung gewesen sein. […] Betrunkene torkelten aus vielen Häusern heraus, denn jeder, der ein Jahr lang das Bürgerrecht besaß, durfte Wein, Bier und Schnaps ausschenken.

---
37  Ebd.
38  UB JCS Ffm: 126, 1. Juni 02.
39  Vgl. Maxeiner 1979: 79.
40  Vgl. Maxeiner 1979: 82.
41  Vgl. ebd.
42  Vgl. Boteh 1923, zit. nach Maxeiner 1979: 80.

»An einem der luftigsten und freundlichsten Punkte unserer Stadt, auf dem Röderberge...«

Abbildung 7: »Ein Blick in die Weinkeller der Firma Manskopf-Sarasin um 1830 lässt ahnen, wie es zu der früher geläufigen Redensart gekommen ist, ›daß in Frankfurt mehr Wein in den Kellern als Wasser in seinen Brunnen sei‹.« [43]

> Gasthäuser gab es unzählige, und während die einen tranken, um ihre Sorgen zu vergessen, begossen die anderen ihre guten Geschäfte, die sie abgeschlossen hatte. Und so fand jeder einen Grund zum Trinken.« [44]

Eine Unterbrechung der Frankfurter Weinseligkeit wurde durch die sogenannte »Kleine Eiszeit« [45] zwischen 1570 und 1700 [46] ausgelöst – eine Zeit kalter, feuchter Sommer und langer Winter, auch in Mitteleuropa. In Frankfurt litt die Qualität des Weins, [47] so dass zwar der regionale Wein, wie etwa der »Landauer« (Frankfurter Landwein), weiter beliebt war, jedoch mehr und mehr Rheingauer Wein oder Bier getrunken wurde. [48]

---

43 Maxeiner 1979: 91.
44 Ebd.
45 Vermutlich durch Vulkanausbrüche verursachte abrupte Abkühlung des Klimas, insbesondere im Kontrast zur mittelalterlichen Warmzeit, ca. 950 bis 1250. Vgl. Bildungsserver.
46 Vgl. Ahrens 2017.
47 Vgl. Maxeiner 1979: 82.
48 Ebd.

Kapitel 1

Abbildung 8: »Der Weinhandel und Weinbau in Frankfurt ernährte auch das Küfterhandwerk« (Vgl. Maxeiner 1979: 58).

Um 1700 wandelte sich die Weinqualität erneut, diesmal zum Besseren, und man konnte wieder Loblieder auf den Wein aus dem Rhein-Main-Gebiet hören,

> »besonders in den Weinbergen auf dem Mühlberg, wo der Wein anfangs zwar etwas rau ist, nachgehend aber, wenn er vier bis fünf Jahre gelegen hat, dem Rheingauer Wein an Stärke und Lieblichkeit nicht nachgibt«.[49]

Die Weinwirtschaft spiegelte sich auch in der Gesetzgebung wieder. Weinpanscher wurden mit dem »Halseisen«[50] bestraft. Zur Messezeit durfte kein Fremder Wein an Fremde verkaufen.[51] Und der Weinanbau musste eingeschränkt werden, um die Ernährung von Mensch und Tier zu sichern, es durfte »niemand Fruchtäcker in Weinberge verwandeln«.[52]

Über Goethes Elternhaus gibt es einen Bericht, wonach das ganze Haus im Großen Hirschgraben nach Wein »geduftet« haben muss, da im Keller viele Fässer aus der Erbschaft der Großmutter lagen, und dass auch die Familie Goethe vor den Toren der Stadt Weingärten besaß.[53]

---

49  Reisebeschreibung von 1740, zit. nach Maxeiner 1979: 86.
50  Vgl. Kirchner 1807, zit. nach Maxeiner 1979: 81.
51  Vgl. Kirchner 1807, zit. nach Maxeiner 1979: 80.
52  Vgl. Kirchner 1807, zit. nach Maxeiner 1979: 81.
53  Gerteis 1961, zit. nach Maxeiner 1979: 86.

Die Weinlese fand im 18. und 19. Jahrhundert um den 18. Oktober statt. Der Rat der Stadt verkündete dafür per Aushang zwei Termine: die Vorlese, die den Feldschützen, den Witwen und Vormündern vorbehalten war, um diesen Benachteiligten der Gesellschaft eine Hilfe zu geben, und die allgemeine Lese, sie setzte den qualitativ wertvollsten Zeitpunkt für die Weinlese fest.[54] Es muss für die Frankfurter eine ganz besondere und ausgelassene Zeit gewesen sein.[55] Überschwänglich beschreibt es der Frankfurter Mundartdichter Friedrich Stoltze:

»Daher kam's dann aach, daß sich die Berjerschaft das zunutz gemacht hat un' bis dief in die Nacht enei mit alle nur denkbare Schußwaaffe, Rakete, Fräsch', Schwärmer und Feuerrädcher geknallt, gebufft, gezischt un' Feuer gespeuzt hat, daß es e' Freud war. In alle Privatgäärde um die Stadt hat's gekracht un' sin' die Rakete in die Luft gestieje; un' in de Wirtsgäärde, da war mer seines Lebens net sicher.«[56]

Etwas distinguierter äußert sich der Geheimrat Goethe:

»Nach mancherlei Früchten des Sommers und Herbstes war aber doch zuletzt die Weinlese das Lustigste. Diese Tage der Weinlese [...] verbreiten eine unglaubliche Heiterkeit. Lust und Jubel erstreckt sich über die ganze Gegend. Des Tags hört man von allen Ecken und Enden Jauchzen und Schießen, und des Nachts verkünden bald da, bald dort Raketen und Leuchtkugeln, daß man, noch überall wach und munter, diese Feier gern so lange als möglich ausdehnen möchte.«[57]

Um 1822 erntete man auf dem Mühlberg und dem Röderberg ca. »200 Stück, das sind etwa 24000 Liter«.[58] Ab 1863 wurden jedoch sukzessive die europäischen Weinanbaugebiete durch die aus den USA gekommene Reblaus (Daktulosphaira vitifoliae) zerstört. In Frankfurt wurden viele der nun freien Flächen durch die wachsende Industrialisierung belegt und der Weinbau erreichte nie wieder die alte Blüte.[59]

---

54  Vgl. Maxeiner 1979: 88.
55  ISG: S1-413 /24.
56  Stoltze, Friedrich, zit. nach Maxeiner 1979: 90.
57  Goethe 1840: 187.
58  Vgl. Heym/Klötzer 1972, zit. nach Maxeiner 1979: 89. Die Angabe könnte jedoch falsch sein: Nach Krüger 1830 folgt für Frankfurt a. M.: 1 Stückfass = 8 Ohm = 58.201,8 Pariser Kubikzoll = 1154,5 Liter. D. h. 200 Stück mal 1154,5l = 230.900 l, also ca. das zehnfache der bei Maxeiner angegebenen Menge.
59  Vgl. Industrieverband Agrar e.V. 2007.

## Lindheimers englischer Garten

Luise Wagner erwähnte bereits den englischen Garten, den ihr Urgroßvater in die Weinlandschaft des Röderbergwegs baute. Der Einfluss des englischen Gartens spielte bereits bei der Umwandlung der Frankfurter Wallanlagen in Gärten (1804–1812) eine Rolle. Aus den wohl eher sumpfigen Wassergräben um die Befestigungsmauer wurden »entzückende« englische Gärten und ein »anmutend duftender« Gürtel.[60]

Seit den 30er und 40er Jahren des 18. Jahrhunderts[61] hatte sich die Idee von William Kent gegen die formale Struktur des französischen oder Barockgartens[62] durchgesetzt, wie er zum Beispiel in Versailles vom Gartenarchitekten André LeNôtre umgesetzt worden war. William Kent wollte den Gartenbau ohne »Wasserwaage oder Richtschnur«[63] angehen.

Der französische Garten zeichnete sich durch förmliche, gerade Linien aus und arbeitete mit geometrischen Formen wie Quadraten, Dreiecken und Kreisen.[64] Immergrüne Pflanzen[65] wie Eiben, Lorbeer und Buchsbaum unterstützten diesen statischen Eindruck. Ganz anders der unregelmäßige, eher zufällig wirkende englische Garten. Hier gibt es willkürlich verteilte Wege mit unregelmäßigen Einmündungen und Kreuzungen.[66] Baumgruppen und Büsche lockern das Gelände auf und führen den Garten in die umliegende Umgebung über. Die Mühe, die hinter der Schaffung eines englischen Gartens steckte, sollte jedoch möglichst nicht erkannt werden. Der Anspruch, der hinter der Idee stand, entsprach den Werten der Romantik, es sollte Emotion, Kreativität und Staunen[67] sowie Freiheit des Individuums ausgedrückt werden.[68]

Der Einblick in die Welt der französischen und englischen Gärten zeigt den Geschmack des Bürgertums zu dieser Zeit, dem offensichtlich auch die Familie Lindheimer folgte. Eine darüber hinaus gehende Bedeutung,

---

60 Vgl. Maxeiner 1979: 198.
61 Vgl. Borgmeier 2009.
62 Vgl. ebd.: 40.
63 Ebd.: 41.
64 Vgl. ebd.: 41.
65 Vgl. ebd.: 44.
66 Ebd.: 44.
67 Vgl. Drabble, zit. nach Borgmeier 2009: 44.
68 Vgl. Borgmeier 2009: 47.

die Gärten zugemessen wird, ist sichtbar an der mehrfachen Erwähnung des Gartens im Röderbergweg 62–64, wie etwa im Bericht von der Hauptversammlung der Gumpertz'schen Stiftung im Jahr 1899: »[Es] bot sich Gelegenheit, ein noch gesunder gelegenes Gelände auf dem Röderberg zu erwerben, in dem sich ein Haus mit schönen Gartenanlagen befand.«[69] Der Wunsch nach einem Garten oder Gartenanlagen wird auch verständlich, wenn man bedenkt, dass es »in der Zeit des Ghettos«[70] verboten war, in und außerhalb der Stadt Gärten zu besitzen. Über das Leben im Judenghetto aus dem Haus der Rothschilds berichtet Miriam von Rothschild. So erfahren wir, dass in großer Enge 10 Kinder in einem einziegen Raum schliefen und, dass die Mutter in einem Durchgang von 5 mal 12 Fuß kochte. Dennoch gelang es dem Sohn Amschel Mayer Rothschild, auf dem Balkon zum Hof, genannt »die Terrasse«, einen Garten mit Topfpflanzen zu kultivieren, über den er fanatisch gewacht haben soll.[71]

So legten jüdische bürgerliche Familien in der Zeit nach dem Ghettozwang Gärten in Parkform an, aber auch im Vorgarten oder selbst auf Veranden und in Wohnungen. Die Historikerin Andrea Hopp berichtet von einem Nachbau des Frankfurter Palmengartens, der 1871 eröffnet worden war, in einem Zimmer einer jüdischen bürgerlichen Familie.[72]

---

69   GumpBericht 1899: 894. Vgl. auch Kapitel 3.4 »Unterkunft und Pflege« – das Gumpertz'sche Siechenhaus öffnet seine Pforten.
70   Hopp 1997: 233.
71   Vgl. Rothschild, 2004: 16.
72   Vgl. Hopp 1997: 233f.

Zweites Kapitel

# Das jüdisch geprägte Ostend und die jüdischen Institutionen im Röderbergweg

Edgar Bönisch

Im 19. Jahrhundert erhielt das Frankfurter Ostend seine jüdische Prägung, es entwickelte sich zum »Jewish Space«, der die Ausbildung eines jüdischen Bildungs- und Wohlfahrtsnetzwerkes im Röderbergweg förderte.

Eine besondere Rolle spielte hierbei die Israelitische Religionsgesellschaft (IRG), die sich 1850 als Austrittsgemeinde aus der Frankfurter Israelitischen Gemeinde als neo-orthodoxe zweite Frankfurter Jüdische Gemeinde gründete. Ab 1851 war Dr. Samson Raphael Hirsch ihr Rabbiner.[1] Die IRG sah »das traditionelle Judentum durch die größere, mehrheitlich liberale und reformorientierte Israelitische Gemeinde gefährdet«.[2] Diese

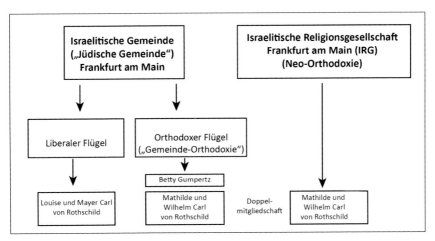

Abbildung 9: Überblick der jüdischen Hauptströmungen in Frankfurt am Main um 1850.

---

1 Vgl. Seemann 2014a: unpag.
2 Ebd.

Trennung der Gemeinden verlief durchaus kontrovers, auch quer durch die jüdischen Familien. Beispielsweise waren Mayer Carl von Rothschild und seine Frau Louise liberal eingestellt und blieben in der bestehenden Israelitischen Gemeinde. Der jüngere Bruder Wilhelm Carl von Rotschild und seine Frau Hannah Mathilde dagegen bekannten sich zur neo-orthodoxen Israelitischen Religionsgesellschaft, blieben jedoch zudem in der bisherigen Israelitischen Gemeinde. Als Mitglieder der neo-orthodoxen IRG waren sie mehr oder weniger in allen jüdischen Institutionen im Röderbergweg engagiert. Durch ihre Doppelmitgliedschaft kam dieses Engagement dem gesamten jüdischen Pflegenetzwerk in Frankfurt zugute.

Der Röderbergweg war im 19. Jahrhundert sowie zu Beginn des 20. Jahrhunderts ein beliebter Spazierweg für Ausflügler hin zu Apfelweingaststätten und zum Röderbergturm, einem Aussichtsturm. Hier im Text folge ich imaginären Spaziergängerinnen und Spaziergängern, um den »Jewish Space« im Osten der Stadt zu erkunden.

Auf dem Weg stadtauswärts den Berg hinauf passierten diese imaginären Spazierenden eine Reihe von jüdischen Einrichtungen und begeg-

Abbildung 10: Röderbergturm 1935, ein Turm, der seit 1871 einen hölzernen Vorgänger hatte und 1880 aus Stein neu aufgebaut worden war.

neten wohl auch dem einen oder anderen der Bewohnerinnen und Bewohner. Diese jüdischen Einrichtungen lagen alle auf der dem Siechenhaus gegenüberliegenden Straßenseite.

Die erste Institution, auf die sie trafen, war die Israelitische Volksschule (Röderbergweg 29) in Höhe der Bärenstraße. Anderthalb Häuserblocks weiter stand die Israelitische Versorgungsanstalt (Röderbergweg 77), ein Altenheim. An der nächsten Straßenecke zur Waldschmidtstraße war die Israeltische Waisenanstalt (Röderbergweg 87). Ein kleines Stück weiter noch, erreichten die Spaziergängerinnen und -gänger auf dem Röderbergweg das Hospital der Georgine Sara von Rothschild'schen Stiftung und das Rothschild'sche Kinderhospital (Röderbergweg 93 und 109). Über diese beiden Häuser stand im *Israelit* 1887 zu lesen:

»An einem der luftigsten und freundlichsten Punkte unserer Stadt, auf dem Röderberge, sind die jüdischen Spitäler, [...] das eine das Georgine Sara von Rothschild'sche Spital, ein herrlicher Bau in edlem einfachem Styl, das andere ein schlichtes, inmitten eines prachtvollen Gartens gelegenes Haus, das als Kinderspital dient.«[3]

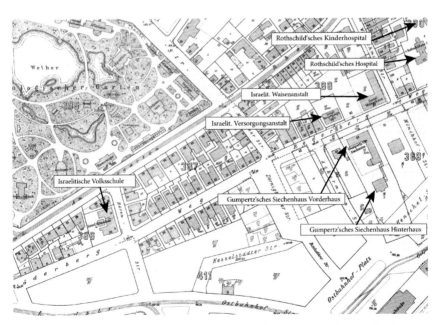

Abbildung 11: Der Stadtplan von 1914 zeigt den Ort des Gumpertz'schen Siechenhauses und verschiedene jüdische Einrichtungen im Röderbergweg [Ergänzungen E. B.].

3 It: XXVIII (04.07.1887) 51: 921.

Es war jedoch nicht die »luftige und freundliche« Lage alleine, die für die Entwicklung des Frankfurter Ostens verantwortlich war. Seit 1804, mit Beginn des Schleifens der Wallanlagen, wurde die städtebauliche Expansion möglich.[4] Die einsetzende Industrialisierung führte zu einer starken Bevölkerungszunahme, die Einwohnerzahl wuchs zusätzlich durch Eingemeindungen.[5] Das Wachstum war gewünscht und wurde durch wirtschaftliche Fördermaßnahmen unterstützt. Ab 1864 galt die Gewerbefreiheit, Binnenzollgrenzen etwa auf Lebensmittel wurden aufgehoben, und 1866 wurde das preußische Freizügigkeitsgesetz[6] erlassen. Die einsetzende rasante Entwicklung verlangte nach Struktur, und Oberbürgermeister Franz Adickes war der erste, der 1890 begann, eine geordnete Stadtplanung zu entwerfen, die die Einrichtung von Industrie-, Wohn- und Freizeitgebieten im Frankfurter Osten forcierte.

Im Ostend war es vor allem die jüdische Bevölkerung, die dem Trend außerhalb der ehemaligen Wallanlagen zu siedeln, folgte.[7] Die Nähe zur Judengasse mit den gemeinschaftlichen Institutionen wie Synagoge, Schulen und Wohlfahrtseinrichtungen war beliebt. Die folgende Tabelle zeigt das starke Wachstum der Frankfurter Gesamtbevölkerung Ende des 19., Anfang des 20. Jahrhunderts und berücksichtigt in Relation die jüdische Bevölkerung, es ist ihr hoher Bevölkerungsanteil im Ostend zu erkennen.[8]

---

4  Vgl. Brockhoff 2016: 80–97.
5  Vgl. Becht 2016: 98–108.
6  Das Freizügigkeitsgesetz von 1866 beinhaltete den Wegfall aller gewerblichen und bürgerlichen Ausnahmebestimmungen auch für Juden. Vgl. auch Krohn 2000: 11f.
7  Die Möglichkeit, außerhalb der Wallanlagen zu leben, ergab sich, nachdem zwischen 1804 und 1812 diese Anlagen geschleift wurden und 1811 der Ghettozwang aufgehoben wurde.
8  Vgl. Krohn 2000: 22f. (Tabelle).

| Jahr | Bevölkerung in Frankfurt insgesamt | davon Juden | in Prozenten | Bevölkerung im Ostend insgesamt | davon Juden | in Prozenten | Anteil an den Frankfurter Juden |
|---|---|---|---|---|---|---|---|
| 1858 | 63.742 | 5.733 | 9,0% | | | | |
| 1895 | 229.279 | 19.488 | 8,5% | 16.013 | 4.136 | 25,8% | 21,2% |
| 1910 | 414.576 | 26.228 | 6,3% | 25.250 | 5.336 | 21,1% | 20,3% |
| 1925 | 471.548 | 29.385 | 6,3% | 38.229 | 6.384 | 16,7% | 21,7% |

Abbildung 12: Tabelle zur Bevölkerungsentwicklung in Frankfurt am Main unter besonderer Berücksichtigung der jüdischen Bevölkerung im Ostend.

Die jüdische Bevölkerung wuchs durch Zuwanderung aus ländlichen Bereichen Süddeutschlands und Hessens, aber auch durch die Zuwanderung von »Ostjuden« aus Osteuropa, besonders nach den Pogromen von 1881 in Russland. Auch bittere Armut war ein Grund, aus Russland zu fliehen.[9] Für die neuen Einwohnerinnen und Einwohner des Ostends waren die günstigen Mietpreise, die Arbeitsplätze in der Industrie und in den kleinen Produktionsbetrieben wie auch die bereits vorhandene jüdische Infrastruktur[10] besonders attraktiv.

Die Infrastruktur wurde gestärkt durch Stiftungen reicher Bürger, die zuvor große Grundstücke auf dem Röderberg gekauft hatten, wie die Historikerin Helga Krohn berichtet:

»Am Röderbergweg wurden seit der Mitte des 19. Jahrhunderts relativ preiswerte und große Grundstück angeboten; einige waren bereits im Besitz wohlhabender jüdischer Familien wie den Rothschilds, die sie für den Neubau von Krankenhäusern und Kinderheimen zur Verfügung stellten.«[11]

Wie bedeutend diese Einrichtungen für den Lebenslauf eines Menschen sein konnten, verdeutlicht der Lebensweg von Emma Else Rothschild eindrücklich. Geboren am 6. Dezember 1894 in Echzell (Hessen) in einer Metzgersfamilie, wuchs sie zeitweise in der Israeltischen Waisenanstalt,

---
9   Vgl. Otto 1998: 104.
10  Vgl. Krohn 2000: 23f.
11  Vgl. ebd.: 138.

Röderbergweg 87, auf. Sie ging bis 1909 in die Israelitische Volksschule, Röderbergweg 29. Es folgte eine Phase außerhalb des Röderbergwegs. Etwa 1913 bis 1916 besuchte sie ein Kindergärtnerinnenseminar, um sich danach zwei Jahre in einem »Fröbel-Kindergärtnerinnen-Seminar« weiterzubilden, welches sie mit einem besonders guten Examen abschloss. Darauf arbeitete sie als Kindergärtnerin in Halberstadt. Vermutlich 1921 kehrte sie nach Frankfurt in den Röderbergweg zurück und übernahm die Pflegeleitung des Rothschild'schen Kinderhospitals, Röderbergweg 93, die sie bis zu dessen erzwungener Schließung im Juni 1941 innehatte. Weiter wissen wir von ihr, dass sie am 19. Juni 1941 in die Rhönstraße 51, eine Parallelstraße des Röderbergwegs, zog, in das Personalwohnhaus des Rothschild'schen Hospitals. Im Juli 1941 leitete sie die Mädchenabteilung der Israelitischen Waisenanstalt, deren Zögling sie selbst einst war. Am 24. Juli 1941 zog Emma Rothschild in das Haus Am Tiergarten 28, ebenfalls in der Nähe gelegen.

Emma Else Rothschild wurde deportiert und ermordet, als Todeszeitpunkt wurde der 8. Mai 1945 festgesetzt.[12]

Emma Else Rotschild lebte und arbeitete in drei der fünf hier vorgestellten Institutionen, die wichtige Einrichtungen im »Jewish Space« waren, durch den wir nun gehen.

## Die Israelitische Volksschule im Röderbergweg 29

1932 bestand die Israelitische Volksschule 50 Jahre. Baruch Stern, der Leiter der Schule in den Jahren 1924 bis 1931, verfasste aus diesem Anlass eine Jubiläumsschrift. Er stellt darin einleitend fest, dass durch den Ersten Weltkrieg und die Not der Nachkriegszeit die wirtschaftliche Grundlage der Schule zerstört worden sei. Dennoch sei er stolz darauf, dass die ideellen Werte in der Schule, nämlich im Geiste des Judentums zu wirken, noch immer vorhanden seien. Er schrieb:

> »Den Zielen, die der Schule bei ihrer Gründung gesteckt wurden, den Idealen, die ihren Stiftern vorschwebten, ist sie in allem Wechsel der Zeiten treu geblieben. Wie am ersten Tage ihres Wirkens war sie jederzeit bemüht, geistiges Leben im Sinne des altüberlieferten Judentums zu wecken und zu entfalten, Menschen zu bilden,

---

12  Vgl. JM Ffm und Jüdische Pflegegeschichte Ffm., Personenverzeichnis.

die als treue Söhne der jüdischen Gemeinschaft ihren Weg durchs Leben suchen und finden können.«[13]

Die Israelitische Volksschule war am 1. Juni 1882 eröffnet worden. Die Gründungsidee stammte von dem Arzt Dr. Markus Hirsch, der den Menschen »aus geistiger und wirtschaftlicher Not helfen« wollte. Sein Vater, der Rabbiner Dr. Samson Raphael Hirsch, setzte sich für die Idee beim Vorstand der Israelitischen Religionsgesellschaft ein. Sein wichtigstes Argument war, dass von den ca. 200 jüdischen Schülerinnen und Schülern, die zu dieser Zeit in christlichen Schulen untergebracht waren, höchstens drei den Shabbat ehrten und das Gebot des Nichtschreibens einhielten.[14] In einem Spendenaufruf wurde das Anliegen nochmals formuliert: »Für die Kinder der Bemittelten ist in ausgiebigster Weise gesorgt, für die Kinder der Minderbemittelten jedoch fehlt es an für sie passenden jüdischen Schulen. Sie sind genötigt, die christlichen Volksschulen zu besuchen.«[15] Einer der ersten wichtigen Spender war Selig Goldschmidt, der anlässlich der Verlobung seiner Tochter Recha 12.000 Mark als Grundstock für die Schule gab.[16]

Abbildung 13: Selig Goldschmidt, einer der ersten Stifter der Volksschule.

Abbildung 14: Altes Schulhaus der Israelitischen Volksschule 1882 bis 1892, Ecke Schützenstraße und Rechneigrabenstraße, vgl. Fußnote 17.

13   Stern 1932: 1.
14   Vgl. ebd.: 5.
15   Ebd.: 4.
16   Vgl. ebd.: 5.

Kapitel 2

Abbildung 15: Neues Schulhaus der Israelitischen Volksschule nebst Anbau, Röderbergweg 29.

Der erste Standort der Israelitischen Volksschule befand sich von 1882 bis 1889 in der Schützenstraße, Ecke Rechneigrabenstraße.[17] In der Gründungsklasse waren 40 Schülerinnen und Schüler. Jedes Jahr kam eine weitere Klassenstufe hinzu.[18] Einen ersten Stundenplan entwickelte Dr. Samson Raphael Hirsch. Vorgesehen waren fünf Klassenstufen mit 24 bis 37 Wochenstunden in den Fächern: Hebräisch, Deutsch, Rechnen, Schreiben und je nach Klassenstufe Französisch, Geographie, Geschichte, Naturgeschichte, Physik, Geometrie, Zeichnen, Singen, Turnen und Handarbeit. Ab dem fünften Schuljahr wurden Jungen und Mädchen getrennt unterrichtet. Ein Schulgeld wurde erhoben und betrug 18 Mark je Semester,[19] ein eher geringer Betrag, jedoch deutlich über dem Tarif der Armenschulen.

An seinem zweiten Standort bezog die Volksschule am 23. Dezember 1891 einem Neubau im Röderbergweg 29. Grundstück und Gebäude finanzierten der Stifter Selig Goldschmidt und Mitglieder der Freiherrlich von Rothschild'schen Familie. Im August 1900 konnten Schulinspektoren berichten,

---

17 Der Journalist Arnim Otto berichtet, dass der Standort in der Schützenstraße, Ecke Rechneigrabenstraße das Gebäude der Schule der Israelitischen Religionsgesellschaft war, in welchem die Israelitische Volksschule Räume belegte (Otto 1998: 173).
18 Vgl. Stern 1932: 13.
19 Ebd.: 5.

Das jüdisch geprägte Ostend und die jüdischen Institutionen im Röderbergweg

Abbildung 16: Mendel Hirsch, erster Schulleiter der Volksschule, Leiter der Schule von 1882 bis 1898.

Abbildung 17: Benjamin Falk, Leiter der Schule 1898 bis 1924.

Abbildung 18: Baruch Stern. Schulleiter von 1924 bis 1931.

»daß der Anstalt ein wohleingerichtetes mit luftigen und geräumigen Schulzimmern versehenes Gebäude nebst hinreichend großem Spielplatz zur Verfügung steht, daß die Schule mit den erforderlichen Utensilien und Lehrmitteln reichlich versehen ist, daß in dem Gebäude große Reinlichkeit und Ordnung herrscht und daß die an der Anstalt tätigen Lehrpersonen ihrem Amt mit Eifer obliegen und wohlbefriedigende Unterrichtsergebnisse erzielen.«[20]

Dr. Mendel Hirsch, der ehrenamtliche Leiter der Realschule der Israelitischen Religionsgesellschaft und deren Höheren Mädchenschule, übernahm auch die ehrenamtliche Direktorenstelle der Volksschule mit der pädagogischen, didaktischen und disziplinären Leitung. Er führte die Volksschule von 1882 bis 1898.[21]

Um den steigenden Schülerzahlen gerecht zu werden, erhielt die Schule auf Anordnung der Schulbehörde einen hauptamtlichen Leiter. Im Februar 1898 löste Benjamin Falk Dr. Hirsch ab und blieb auf dieser Stelle bis zu seinem Ruhestand im Sommer 1924. Ihm folgte Baruch Stern, der bis Dezember 1931 die Schule leitete.

An dieser Stelle wird durch die Betrachtung des Raumes die Vernetzung von Personen deutlich. In unterschiedlichen Institutionen arbeiteten eng verbundene Mitarbeiterinnen und Mitarbeiter. So war die Lehrerin der Israelitischen Volksschule Ida Spiero,[22] eine der Schwestern Rahel Spieros, verheiratete Seckbach, die

---

20 Vgl. ebd.: 27.
21 Vgl. edb.: 17.
22 Vgl. HHStAW Sign. 518 / 42111: Ida Spiero.

die Stelle der Oberin im Gumpertz'schen Siechenhaus bekleidete. Ida Spiero war Jahrgang 1886, geboren in Prostken und in der Volksschule von 1916 bis 1941 als Lehrerin tätig.[23] Ein weiteres Beispiel der Vernetzung ist Emma Else Rothschild, die ich bereits oben erwähnt habe, die im Israelitischen Waisenhaus aufwuchs, zur Israeltischen Volksschule ging und schließlich die Mädchenabteilung des Rothschild'schen Kinderkrankenhauses leitete. Noch ein Beispiel ist Dr. Samson Raphael Hirsch, der als Rabbiner die Israelitische Religionsgesellschaft führte, aber auch die Israelitische Volksschule bei ihrer Gründung unterstützte oder der Verwaltungs-Commission des Rothschild'schen Hospitals vorsaß.

Hervorzuheben ist auch das Amt einer Schulpflegerin an der Volksschule. Seit 1916 war sie zuständig für Hausbesuche und konnte Fördermaßnahmen veranlassen. Auch nach der Schulentlassung war sie bei der Arbeitssuche behilflich[24] – aus heutiger Sicht war dies ein sehr modernes Konzept der Schulsozialarbeit.

Der Status der Volksschule wurde im Lauf der Zeit mehrfach hinterfragt. So ordnete 1889 die städtische Schuldeputation eine Prüfung an, ob die privat geführte Volksschule nicht besser in eine öffentliche Einrichtung umzuwandeln sei.[25] Das Verfahren lässt sich nicht mehr rekonstruieren, doch blieb der private Status weiter erhalten. Als 1906 das Volksschulunterhaltungsgesetz[26] in Kraft trat, in dem u. a. der jüdische Religionsunterricht an öffentlichen Schulen geregelt wurde, hätte die Religionsgesellschaft gerne den Status einer öffentlichen Schule bekommen. Diesmal lehnten der Magistrat und die Regierung das Gesuch mit der Begründung ab, dass die Schule zu einem hohen Anteil von »Ausländern« besucht würde. Eine Begründung, die offensichtlich auch später, 1928, erneut zur Ablehnung eines gleichen Gesuches diente. Ein Dokument aus dem Jahr 1928 weist von den insgesamt 724 Schülerinnen und Schülern folgende Nationalitäten aus: 376 Deutsche und 348 Nicht-Deutsche, davon 246 Polen, 33 Staatenlose, 21 Österreicher, 13 Tschechoslowaken, je acht aus Rumänien und aus Russland, je vier aus England, Litauen, der Schweiz und der Türkei und jeweils ein Schüler aus Lettland, den Niederlanden und aus Ungarn.[27]

---

23 Vgl. http://www.juedische-pflegegeschichte.de/index.php?dataId=69948726824116&opener=274874347636038&id=131724555879435 [29.06.2017].
24 Vgl. Krohn u. a. 2000: 130.
25 Vgl. Stern 1932: 43.
26 Vgl. Makower 1907: unpag.
27 Vgl. ISG Fgm, Schulamt 3824.

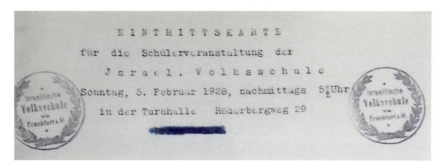

Abbildung 19: Eintrittskarte für ein Schulkonzert 1928.

Abbildung 20: Programm des Schulkonzerts von 1928.

An das gesellschaftliche Leben in der Schule erinnern Dokumente einer Musikveranstaltung, ein Programmblatt und eine Eintrittskarte von 1928. Um das Musikfest gab es allerdings auch einen Streit bzgl. des Erlasses von Vergnügungssteuer, der in den Akten dokumentiert ist.[28] Während der NS-Zeit wurde die Schule zunächst noch vom Staat finanziell unterstützt. Im Oktober 1935 ordnete der Reichs- und Preußische Minister für Wissenschaft die Unterstützung privater jüdischer Volksschulen an, da mehr und mehr jüdische Kinder von den öffentlichen Schulen dorthin kämen, was die abnehmende wirtschaftliche Leistungsfähigkeit der jüdischen Bevölkerung über-

28 Vgl. ISG Ffm, Schulamt 3828.

fordere. Diese »Logik« der Unterstützung ist jedoch ganz im Sinne der Segregationspolitik der NS-Behörden gegenüber der jüdischen Gemeinschaft. Es war erwünscht, den Betrieb der jüdischen Schulen aufrecht zu erhalten »bis zur Errichtung der zur Durchführung der Rassentrennung erforderlichen öffentlichen Schulen«.[29] Der zu dieser Zeit leitende Rektor Karl Ochsenmann ging 1938 in den Ruhestand.

Anfang 1942 wurden auf Zwang der Reichsvereinigung der Juden in Deutschland die Israelitische Volksschule im Röderbergweg mit der Volksschule des Philantropin am Standort Hebelstraße zusammengelegt, sie bildeten nun die »Private jüdische Volksschule in Frankfurt a/Main«. Begründet wurde der Schritt mit der gesunkenen Schülerzahl. Die Leitung hatte eine der Lehrerinnen der Israelitischen Volksschule, Rosa Jeidel, übernommen. Auf Rosa Jeidel folgte später Alfred Speier.[30]

Die Situation der Schülerinnen und Schüler verdeutlicht ein Schreiben vom August 1941. Darin bitten Rektorin und Rektor Oberbürgermeister Krebs, sich für die Schülerinnen und Schüler einzusetzen, da »ganze Trupps von Jungen« den Kindern auf deren Schulweg auflauern, ihnen die Schulranzen entrissen und durchwühlten, ihnen Uhren und Füllfederhalter wegnähmen und sie oft blutig schlügen. Ebenso werde den Kindern beim Sammeln von Altmaterial aufgelauert. Die Schulleiter bitten um Maßnahmen, zumal die Kinder es nicht wagten, sich zu wehren.[31]

1942 beschlagnahmte die deutsche Militärverwaltung das Gebäude in der Hebelstraße als Lazarett, und die Schule musste am 16. März des Jahres in die Räume des Israelitischen Waisenhauses im Röderbergweg 87 umziehen.[32] Dort wurde die Private jüdische Volksschule in Frankfurt a. M. am 30. Juni 1942 geschlossen, und die Lehrerinnen und Lehrer wurden entlassen.[33]

Nach der Befreiung durch die Alliierten gab die Stadt Frankfurt das Schulgebäude im Röderbergweg an die Jüdische Gemeinde Frankfurt zurück. Genutzt wurde es zunächst von »durchreisenden Juden«, später zogen Mietparteien ein. Ein ehemaliger Bewohner berichtet: »Wir [sind] in die Klassenräume eingezogen, er [mein Onkel] hatte mit seiner Familie, sei-

---

29 ISG FFM, Schulamt 3824.
30 Vgl. ISG FFM, Schulamt 3824.
31 Vgl. ISG FFM, Schulamt 4942.
32 Vgl. ISG FFM, Schulamt 3824.
33 Vgl. ISG FFM, Magistratsakten 7793.

Abbildung 21: Ruine der Israelitischen Volksschule, Röderbergweg 29, 1945.

Abbildung 22: Leonard Freed, Hawdala-Zeremonie in der Synagoge Frankfurt am Main. Es handelt sich um die Synagoge in der ehemaligen Israelitischen Volksschule, um 1960.

ner Frau und seinen zwei Kindern, zwei Klassenräume als Wohnung. Und wir sind zu viert eingezogen, d. h., wir hatten zwei Klassenräume für acht Personen.«[34] Die Nutzung des Gebäudes als Synagoge ist in dem Gespräch ebenfalls überliefert. Anfang 1970 wurde das Haus abgerissen und durch ein Hochhaus der Jüdischen Gemeinde mit Kindergarten und Synagoge ersetzt.

## Ein Altersheim im Röderbergweg 77 – die Israelitische Versorgungsanstalt

Abbildung 23: Einladung zur Einweihungsfeier der Israelitischen Versorgungsanstalt.

Beim Gang den Röderbergweg hinauf erreichen die Spazierenden als nächste jüdische Institution die Israelitische Versorgungsanstalt, ein Altersheim im Röderbergweg 77. Schräg gegenüber dem Gumpertz'schen Siechenhaus gelegen war diese Institution eine Gründung der neo-orthodoxen Israelitischen Religionsgesellschaft (IRG).[35] 1844[36] erfolgte der konstituierende Beschluss, woraufhin die Statuten erstellt und die juristischen Voraussetzungen erfüllt wurden. Am 10. Juni 1845 eröffnete das Heim.

Der erste Standort der Versorgungsanstalt waren angemietete Räume des Israelitischen Krankenhauses,[37] welches zu dieser Zeit das Kranken-

---

34 Vgl. Anonym 2016: Interview.
35 Vgl. Krohn 2000: 140.
36 Zwar wurde die neo-orthodoxe Israelitische Religionsgesellschaft erst 1850 offiziell gegründet, doch auch zuvor waren deren Mitglieder schon aktiv (E. B.).
37 Vgl. Stadtchronik des Institut für Stadtgeschichte Frankfurt am Main:

haus der Israelitischen Krankenkassen in der Rechneigrabenstraße 18–20 war. 1847 wohnten in der Israelitischen Versorgungsanstalt sechs Bewohnerinnen und Bewohner, fünf Jahre später waren es elf und 1925 bereits 39, davon 24 Frauen und 15 Männer.[38] Im Dezember 1852 bezog die Versorgungsanstalt im Wollgraben 8[39] ein eigenes Haus.[40] Einen Neubau erhielt die Anstalt 1890, finanziert durch Mathilde und Wilhelm Carl von Rothschild[41], im Röderbergweg 77.

Gemäß den Statuten war die Versorgungsanstalt eine Einrichtung für erwerbsunfähige und alte Israeliten beiderlei Geschlechts. Das Aufnahmealter war für Erwerbsunfähige wegen »Altersschwäche« auf das 60. Lebensjahr festgesetzt, wegen Krankheit konnten auch bereits 40-Jährige aufgenommen werden. Frauen und Männer sollten zu gleichen Anteilen vertreten sein, was wohl nicht immer eingehalten werden konnte, da mehr Frauen um Aufnahme baten als Männer. Alle Bewohner mussten Mitglieder der Israelitischen Krankenkasse sein, alternativ wurden Sicherheiten gefordert, um bei Krankheiten außerhalb der Versorgungsanstalt behandelt werden zu können, da das Heim nicht für Kranken- und Liegendpflege ausgestattet war.[42]

Das neue Haus von 1890 konnte 47 Bewohnerinnen und Bewohner beherbergen. Erster Bewohner war ein Pfründner, d. h. jemand, der von seiner Rente lebte oder durch Legatzahlungen einen Platz im Heim kaufen konnte.

Die 1920er Jahre waren auf Grund der Inflation auch für die Versorgungsanstalt schwierige Zeiten. Im Nationalsozialismus verschärfte sich die Lage der Anstalt, so wurden ab 1935, zusätzlich zu den bestehenden Repressalien, wohltätige Einrichtungen mit einer Umsatzsteuer belegt. Gleichzeitig erhielt das Heim weitere Einweisungen durch die öffentliche Fürsorge, die durch den bezahlten Pflegesatz bei weitem nicht finanziert werden konnten. Im Juni 1938 inserierte deshalb die Versorgungsanstalt einen Hilferuf im *Jüdischen Gemeindeblatt*:

---

http://www.stadtgeschichte-ffm.de/de/info-und-service/frankfurter-geschichte/stadtchronik/1895?reload=1498648149469 [29.06.2017]. Nach anderen Quellen eröffnete das Haus im Jahr 1845 bereits im Wollgraben 8: vgl. Krohn 2004: 140 und Seemann 2012, aktualisiert 2017: unpag.

38 Vgl. Segall/Weinreich 1925: 3.
39 Vgl. Seemann 2012/2017: unpag. Danach war die neue Adresse der Wollgraben 6.
40 Nach anderen Quellen zog die Versorgungsanstalt 1852 bereits aus dem Wollgraben 8 in den Wollgraben 6, vgl. Seemann 2012, aktualisiert 2013: unpag.
41 Vgl. Krohn 2000: 40.
42 Vgl. Seemann 2012/2017: unpag.

»Helft unseren Alten und Gebrechlichen! Mehr als 40 Insassen befinden sich in der Versorgungsanstalt; weil alt und gebrechlich, sind sie ihr von der öffentlichen Versorgungskasse überwiesen. Der geringe Pflegesatz steht in keinem Verhältnis zu den Kosten, die der Anstalt erwachsen [...] Das Vermögen hat sich so verkleinert, daß mit einem Zinsertrag kaum zu rechnen ist; am Schluß des Wirtschaftsjahres wird das Vermögen aufgezehrt sein.«[43]

Einige Namen von Personen, die u. a. für die Versorgungsanstalt von Bedeutung waren, sind uns überliefert, z. B. Dr. Simon Kirchheim, der Chefarzt des Hospitals der Frankfurter Jüdischen Gemeinde, dem »Königswarter Hospital«, er war 1883 Beisitzer des Gremiums der Versorgungsanstalt.[44] Der Rechtsanwalt Abraham Horovitz betreute 1932/33 das Altenheim als Senior des Pflegamtes.

Die letzte Leiterin der Versorgungsanstalt war Rosa Schuster. Bis Oktober 1934 hatte sie ein Manufakturgeschäft betrieben. 1938, während des Novemberpogroms, war sie aus ihrem Haus in der Alten Schlüchterner Straße 24 vertrieben worden. Vermutlich seit 1937 leitete sie die Israelitische Versorgungsanstalt in Frankfurt am Main. Seit etwa 1939 wurde sie von ihrer Tochter Bertha Schuster im Altenheim unterstützt. Die jüngere Schwester von Bertha, Margot, wohnte etwa ab 1937 im Haus.[45] Nur Bertha Schuster überlebte die Shoah.

Maria Stein war bis 1940 Haushalts- und Küchenhilfe in der Versorgungsanstalt, danach bis 1942 in der gleichen Funktion im Krankenhaus der Israelitischen Gemeinde in der Gagernstraße 36 tätig. Maria Stein wurde nach Raasiku (Estland) deportiert und ermordet (mit Sterbedatum 8. Mai 1945 wurde sie für tot erklärt[46]).

Salomon Hirschberger, geboren 1865 in Holzhausen, war ein Bewohner der Versorgungsanstalt. 1941 und 1942 wurde er im jüdischen Altenheim und NS-Sammellager in der Feuerbachstraße 14 untergebracht, von wo er 1942 nach Theresienstadt und weiter in das Vernichtungslager Treblinka deportiert wurde.[47]

---

43 IsrGbl Ffm, Nr. 9, Juni 1938, zit. nach Krohn 2004: 140.
44 Vgl. Seemann 2012 aktualisiert 2017: unpag. Seemann benennt dort weitere Mitglieder des Vorstands.
45 Vgl. Kingreen 1999b: 384f.
46 Vgl. BA Koblenz, Gedenkbuch.
47 Vgl. JM Ffm., Datenbank Judengasse.

Am 23. Oktober 1939 erfolgte zwangsweise die Eingliederung der Institution der Versorgungsanstalt in die Reichsvereinigung der Juden in Deutschland,[48] was am Tagesablauf zunächst nichts änderte.

Im Mai 1941[49] jedoch wurde das Altenheim geräumt, das Gebäude wurde der Wehrmacht zur Verfügung gestellt. Die meisten Bewohnerinnen und Bewohner mussten das Haus Hermesweg 5–7, ein NS-Sammellager, beziehen, von wo sie im August 1942 nach Theresienstadt deportiert wurden.[50]

Im November 1942 »kaufte« die Stadt Frankfurt die Liegenschaft. Das Haus wurde im Krieg zerstört.[51]

## Die Israelitische Waisenanstalt im Röderbergweg 87

Auf dem Weg durch den Röderbergweg, von der Versorgungsanstalt nur zwei Grundstücke entfernt, erreichten unsere imaginären Spaziergänger die »Israelitische Waisenanstalt« im Röderbergweg 87, ebenfalls gegenüber dem Gumpertz'schen Siechenhaus gelegen.

Am 31. Juli 1876 erteilte Kaiser Wilhelm I. der Israelitischen Waisenanstalt seine landesherrliche Genehmigung und die Rechte einer juristischen Person.[52] Private Stifter finanzierten das Waisenhaus der Israelitischen neo-orthodoxen Religionsgesellschaft an seinem ersten Standort, der Uhlandstraße 13,[53] im Jahr 1876. Durch eine Schenkung von Mathilde von Rothschild konnte im Jahr 1903 am zweiten Standort des Hauses im Röderbergweg 87 ein Neubau realisiert werden. Beteiligt an der Schenkung waren auch Mathilde von Rothschilds Töchter Minna Caroline und Adelheid wie auch im Lauf der Zeit noch viele weitere Stiftungen.[54]

Die Statuten sahen vor, dass Frankfurter Waisenkinder bevorzugt aufgenommen werden sollten, was jedoch nicht ausschloss, auch entfern-

---

48  Vgl. ISG Ffm: Stiftungsabteilung 500.
49  Vgl. Kingreen 1999a: 147.
50  Vgl. Kingreen 1999b: 384.
51  Vgl. Krohn 2000: 140.
52  Vgl. ISG Ffm: Sammlung S3N: Sign. 5.154. Statuten der Israelitischen Waisenanstalt. Frankfurt am Main, 1876.
53  Vgl. www.juedische-pflegegeschichte.de, Rubrik: Institutionen/Israelitische Waisenanstalt Frankfurt am Main.
54  Vgl. Krohn 2000: 140ff.

Abbildung 24: Jungen zünden Kerzen an. Chanukka-Feier. Links Isidor Marx, der Leiter der Waisenanstalt von 1918 bis zum Ende der 1930er Jahre (vgl. Krohn 1995: 19).

ter wohnende Kinder zu berücksichtigen. Vollwaisen wurden bevorzugt. Sechs- bis Zwölfjährige konnten aufgenommen werden und bis zu einer abgeschlossenen Ausbildung bleiben. Ziel der Erziehung im Heim war es, die Fürsorge der Eltern zu ersetzten und den Kindern eine traditionelle jüdische Erziehung zu geben.

Zunächst waren Jungen und Mädchen in getrennten Häusern untergebracht: die Jungen in der Uhlandstraße 13 seit 1876 und die Mädchen seit 1882 in der Seilerstraße 24. Gemeinsam zogen die Kinder später in den Neubau im Röderbergweg, nach Geschlechtern getrennt, in unterschiedliche Stockwerke.

Das Haus war streng nach orthodoxen Regeln ausgerichtet:[55] Es wurde koscher gekocht und die Shabbatruhe eingehalten, die Jungen trugen Kopfbedeckungen, und Religionsunterricht war selbstverständlich. Die Jungen feierten zum 13. Geburtstag ihre Bar Mizwa. Jüdische Feste wie Chanukka und Purim wurden eingehalten, in der hauseigenen Synagoge wurde gebetet.[56] Die Historikerin Helga Krohn berichtet vom Leben der Kinder im Heim Anfang der 1930er Jahre: »Die ehemaligen Waisenhauskinder, mit denen wir gesprochen haben, erinnern sich insgesamt an eine schö-

---

55  Vgl. Krohn 1995: 16f.
56  Vgl. ebd.

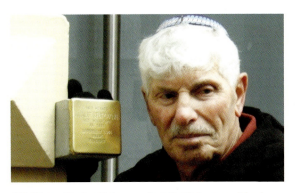 

Abbildung 25: Der Sohn von Amalie Stutzmann Abraham Bar Ezer (Markus Stutzmann) bei der Feier zur Verlegung des Stolpersteins für seine Mutter am 7. Oktober 2005.

Abbildung 26: Porträt von Amalie Stutzmann, undatiert (um 1938).

ne, glückliche Zeit im Waisenhaus. Sie waren geschützt, von Wärme und Fürsorge umgeben; Ausflüge in den Taunus und Ferien im Palmengarten, Geburtstagsfeiern, Sport und Spiel gehörten zum Alltag.«[57] Das Waisenhaus stellte so für die Kinder einen Schutzraum gegen die antisemitischen Bedrohungen dar.

Markus Stutzmann war eines dieser Kinder, er verbrachte seine Nachmittage im Heim. Er wuchs mit seiner Mutter Amalie Stutzmann, einer vom evangelischen Glauben zum Judentum konvertierten Krankenschwester, im Sandweg auf, ging im Röderbergweg in die Israelitische Volksschule und später zur Samson-Raphael-Hirsch-Schule,[58] einer Realschule. Im Waisenhaus war er zum Spielen und um Hausaufgaben zu machen. Abraham Bar Ezer, wie Markus Stutzmann heute heißt, erinnert sich:

> »Die Atmosphäre in diesem Waisenhaus war besonders. Die Familie Marx hat dieses Haus geführt genau wie eine Familie. Kein Kind hat gespürt, daß sie nicht ihre Eltern sind. Sie hatten eine Wohnung im zweiten Stock, die immer offen stand – alle Türen. [...] Und wenn sich ein Kind nicht gut fühlte, ist es raufgelaufen und hat gerufen: ›Onkel Marx!‹ oder ›Tante Rosa!‹ Es hat erzählt, was los ist, wurde auf den Schoß genommen; und alles war in Ordnung.«[59]

---

57  Ebd.: 23.
58  Vgl. Bar Ezer o. J.: 4.
59  Soden 1995: 74.

Abbildung 27 (links): Isidor Marx.

Abbildung 28 (rechts): Rosa Marx, geb. Schwab.

Amalie Stutzmann wurde am 11. November 1941 nach Minsk deportiert, wo sie ermordet wurde.[60] Ihr Sohn Markus konnte sich mit der Kinderaliya nach Palästina retten, dort arbeitete er in einem Kibbuz in der Landwirtschaft.

In der NS-Zeit kamen ab 1935 immer mehr Kinder vom Land nach Frankfurt, um der bedrückenden Situation auf den Dörfern, wo Schulen und Heime bereits geschlossen waren, zu entgehen. Von ca. 75 stieg die Anzahl der Kinder im Heim auf 150. Im Oktober 1938 sollten die polnischen Kinder des Hauses abgeschoben werden, was das Personal verhindern konnte: Sie holten die Kinder, die bereits am Bahnhof waren, wieder ab. Die Pogromnacht im November mussten die Kinder auf der Straße verbringen, in die Einrichtung drangen Polizei und SS-Leute ein und zerstörten sie teilweise, Teile des Personals wurden verhaftet.

Das Ehepaar Isidor[61] Marx und Rosa Marx, geb. Schwab,[62] die das Waisenhaus seit 1918 leiteten, wurden zu Lebensrettern vieler Kinder.[63] Isidor Marx beschreibt die Situation im Haus: »Am Abend nach der Kristallnacht kam eine Anzahl von Hohen Herren der SS und Gestapo ins Waisenhaus, dessen Belegzahl am 11.11.1938, dem Tag nach der Kristallnacht,[64]

---

60  Vgl. Bar Ezer o.J.: 18.
61  Geb. 28. Januar1886 in Bödigheim, Buchen bei Karlsruhe. Vgl. https://www.geni.com/people/Isidore-Marx/4468231371310054754 [28. Juni 2017].
62  Geb. 26. Januar1888 in Randegg bei Karlsruhe. Vgl. https://www.geni.com/people/Rosa-Marx/4468231406240012635 [28. Juni 2017].
63  Vgl. Krohn 1995: 17.
64  Die Pogromnacht war vom 9. auf den 10.11.1938.

fast verdoppelt worden war durch unzählige Kinder von der Umgebung. Deren Väter waren in's KZ gekommen, sie selber waren unter der größten Furcht durch unsagbare Behandlung in den verschiedenen Dörfern der Umgebung, und ihre Mütter baten herzlichst um Aufnahme ihrer Kinder in's Waisenhaus.«[65] Weiter beschreibt Isidor Marx die SS- und Gestapoleute als »freundlich, aber streng sachlich«, sie hätten ihm klar gemacht, dass er gebraucht würde, um die Kinder, die nun vermehrt ins Heim kämen unterzubringen, und dass er, wenn er sich weigerte, unter Lebensgefahr stünde. Er erklärte sich bereit, weiter für so viele Kinder zu sorgen: »Meine Herren, sagte ich, ich habe, mit Erlaubnis der Behörden in den Jahren seit 1934 schon viele Kinder ins Ausland verbracht, es kamen aber immer wieder viel mehr Kinder herein, als ich zur Auswanderung bringen konnte. Ich habe aber sehr viele Freunde und Gönner im Ausland, wie Schweiz, Holland, Belgien, England, Frankreich und namentlich Palästina. Darf ich denen telegrafieren, telefonieren und sie um Aufnahme von Kindern bitten? Antwort: Ihre Telegramme und Telefone werden nicht zensiert werden. Die Telefon- und Telegraph-Rechnung des Waisenhauses für die nächste Nacht zeigte Hunderte von Mark an – mit Erfolg, daß während der Nacht und während der folgenden Tage viele Zusagen telefonisch, telegrafisch und schriftlich einliefen.«[66]

Einer, der daraufhin Unterstützung zusagen konnte, war James Armand de Rothschild in England. Der Sohn der Frankfurterin Adelheid de Rothschild, die Mitstifterin des Waisenhauses war, konnte mit Hilfe der Palestine Jewish Colonisation Association (PICA) tätig werden. Er sagte am 11. Dezember 1938 35 PICA-Zertifikate, also Einwanderungsgenehmigungen inklusive finanzieller Ausstattung, zu. Es war wohl nicht einfach, orthodox lebende Kinder unterzubringen, doch nachdem diese Schwierigkeiten gelöst waren, erfolgte die Einschiffung auf der »Galiläa« am 19. April 1939. Auch Markus Stutzmann war bei den 35 Auswanderern, die im Jugenddorf Kfar Hanoar Hadati unterkamen. Dort gingen sie zur Schule und halfen in der Landwirtschaft. Ein Jahr später gelang es, 16 Mädchen zur Auswanderung zu verhelfen.[67]

---

65 Zitiert nach Krohn 1995: 25f.
66 Ebd.
67 Vgl. ebd.: 45f.

Kapitel 2

Abbildung 29: Front Waisenhaus (o. J.).

Das Ehepaar Marx rettete in den folgenden Jahren etwa 1.000 Kinder, Gruppe für Gruppe brachten sie ins Ausland.[68] Nach Isidor Marx suchte die Gestapo ab 1939, er blieb deshalb in Palästina, später konnte er nach England ausreisen. Seine Frau übernahm die Leitung des Waisenhauses, in welchem die Mädchenabteilung seit Juli 1941 von Emma Else Rothschild, die ich bereits vorgestellt habe, geleitet wurde. Neben dem Waisenhaus befanden sich zu dieser Zeit im Haus noch eine Kleiderkammer und eine Notküche sowie vom März bis Juni 1942 die »Private jüdische Volksschule in Frankfurt a/Main«. Rosa Marx wurde nach 1942, gemeinsam mit anderen Frauen und den letzten verbliebenen Kindern, nach Theresienstadt deportiert und ermordet.[69]

Im November 1942 verkauften die NS-Behörden das Anwesen an die Stadt Frankfurt, im April 1943 wurde es dem Städtischen Krankenhaus zur Einrichtung eines Hilfskrankenhauses zur Verfügung gestellt. Teile des Hauses zerstörte eine Bombe. 1945 wurden Notwohnungen darin eingerichtet, bis es in den 1950er Jahren abgerissen wurde.

---

68  Vgl. Karpf 2003d: unpag. Siehe auch: Rieber/Lieberz-Gross 2018.
69  Vgl. Ortmeyer 1994: 138f.

Abbildung 30: Rothschild'sches Hospital.

## Das Hospital der Georgine Sara von Rothschild'schen Stiftung im Röderbergweg 93–97[70]

Auf dem Weg den Röderbergweg hinauf passierten die Besucherin und der Besucher von der Israelitischen Waisenanstalt kommend die Waldschmidtstraße und zwei weitere Grundstücke und erreichten, noch das Gumpertz'sche Siechenhaus im Blick, das Gelände des Hospitals der Georgine Sara von Rothschild'schen Stiftung, kurz: des Rothschild'schen Hospitals.

Wilhelm Carl von Rothschild und Hannah Mathilde von Rothschild stifteten das Haus anlässlich des Todes ihrer erst 17-jährigen Tochter, Georgine Sara von Rothschild. Ihr Todestag – der 2. Mai 1870 – ist in die Statuten aufgenommen; an diesem Tag soll jeweils das Kaddisch gesprochen werden.[71]

---

70 Heute: Waldschmidtstraße 129-131.
71 Vgl. UB JCS Ffm, Jahresbericht Signatur Zsq 2791 1878: 6.

Kapitel 2

Abbildung 31 (links): Mathilde von Rothschild (Bildausschnitt), ohne Jahr (um 1910).

Abbildung 32 (rechts): Wilhelm Carl von Rothschild, 1884.

Die Statuten bestimmten auch, dass mit dem Gründungskapital von 50.000 Gulden ein Hospital für »unbemittelte jüdische Kranke beiderlei Geschlechts«, denen die Aufnahme in eine andere jüdische Einrichtung auf Grund fehlender Gelder nicht zustand,[72] genutzt werden sollte. Personal und Patienten konnten jüdischen, aber auch christlichen Glaubens sein, was allein schon für die Dienstleistungen an Shabbat und jüdischen Feiertagen notwendig war.

Am 8. März 1870 öffnete das Hospital mit sechs bis acht Betten seine Türen. Am ersten Standort im Unterweg 20 (heute Schleidenweg 20) wurde die erste Patientin am 22. März aufgenommen. Ende 1870 hatte man Kranke mit zusammen 815 Verpflegungstagen versorgt.[73] Im Dezember 1870 verlieh König Wilhelm I. von Preußen der Stiftung die Rechte einer juristischen Person.

Dr. Samson Raphael Hirsch, der, wie oben berichtet, auch bei der Gründung der Israelitischen Volksschule aktiv war, übernahm für das Hospital den Vorsitz der Verwaltungs-Commission zusätzlich zur organisatorischen und finanziellen Leitung.[74] Sein Sohn, Dr. Marcus Hirsch, wurde der erste Chefarzt. In dieser Funktion folgte ihm 1893 der Geheime Sanitätsrat

---

72 Vgl. ebd.: 5.
73 Vgl. ebd. 1879: Jahresbericht: 5, 19.
74 Zu den Aufgaben der Verwaltungs-Commission gehörten die Aufnahme der Kranken, die Einstellung und Beaufsichtigung des Personals, die Überwachung der religionsgesetzlichen Haushaltsführung, die Einhaltung der Hausordnung und die Instandhaltung der Inneneinrichtung (vgl. UB JCS Ffm, Jahresbericht Signatur Zsq 2791 1879: Jahresbericht: 3, 6).

Dr. Elieser Rosenbaum und nach ihm dessen Sohn Dr. Sally Rosenbaum, vermutlich 1922. Der letzte ärztliche Direktor war Dr. Franz Stefan Grossmann.

Das Hospital im Unterweg erwies sich schon bald als zu klein. Und acht Jahre nach Eröffnung konnte man am 1. Oktober 1878 einen Neubau einweihen. Dazu kaufte die Rothschild'sche Stiftung Grundstücke im Röderbergweg 97 für die Klinik und in der Nr. 93 für ein Ärztehaus, heute entspricht dies dem Areal der Waldschmidtstraße 129–131.[75]

Architekt war Franz van Hoven (1842–1924),[76] der auch am Bau des Senckenberg Museums (1908) und des Bürgerhospitals (1908)[77] beteiligt war. Die Inneneinrichtung plante der Chefarzt Dr. Marcus Hirsch. Im Jahresbericht der Stiftung aus dem Jahr 1879 lobte die Verwaltungskommission die sanitären Einrichtungen, die Lüftung und Heizung sowie die Dampfbäder. In einem Nebengebäude war es nun möglich, Kranke zu waschen und auch Kleidung zu desinfizieren.[78] Die Kapazität war auf 19 Betten erhöht worden, davon zwölf Freibetten und sieben Betten für zahlungsfähige Patienten. An Personal standen neben Dr. Marcus Hirsch ein stellvertretender Arzt, ein Buchhalter, die Verwalterin (vermutlich Peppi Heidingsfeld[79]), der Kastellan, eine Köchin, ein Hausmädchen und zwei Wärterinnen zur Verfügung.[80]

Die Verwalterin oder auch Hausmutter sorgte sich vor allem um die Hygiene der Kranken und die Hygiene im Haus, wie auch um die Medikamentenverwaltung. Sie stand Tag und Nacht für das Wohl der Patientinnen und Patienten zur Verfügung.[81]

Für das Jahr 1878, dem Jahr der Eröffnung des Neubaus, zeugt der Jahresbericht von insgesamt 64 Patienten, davon 42 Männer, 19 Frauen, drei Kinder. Sie kamen aus Frankfurt, Hessen und Preußen, Baden und Württemberg sowie dem Elsass, aber auch aus Russland, Österreich und Rumänien. Über die Patienten ist zu lesen, dass ein vierjähriges, »im Gefolge des Keuchhustens schwindsüchtig gewordenes Mädchen, das zum Scelett

---

75 Vgl. Seemann 2014b: unpag.
76 Vgl. Hofacker 1932: 33.
77 Vgl. Zeller 2004: 167f.
78 UB JCS Ffm, Jahresbericht Signatur Zsq 2791 1879: Jahresbericht: 5, zitiert nach Seemann 2014b: unpag.
79 Vgl. Seemann 2014b: unpag.
80 Vgl. UB JCS Ffm 1879: Jahresbericht: 4, zitiert nach Seemann 2014b: unpag.
81 Vgl. UB JCS Ffm 1879: Hausordnung: 17-28, zitiert nach Seemann 2014b: unpag.

Kapitel 2

Abbildung 33: Rothschild'sches Hospital, um 1932.

abgemagert mit hohem Fieber fast in den letzten Zügen ins Hospital gebracht wurde«, nicht mehr zu retten war. Hingegen wurde ein 17-jähriger Metzgerlehrling, dessen Körper fast zur Hälfte durch Petroleum verbrannt war, so weit wiederhergestellt, dass er wieder als Metzger arbeiten konnte.[82]

1924 starb die Stifterin Mathilde von Rothschild. Ihre Funktion als Mäzenin übernahmen der Schwiegersohn Maximilian von Goldschmidt-Rothschild und ihre Tochter Adelheid de Rothschild. Letztere lebte in Paris mit ihrem Mann Edmond James de Rothschild, sie finanzierten 1931/32 einen grundlegenden Umbau und die Modernisierung des Hauses. Die Umbauten leitete Regierungsbaurat Dipl.-Ing. Fritz Nathan (1891–1960), der auch für Ernst May im Rahmen des Stadtplanungsprogramms »Neues Frankfurt« arbeitete. Er hatte Industriegebäude und Gebäude auf unterschiedlichen jüdischen Friedhöfen entworfen, so in Frankfurt an der Eckenheimer Landstraße, in Berlin, Stuttgart und Friedberg/Hessen. Auch hatte er Expertise im Planen und Bauen von Pflegeeinrichtungen in Bad Ems und im Israelitischen Altenheim in Mannheim.[83]

---

82  Vgl. UB JCS Ffm 1879: Jahresbericht: 13–19, zitiert nach Seemann 2014b: unpag.
83  Vgl. Seemann 2014c: unpag., vgl. Schenk 2015.

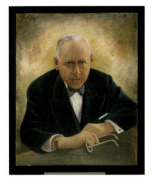 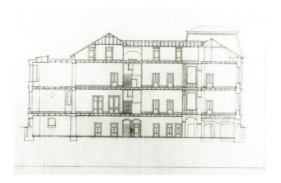

Abbildung 34: Der Frankfurter Architekt Fritz Nathan (undatiert, um 1950, Künstler unbekannt).

Abbildung 35: Rothschild'sches Hospital, Bauskizze des Architekten Fritz Nathan zum Umbau 1932.

Das umgebaute Haus beherbergte nun 29 Krankenbetten dritter Klasse, 12 Krankenbetten zweiter Klasse und drei Krankenbetten erster Klasse sowie die durch den Umbau unverändert gebliebene Isolier-Station mit sechs Betten, zusammen 50 Betten,[84] bei freier Arztwahl für alle Klassen. Neu waren eine Röntgenabteilung und zwei Operationsabteilungen (septisch und aseptisch) im 2. Obergeschoss. Zu fließend kaltem und warmem Wasser in allen Zimmern kamen je Stockwerk noch etliche sanitäre Anlagen hinzu. Außerdem gab es nun an jedem Bett einen Radiostecker und eine rituelle Signaleinrichtung, um an Samstagen und Feiertagen die Nutzung von elektrischem Strom zu vermeiden.[85]

In seiner Ansprache zur Wiedereröffnung des Hauses wies Dr. Willy Hofmann, langjähriger Chirurg des Hauses, auf »den religiösen Geist, der in dem Haus herrscht«, hin. Und er betonte die Eigenschaft von Krankheiten als Erziehungsmittel, den eigenen »sittlichen Lebenswandel« zu überprüfen.[86]

Die Belegung des Krankenhauses nahm nach der Machtübergabe an die Nationalsozialisten ständig zu. Jüdische Patienten wurden aus nichtjüdischen Pflegeanstalten überwiesen, Ärztinnen und Ärzte, die aus antisemitischen Gründen ihre Praxen schließen mussten, kamen in die jüdischen Krankenhäuser, und das Personal wurde durch die erzwungenen Auswanderungen knapp. Besonders viele Patientinnen und Patienten wurden nach

---

84 Vgl. Hofacker 1932: 34.
85 Ebd.: 35.
86 Vgl. Hofmann 1932: 3f.

Kapitel 2

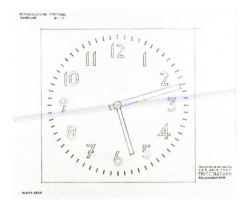

Abbildung 36: Rothschild'sches Hospital, Wanduhr von Fritz Nathan.

dem Novemberpogrom 1938 verpflegt.[87] Seit August 1940 kamen psychisch Erkrankte hinzu, die aus »arischen« Psychiatrien vertrieben wurden, sie waren der antisemitischen Verfolgung ausgesetzt, aber auch der Bedrohung in Folge der nationalsozialistischen Eugenik. Zum 28. September 1940 veranlassten die NS-Behörden die Eingliederung der Georgine Sara von Rothschild'schen Stiftung in die Reichsvereinigung der Juden in Deutschland.[88] Ihre Liegenschaften umfassten außer dem Röderbergweg 93–97 noch Grundstücke (Miethäuser, teils mit Personalwohnungen für die Hospitalbeschäftigten) in der Rhönstraße 48, 50 und 54.

Im Mai 1941 wurde das Rothschild'sche Hospital zwangsweise geschlossen, Personal und Patienten kamen in das nunmehr letzte Frankfurter jüdische Krankenhaus in der Gagernstraße. Von dort wurden sie in die Todeslager deportiert. Die Stadt Frankfurt »übernahm« gemäß dem »zweiten Judenvertrag« vom 30. Januar 1942[89] die Liegenschaft des »arisierten« Hospitals, es wurde vom Bauamt als Hilfskrankenhaus ausgewiesen. Um 1943 wurde das Gebäude bei Luftangriffen der Alliierten zerstört. Heute erinnert am ehemaligen Standort nichts mehr an das Hospital. Die Georgine Sara von Rothschild'sche Stiftung selbst konnte wiederbelebt werden; den ersten »Notvorstand«[90] bildeten 1964 Rabbiner Josef J. Horowitz und Rechtsanwalt Dr. Salomon Goldsmith. Der Stiftungszweck der am 1. November 1976 neukonstituierten, bis heute bestehenden gemeinnützigen »Georgine Sara von Rothschild'sche Stiftung zur Förderung von Krankenbetreuung für Israeliten« beinhaltet z. B. die Förderung von Krankenbetreuung und medizinischer Beihilfe.[91]

---

87  Vgl. Andernacht/Sterling 1963: 31, 45.
88  Vgl. Schiebler 1994: 152.
89  Karpf 2003c: unpag.
90  Vgl. Schiebler 1994: 152.
91  Vgl. ebd.

## Das Mathilde von Rothschild'sche Kinderhospital im Röderbergweg 109[92]

Dort, wo heute in der Habsburgerallee 112 ein elfstöckiges Wohnhaus steht, befand sich das Mathilde von Rothschild'sche Kinderhospital. Über das Kinderhospital wird berichtet, es sei

»ein schlichtes, inmitten eines prachtvollen Gartens gelegenes Haus, das als Kinderspital dient. Wer da vorbeigeht, wird besonders [...] die wohlthuende Wahrnehmung machen, wie behaglich die durch die Fenster sehenden oder im Garten umherspazierenden reconvalescenten Kinder sich hier in der gesegneten Luft und bei den vollendeten Einrichtungen fühlen und welche zufriedene Stimmung sich auf den Gesichtern ausspricht. Wer öfters dort vorbeikommt, wird auch vielleicht Gelegenheit haben, zu bemerken, wie manche der genesenden Kinder, die noch vor wenigen Tagen bleiche abgezehrte Wangen hatten, inzwischen ein frisches Roth, Zeichen von Gesundheit und Lebenskraft, erlangt haben.«[93]

Auf Initiative von Mathilde von Rothschild wurde das Kinderhospital am 26. September 1886[94] eröffnet und diente der unentgeltlichen Pflege und Ernährung unbemittelter jüdischer Kinder unter religiöser Leitung, anfänglich im Alter von vier bis 13 Jahren. Das Stiftungsvermögen umfasste neben dem Grundstück und dem Gebäude inklusive Inventar ein verzinsliches Kapital von 500.000 Mark. Entsprechend den Grundsätzen der Israelitischen Religionsgesellschaft sollte das Kinderhospital »für alle Zeiten in jeder Hinsicht streng nach den Grundsätzen und Vorschriften des traditionellen Judentums verwaltet und geleitet werden«.[95]

Erster Chefarzt war Dr. Marcus Hirsch, der auch das Rothschild'sche Hospital leitete.

Im Hospital nutzte man im Eröffnungsjahr 1886 zunächst sechs, bald schon zwölf Betten. In einem Bericht[96] kamen zwischen 1886 und 1895 jährlich insgesamt 24 bis 47, im Berichtsjahr selbst 37 Kinder zur Pflege ins Haus, davon 20 Mädchen und 17 Jungen. Die meisten Kinder litten an Mangelernährung,

---

92 Heute: Habsburgerallee 112.
93 It XXVIII (04.07.1887) 51: 921.
94 It XXVII (28.09.1886) 77–78: 1.364.
95 Vgl. ISG FFM, Magistratsakten V/563.
96 Vgl. Ärztlicher Verein, Frankfurt am Main 1897: 156.

die wiederum Krankheiten wie Anämie, Bronchitis, Darmtuberkulose, Rachitis oder Skoliose verursachten.

Alleiniger Vorstand war zunächst Mathilde von Rothschild, später gab es einen fünfköpfigen ehrenamtlichen Vorstand, einschließlich eines gewählten Vorstandsvorsitzenden, der von der Stifterin bestätigt werden musste, bestehend aus jeweils einem Mitglied der Verwaltungskommissionen des benachbarten Rothschild'schen Hospitals, der Israelitischen Waisenanstalt, der Israelitischen Suppenanstalt (Theobaldstraße) sowie zwei weiteren geachteten Mitgliedern aus beiden Frankfurter jüdischen Gemeinden.

Die Innenleitung des Hospitals hatte eine Verwalterin, der das Krankenpflege- und Dienstpersonal unterstellt war und die sich in der koscheren Versorgung auskannte.

17 Jahre nach der Eröffnung des Kinderhospitals, im Jahr 1903, wurde die selbständige Stiftung des privaten Rechts staatlich anerkannt, wodurch der Wunsch der Stifterin Mathilde von Rothschild erfüllt wurde: »Der israelitischen Jugend den Nutzen dieser Anstalt dauernd zu sichern.«[97] Das Kinderhospital bekam nun eine Satzung, wonach die Patientinnen und Patienten ihren Wohnsitz in Frankfurt am Main sowie im Umkreis von 100 Kilometern haben und zwischen drei und 13 Jahre alt sein sollten.

Der leitende Arzt war seit 1893, wie im Rothschild'schen Hospital, Dr. Elieser Rosenbaum, der 1922 von seinem Sohn Dr. Sally Rosenbaum abgelöst wurde. Eine der Oberinnen des Kinderhospitals war seit 1921 Emma Else Rothschild, die ich zu Anfang des Kapitels vorstellte.[98]

Wie das Rothschild'sche Hospital so wurde auch das Kinderhospital nach dem Tod der Stifterin Mathilde von Rothschild, 1924, durch deren Schwiegersohn Maximilian von Goldschmidt-Rothschild und deren Tochter Adelheid de Rothschild weiter unterstützt. Bemerkenswert, dass auch die Versorgung der Häuser mit Gemüse und Früchten von der »Grüneburg«, dem Rothschild'schen Familiensitz im Frankfurter Westend, fortgesetzt wurde.[99]

Eine Satzungsänderung von 1927 bestimmte, dass von nun an ausschließlich Mädchen im Alter von vier bis 14 Jahren aufgenommen werden sollten, besonders wenn sie unterernährt waren. Der Rechenschaftsbericht des Jahres 1932 verzeichnete 140 Patientinnen.

---

97  Vgl. ISG FFM, Magistratsakten V/563.
98  Vgl. Seemann 2016a.
99  Vgl. ebd.

Wie im Hospital nahm die Belegung des Kinderhospitals in der Zeit der Nationalsozialisten zu. Jüdische Kinder aus nichtjüdischen Institutionen mussten aufgenommen werden, insbesondere nach dem Novemberpogrom 1938 und der damit verbundenen Deportation vieler jüdischer Männer in die KZs. Zu dieser Zeit spürte man auch schmerzhaft den Personalmangel durch viele Auswanderungen, zusätzlich erschwert wurde die Versorgung durch die Aufhebung der Steuerfreiheit für jüdische Anstalten.[100] Die Oberin Emma Else Rothschild sorgte mit einer Köchin, einem Hausmädchen, einem »Kinderfräulein« und einer Praktikantin im Jahr 1938 für 168 Kinder, ein Jahr später für 178 Kinder. Seit 1939 unterstützte sie der neue Chefarzt Dr. Franz Stefan Grossmann.

Nach der Eingliederung des Hospitals in die Reichsvereinigung der Juden in Deutschland im September 1940 konnte der Klinikbetrieb noch bis Juni 1941 aufrechterhalten werden, bis das Haus zwangsweise geschlossen wurde.

Das Personal musste in die Personalwohnung der Rothschild'schen Stiftung, Rhönstraße 47–55,[101] umziehen oder ins Israelitische Krankenhaus in der Gagernstraße 36. Am 12. Juli 1941 meldete der »Gestapo-Beauftragte bei der Jüdischen Wohlfahrtspflege«, Ernst Holland, an die Geheime Staatspolizei Frankfurt: »Die zusammenhängenden Liegenschaften Röderbergweg 97 und 109 und Rhönstraße 50 sind vom Bauamt, Raum- und Quartierbeschaffung als Hilfskrankenhäuser sichergestellt.«[102] Gelände und Gebäude des Hospitals mussten gemäß der zwischen der Reichsvereinigung der Juden und der Stadt Frankfurt geschlossenen Verträge im Jahr 1942/43 an die Stadt Frankfurt verkauft werden, siehe Abbildung 37.[103]

Versuche, die Stiftung nach dem Zweiten Weltkrieg wieder zu installieren, scheiterten.[104]

Mit den Beschreibungen zum Rothschild'schen Kinderhospital endet der Gang durch den Röderbergweg zu den Institutionen der jüdischen Wohlfahrt. In diesen durch Zugewanderte gebildeten und durch jüdische Bildungs- und Wohlfahrtseinrichtungen erweiterten »Jewish Space« ist auch der »Jewish Place«, eben das Gumpertz'sche Siechenhaus, eingebettet – der Ort, den die Familie Osterrieth bebaut hatte und den 1898 die Stiftung der Betty Gumpertz kaufte.

---

100 Vgl. ISG Ffm: Stiftungsabteilung, Sign. 400, Bl. 15.
101 Vgl. ISG Ffm: Hausstandsbuch 742.
102 Andernacht/Sterling 1963: 464.
103 Vgl. ISG Ffm: Akte »Gutachterausschuss für Grundstücksbewertung«, Sign. 2.141.
104 Vgl. Schiebler 1994: 166.

Kapitel 2

```
                              Anlage 1
              zum Grundstückskaufvertrag vom 30.November 1942
------------------------------------------------------------------------
Lfd.        Liegenschaft                    Grundbuch-       Kaufpreis
Nr.                                         bezeichnung          RM
------------------------------------------------------------------------
1. Röderbergweg 77
   (ehem. israelitische Versorgungsanstalt)  Stadtbezirk 25
   Ktbl. 388, Parz.  44/25 etc.  = 1174 qm   Band 18
                ”   98/24        =   07  ”   Blatt 707
                ”   99/24        =   31  ”
                ”   96/24        =  549  ”
                ”   50/38        =   78  ”
                ”  101/23        =   03  ”                   93.300.-
                       zus.        1842 qm

2. Röderbergweg 87
   (ehem. israelitische Waisenanstalt)       Stadtbezirk 25
   Ktbl. 388, Parz.  53/22       = 2113 qm   Band 20   )Parz.
                ”   97/24        = 1326  ”   Blatt 799)53/22
                ”   48/24 etc.   =  229  ”   Band 6
                ”  100/24        =  763  ”   Blatt 220
                ”  102/23        =   69  ”                  317.900.-
                       zus.        4500 qm

3. Röderbergweg 93
   (ehem. Ärztehaus d.Rothschild'schen Krankenhauses) Stadtbezirk 25
   Ktbl. 390, Parz.   8          =  376 qm   Band 5
                                             Blatt 188      17.200.-

4. Röderbergweg 97
   (ehem. v.Rothschild'sche Georgine Sarah
   Stiftung für erkrankte fremde Israeliten) Stadtbezirk 25
   Ktbl. 390, Parz.   5,         = 3876 qm   Band 5
                ”     6          =   93  ”   Blatt 197
                ”     7          =  495  ”                  162.000.-
                       zus.        4464 qm

5. Röderbergweg 109
   (ehem. Rothschild'sches Kinderhospital)   Stadtbezirk 25
   Ktbl. 390, Parz.  48/05       =  877 qm   Band 5
                ”   49/05        =  882  ”   Blatt 191
                ”   50/05        =  360  ”
                ”   51/05        =  393  ”
                ”   52/05        =  269  ”                   59.600.-
                       zus.        2789 qm

6. Grundstück an der Habsburger Allee        Stadtbezirk 25
   (Garten zum Kinderhospital Röderbergweg 109) Band 6
   Ktbl. 390, Parz.  53/2        =  793 qm   Blatt 237       15.900.-

7. Rhönstrasse 48                             Stadtbezirk 25
   Ktbl. 390, Parz.  41/19       =  197 qm   Band 4
                                             Blatt 139       18.000.-
                                              ------------------------
                                              Uebertrag     683.900.-
```

Abbildung 37: Dokument zum Verkauf von Liegenschaften im Röderbergweg an die Stadt Frankfurt am Main 1942.

# Drittes Kapitel

# Ein »Jewish Place« der Pflege: das Gumpertz'sche Siechenhaus in den Jahren 1888 bis 1906

Birgit Seemann

## Ein Frankfurter jüdischer Pflegeort als ›Makom‹ und ›Jewish Place‹

Einen »Bau der Liebe zu errichten, […] in dem das Leid der Menschheit gemildert wird«,[1] formulierte der langjährige Verwalter Hermann Seckbach das zentrale Anliegen des Gumpertz'schen Pflegeprojekts für die »Aermsten der Armen«.[2] Seit 1898[3] vervollständigte das Gumpertz'sche Siechenhaus[4] das orthodox-jüdische Gesundheitsnetz auf dem Röderberg: Die stationäre Einrichtung für chronisch kranke, pflegebedürftige und bettlägerige Bedürftige jüdischer Religion, beiderlei Geschlechts und aller Altersgruppen vereinigte professionelle Kranken-, Behinderten-, Alten- und Armenpflege unter einem Dach. Gemeinsam mit den beiden Rothschild'schen Spitälern, der Israelitischen Waisenanstalt und der Israelitischen Versorgungsanstalt (Altenheim) gestaltete das Gumpertz'sche Siechenhaus einen Teil des Röderbergwegs zu einem jüdisch-kulturellen Raum der Frankfurter Wohlfahrt und Pflege – einem »Jewish Space«,[5]

---
1 Seckbach 1917.
2 Neuhaus 1949.
3 Die Standorte des Gumpertz'schen Siechenhauses im Ostend: 1888–1892 Rückertstraße (angemietete Räume, Hausnummer unbekannt), 1892–1899 Ostendstraße 75, 1898–1941 Röderbergweg 62–64. Die Institution war erstmals 1900 in Mahlau's Frankfurter Adressbuch (32. Jg. 1900 für das Jahr 1899) mit der Anschrift »Röderbergweg 62« eingetragen, hatte die Liegenschaft aber bereits 1898 erworben und dort die ersten Gepflegten untergebracht (vgl. GumpBericht 1899: 894-895).
4 Vgl. Seemann 2014, 2017a, 2018a-c.
5 Vgl. Brauch/Lipphardt/Nocke 2016.

genauer: einem ›Mikrospace‹ im jüdischen ›Makrospace‹ Ostend. Als eine Stätte gelebten Judentums hat das Gumpertz'sche Siechenhaus die Frankfurter Stadtgeschichte und die deutsch-jüdische Sozialgeschichte gleichermaßen mitgeprägt, führte doch das Projekt verschiedene Richtungen des Frankfurter Judentums zusammen. Obgleich ihm die Frankfurter Behörden trotz der Langzeitbetreuung Schwerkranker und klinischer Ausstattung den Krankenhaus-Status versagten, war das Kranken- und Pflegeheim, das in seinen eigenen Räumlichkeiten gleich zu Beginn des Ersten Weltkriegs ein Rotkreuzlazarett einrichtete, ein wichtiger Akteur des Frankfurter Gesundheitswesens. Das Gumpertz'sche Siechenhaus vervollständigte das Frankfurter Pflegeangebot und ist Teil der Geschichte der jüdischen Krankenhäuser in Deutschland und Europa.[6]

Das Gumpertz'sche Siechenhaus kann als ein »Jewish Place«[7] verstanden werden, an dem die jüdische Sozialethik in der Armen- und Krankenpflege bewusst verwirklicht wurde. An diesem Ort – jüdisch »Makom«[8] – fanden die Mitzwot[9] (religiöse Pflichten), soziale Gerechtigkeit (Zedaka) und tätige Nächstenliebe (Gemilut Chessed) ihren sichtbaren Ausdruck. Gleichwohl binden orthodox-jüdische Definitionen – auch angesichts jahrhundertelanger Erfahrung von Vertreibung und erzwungener Migration – Raumverständnisse nicht notwendig an einen konkreten materiellen Ort: Nach der Zerstörung des zweiten Tempels zu Jerusalem (70 n. Chr. durch die römische Besatzungsmacht) hielt und hält die Tora die in alle Welt verstreuten israelitischen Gemeinden zusammen. Interpretiert wird Makom deshalb auch als universaler ›All-Ort‹ und als ›Makom Tora‹ – einer Sphäre, die überall entsteht, wo jüdische Gläubige die Tora lernen und verwirklichen. Unter den Bedingungen von Bricha (Flucht) und Galut (Exil) kompensiert er den fehlenden oder wechselnden materiellen Ort. Dem religiös-kulturell definierten Makom des Gumpertz'schen Projekts auf dem Frankfurter Röderberg kommen diese Deutungen recht nahe. Dessen Gründer/innen und Gestalter/innen verbanden ihr Judentum mit einer ausgeprägten deutschen und Frankfurter Identität: Der Gumpertz'sche Makom sollte auch geografisch Wurzeln schlagen und zu einer dauerhaften Einrichtung werden.

---

6 Vgl. Jetter 1970; Murken 1993/94, siehe zu Frankfurt am Main: Seemann 2017c.
7 Vgl. Mann 2012.
8 Kümper [u. a.] 2007; siehe auch Busekist 2015.
9 In der Literatur existieren zu hebräischen Begriffen verschiedene Schreibweisen, z. B.: Mitzwot, Mizwot.

## Sozialethische Gründungsmotive: Zedaka und Gemilut Chassadim

Schon bei der Planung und Gründung des Gumpertz'schen Siechenhauses war die jüdische Sozialethik handlungsweisend. Um zu verstehen, was diese Institution als einen Jewish Place der Pflege so einzigartig machte, lohnt sich daher eine kurze Einführung in die Grundlagen.

Abbildung 38: Publikation von Rabbiner Markus Horovitz, Titelblatt, 1896.[10]

»Gefunden hat das jüdische Volk nicht immer, aber geübt hat es alle Zeit Erbarmen. Die Barmherzigkeit [hebräisch: Rachmanut, B.S.] ist uns von Gott gegeben […]«,[11] beschrieb Markus (Marcus) Horovitz (1844–1910), Rabbiner der Frankfurter Gemeinde-Orthodoxie und religiöser Betreuer des Gumpertz'schen Siechenhauses, ein zentrales Handlungsmotiv jüdischer Wohltätigkeit (hebräisch: Zedaka, abgeleitet von ›Zedek‹: Gerechtigkeit, Recht). Die Zedaka ist eine zentrale Mitzwa (religiöse Pflicht), mittels materieller Zuwendungen an Notleidende für sozialen Ausgleich zu sorgen und Hilfe zur Selbsthilfe für wirtschaftlich Schwächere zu leisten: »Wenn ein Armer in deiner Mitte ist, so verhärte nicht dein Herz und verschließe nicht deine Hand vor deinem armen Bruder. Geben sollst du ihm wiederholt und dein

---
10 Online-Ausgabe 2012: UB JCS Ffm, Judaica, http://sammlungen.ub.uni-frankfurt.de/freimann/content/titleinfo/760524.
11 Horovitz 1896: 3. Vgl. auch Brocke/Jobst 2011 u. 2015.

Herz sei nicht böse, wenn du ihm gibst (4. Buch Mose, Deut. 15.7).«[12] Das Geben soll die Bedürftigen weder beschämen noch demütigen. Vielmehr legt das bereits im 12. Jahrhundert von dem berühmten jüdischen Philosophen, Rechtsgelehrten und Arzt Maimonides (um 1135–1204) entwickelte Konzept als höchste Stufe der Zedaka fest, dass Gebende und Empfangende einander nicht kennen.[13] Nach jüdischer Auffassung unterscheidet sich die Zedaka vor allem durch ihre enge Bindung an die Idee der Gerechtigkeit von christlicher Wohltätigkeit, die sich primär auf Nächstenliebe und individuelles Mitgefühl gründe:

> »Basierend auf der Gerechtigkeit ist die Zedaka [...] eines der wichtigsten Gebote des jüdischen Religionsgesetzes und muss von jedem Juden erfüllt werden. Die Ausübung und die Gabe von Zedaka ist keine freiwillige Handlung und bleibt nicht dem Ermessen des Einzelnen überlassen. Die Abstammung der Zedaka von der Gerechtigkeit unterscheidet die jüdische Auffassung der Wohltätigkeit ganz wesentlich von der christlichen oder der modernen Auffassung von Philanthropie oder Nächstenliebe. Die Tatsache, dass die Zedaka nicht als eine persönliche Entscheidung gewertet wird und unabhängig von der persönlichen Überzeugung erfüllt werden muss, hat die Praxis der jüdischen Wohltätigkeit über die Jahrhunderte bestimmt und entscheidende Auswirkungen auch auf die Ausformung der modernen jüdischen Wohlfahrtspflege genommen.«[14]

Das zweite sozialethische Fundament religiös begründeter jüdischer Wohlfahrt umfasst neben der Zedaka das bereits im Tanach (hebräische Bibel,[15] Altes Testament) verankerte Gebot der Nächstenliebe (Lev 19,18), bezeichnet als Gemilut Chessed (hebräisch: Wohltat; Plural: Gemilut Chassadim). Über materielle Fürsorge hinausgehend, steht Gemilut Chessed für den orthodoxen Rabbiner Wilhelm Lewy (1876–1949) »in der persönlichen Teilnahme an dem Schicksal der Notleidenden und in dem liebevollen Sichversenken in die Gemütsverfassung des Gedrückten und Verfolgten« sogar über der Zedaka:

---

12 Zit. n. Zedaka 2011: 1.
13 Vgl. einführend Zeller 2003.
14 Zit. n. Zedaka 2011: 1-2. Vgl. auch Wronsky, Siddy: Wohlfahrtspflege. In: JüdLex 1987 Bd. V/2 (S–Z), Sp. 1468-1475; Zedaka 1992; Zeller 2009 u. 2013.
15 Vgl. Talabardon/Völkening 2015.

»Größer ist G.[emilut] ch.[essed] als Z.[edaka], lehrt ein talmudisches Wort, denn Z.[edaka] kann nur gegen die Armen ausgeübt werden, G.[emilut] ch.[essed] aber gegen arm und reich. […] G.[emilut] ch.[essed] wird als Anfang und Ende der Tora bezeichnet und kennt für ihre Betätigung keine Grenzen. […] Die Ausübung […] gilt als eines der drei Kennzeichen des echten J.[uden] […] und ist so vielseitig und umfassend wie das Gebiet seelischer und körperlicher Leiden.«[16]

Als angewandte Sozialethik verweisen die Gemilut Chassadim auf eine Vielzahl zwischenmenschlicher Pflichten: von der »Aufrichtung der Sinkenden«, der »Fürsorge für die Schwachen und Bedürftigen«, der »Hilfe für die Verlassenen und Vereinsamten, bes.[onders] für die Waisenkinder und das hilflose Alter«, der «gastfreundliche[n] Aufnahme der Ortsfremden«, der »Auslösung unschuldiger Gefangener«, der »Unterstützung notleidender Toragelehrter« und der »Ausstattung und Verheiratung mittelloser Bräute« bis zu der »Schonung und Pflege der Kranken (Bikkur cholim[17])«, der »Tröstung Trauernder« und der »würdevollen Bestattung der Toten«.[18]

Zedaka und Gemilut Chassadim schlossen und schließen stets auch die Nichtjuden mit ein. Die universale Ausrichtung des Judentums gründet – hier aus der Sicht des liberalen Berliner Rabbiners Julius Lewkowitz (geb. 1876)[19] – darauf, dass doch alle Menschen Gottes Kinder seien. Fremdenliebe und sogar Mitgefühl und Hilfe für die Feinde seien der Nächstenliebe immanent:

»Aus der Gleichheit aller Menschen vor Gott ergibt sich […], daß jeder Einzelne Anspruch auf Lebensglück und auf Entfaltung seiner sittlichen Kräfte hat. […] Mit dem eigennützigen Streben muß selbstloses Mitgefühl für andere sich verbinden. Die liebevolle Sorge gilt sowohl den materiellen als auch den ideellen Gütern des Nächsten. Nicht nur sein Leben, seine Gesundheit und

---

16 Lewy, Wilhelm: Wohltätigkeit. In: JüdLex 1987 Bd. V/2 (S–Z), Sp. 1475–1479.
17 Bikkur Cholim (›Krankenbesuch‹, auch: Krankenpflege) gilt als religiöse Pflicht (Mitzwa) gegenüber Juden wie Nichtjuden. Bei Schwerkranken ist sogar die Übertretung der Shabbatvorschriften wie das Arbeitsverbot erlaubt. Wer einen Krankenbesuch unterlässt, handelt dem berühmten Rabbinergelehrten Akiba zufolge, als habe er eine Menschenseele getötet. Vgl. Probst 2017, siehe auch Ahren, Yizhak 2001: Bikkur Cholim, http://www.hagalil.com/archiv/2001/06/bikkur-cholim.htm [01.11.2018]; Kottek 2010; Seemann 2017b.
18 Lewy, Wilhelm: Wohltätigkeit. In: JüdLex 1987 Bd. V/2 (S–Z), Sp. 1475–1479.
19 Rabbiner Lewkowitz wurde am 12. März 1943 nach Auschwitz deportiert (BA Koblenz Gedenkbuch).

sein Besitz, sondern auch seine Ehre, Freiheit und sittliche Reinheit sollen geschützt und erhalten werden.«[20]

In dem hebräischen Begriff Tikkun Olam[21] (Reparatur / Korrektur / Wiederherstellung / Heilung / Verbesserung der Welt), Bestandteil des täglichen jüdischen Gebets, spiegelt sich die über das Judentum hinaus auf die gesamte Menschheit bezogene globale Perspektive von Zedaka und Gemilut Chassadim.

Besondere Bedeutung kommt hierbei den rituellen Speisevorschriften, Kaschrut[22] (von ›kascher‹, hebräisch: im rechten Zustand, tauglich; aschkenasisch: koscher), zu: Sie betreffen unter anderem die Unterscheidung von erlaubten und nicht erlaubten Tieren beim Fleischverzehr, das Verbot des Blutgenusses, die Trennung von fleischigen, milchigen und ›neutralen‹ Lebensmitteln sowie spezielle Vorschriften für die Herstellung und Zubereitung der Speisen. Aus gesundheitlicher Sicht verbinden jüdische Gläubige mit der Kaschrut kulturelle Vorstellungen von physischer und psychischer Hygiene und ›Reinheit‹, um Körper und Seele in einem harmonischen Gleichgewicht zu halten. Die Kaschrut ist Teil des Therapie- und Pflegeprozesses orthodox-jüdischer Kliniken und Pflegeeinrichtungen; die Herstellung und Zubereitung der Speisen beaufsichtigt der zuständige Rabbiner. Auch im Gumpertz'schen Siechenhaus sollte die Verpflegung der Bewohnerinnen und Bewohner »unter strenger Wahrung der israelitischen religionsgesetzlichen Bestimmungen stattfinden; insbesondere müssen Speisen und Getränke in jeder Beziehung den religionsgesetzlichen Vorschriften vollkommen

---

20 Lewkowitz, Julius: Nächstenliebe (Lev. 19,18). In: JüdLex 1987 Bd. IV/1 (Me–R), Sp. 374–375: 375.

21 Vgl. Kaminer 2006 sowie Halper, Sharon D. 2000: *To learn is to do. A Tikkun Olam roadmap*. New York; Dorff, Elliot N. 2005: *The way into Tikkun Olam (repairing the world)*. Woodstock, Vt.; Gavriel, Elvina 2014: Für ein besser funktionierendes Miteinander. In: *Bet Debora Journal: Tikkun Olam – Der Beitrag jüdischer Frauen zu einer besseren Welt*. Berlin: 26–31; Morgan, Michael L.: Tikkun Olam. In: *EJGK 2017, Band 6: Te–Z*: 102–106.

22 Vgl. Joseph, Max: Speisegesetze. In: *JüdLex 1987 Bd. V/2 (S–Z)*, Sp. 539–543. Vgl. in Auswahl auch NeuJüdLex: 485–486; Neumann, Daniel: Gerichte und Gebote. Die Speisegesetze folgen einer eigenen Logik. Sie sollen den Menschen zur Selbstbeherrschung erziehen. In: JA, 12.02.2015, online: https://www.juedische-allgemeine.de/article/view/id/21461 [01.11.2018]; Jütte 2016: 251–261.

entsprechen«.[23] Die von dem neo-orthodoxen Kölner Rabbiner Benny (Benedikt Pinchas) Wolf (1875–1968) angesprochene soziale und gesellschaftliche Dimension der Kaschrut beschränkt sich trotz ihrer identitätsstiftenden Wirkung[24] keineswegs nur auf das Judentum: »Als wenn überhaupt von der universalistisch denkenden und kosmopolitisch wirkenden Bibel angenommen werden könnte, daß sie nur für [sic] die Gesundheit des kleinsten Völkchens besorgt wäre, die übrige Welt sie aber gar nichts anginge.«[25]

## Eine fromme Jüdin aus Warmaisa: Betty Gumpertz

Für Betty Gumpertz, Gründerin des Gumpertz'schen Siechenhauses, eine fromme Jüdin, gehörten die Mitzwot Zedaka und Gemilut Chassadim zu den wichtigsten Lebensregeln. Sie gaben ihr die Kraft, persönliche Verluste, die sie schon früh trafen, zu bewältigen und hieraus sogar ein humanitäres Werk zu schaffen. Geboren wurde Beda Cahn, genannt Betty, am 12. März 1823 zu Worms.[26] Mit zwölf Jahren verlor sie ihre Mutter, die aus Mannheim stammende Barbara (Babett) geb. Dinkelspiel (1784–1835).[27] Der Vater Carl Cahn (1777–1864), von Beruf Fruchthändler,[28] war noch im Wormser Ghetto aufgewachsen. Bettys Geburtsname Cahn[29] war ursprünglich die hebräische Bezeichnung für eine Familie, »die im biblischen Judentum zum Priesterstand gehört hat-

---

23 GumpStatut 1895: 2.
24 Vgl. Lavi, Shai: Kashrut. *In: EJGK 2012, Band 3: He–Lu*: 330–333. Die Anwendung der Kaschrut ist zwischen den orthodoxen und liberalen Richtungen des Judentums bis heute kontrovers.
25 Wolf 1912: 5.
26 Vgl. ISG Ffm: Heiratsurkunde von Beda (Betty) Cahn und Leopold Gumpertz, 1848. Siehe auch https://www.geni.com/people/Beda-Gumperz/6000000010601879722 [01.11.2018].
27 Biografische Daten nach Geni: https://www.geni.com/people/Babett-Cahn/6000000034711094131, [01.11.2018].
28 Biografische Daten nach Geni: https://www.geni.com/people/Carl-Cahn/6000000034711436920, [01.11.2018]. Laut ›Verzeichnis der Gebäude-Eigenthümer der Stadt Worms 1852‹ (S. 22) war Carl Cahn in der Kämmererstraße gemeldet, vgl. http://www.adressbuecher.genealogy.net/addressbook/entry/547460041e6272f5cfd289f2. [01.11.2018].
29 Schreibweisen des Familiennamens auch Kahn, Cahen, Cohen oder Katz.

te. […] Während der Familienname Cahn immer auf die ursprüngliche priesterliche Abstammung verweist, hat die Mehrzahl der Priesterfamilien im Laufe der Jahrhunderte andere Familiennamen angenommen.«[30]

Für die fast tausendjährige, in der NS-Zeit vernichtete »Heilige Gemeinde« zu Worms war die Dom- und Nibelungenstadt ihr »Warmaisa«[31], das »Klein Jerusalem« am Rhein, wo im 11. Jahrhundert der berühmte Bibel- und Talmudkommentator Raschi (Rabbi Schelomo Jizchaqi)[32] studiert hatte. Betty Cahn und ihre Geschwister wuchsen in dieser Tradition auf.

Aus der milden Wormser Weinlandschaft verschlug es die fünfundzwanzigjährige Rheinländerin 1848 durch die Heirat mit dem Kaufmann Leopold Herz Gumpertz (1812–1884) nach Frankfurt am Main. Die Geschäfts- und Messestadt hatte in der jüdischen Welt einen herausragenden Ruf, wurde ihr doch der »Ehrentitel« einer »Muttergemeinde und Hauptstadt in Israel« (ir wa-em be-Yisrael)[33] zuteil: Wie kaum eine andere im deutschsprachigen Raum stand die Frankfurter jüdische Gemeinde für eine nahezu ungebrochene Kontinuität rabbinischer Gelehrsamkeit, vorbildlicher Zedaka und wirtschaftlicher Innovation. Daran Anteil hatte auch die alteingesessene Familie Gumpertz (auch Gumperz, Gompertz), deren Vorfahren 1649[34] aus dem niederrheinischen Emmerich eingewandert waren. In Frankfurt konnten sie sich nur in der Judengasse,[35] dem jüdischen Ghetto (1462–1796), niederlassen. Wirtschaftlich erfolgreich, knüpften sie als Hoffaktoren enge Geschäftsverbindungen zu den großen Fürstenhöfen Preußens und Hannovers. In der Judengasse bewohnten sie die Häuser »Wilde Ente«, »Grüner Hut« und »Weißer Stern«, gegen 1800 das Geburtshaus »Rost«[36] des bekannten

---

30 Zit. n. Infobank Judengasse Ffm: http://www.judengasse.de/dhtml/F010.htm.
31 Zit. n. Reuter 1987. Vgl. auch Märker 2014 sowie die Website https://schumstaedte.de [01.11.2018].
32 Vgl. einführend Liss, Hanna: Raschi (1040/41–1105), Mai 2009, https://www.bibelwissenschaft.de/wibilex/das-bibellexikon/lexikon/sachwort/anzeigen/details/raschi/ch/bf97db1a925e0b3086f969252a50eb95 [01.11.2018].
33 Zit. n. Hopp 1997: 14; siehe auch Arnsberg 1974. Als ›Muttergemeinden in Israel‹ galten außer Frankfurt am Main unter anderem Berlin und die so genannten SCHUM-Städte Speyer (Schpira), Worms (Warmaisa) und Mainz (Magenza).
34 Vgl. Infobank Judengasse Ffm: http://www.judengasse.de/dhtml/F029.htm [01.11.2018].
35 Vgl. Backhaus [u. a.] 2006 u. 2016.
36 Vgl. Infobank Judengasse Ffm: http://www.judengasse.de/dhtml/H118.htm [01.11.2018].

Publizisten Ludwig Börne (Sohn von Julie »Gurli« Baruch geb. Gumperz und Enkel des Frankfurter Bankiers Abraham Salomon Gumperz) sowie das Haus »Goldene Ente«.[37] Ob zwischen dem Gumpertz-Klan und den verschiedenen Frankfurter Familien namens Cahn (die offenbar »nicht miteinander verwandt waren«[38]) familiäre Beziehungen bestanden, lässt sich nicht belegen.

Im Jahr 1843 trat Betty Cahns späterer Bräutigam Leopold als ältester Sohn[39] des Herz (Hertz) Lazarus Gumpertz und der Esther geb. Elsaß[40] (aus Offenbach am Main) in die geschäftlichen Fußstapfen und eröffnete in der Mainstraße (vermutlich im Elternhaus Nr. 18) einen Textilwarenhandel. Von dort verlegte die Firma Leopold Gumperz [sic!] – Geschäftsgebiet »Geldverwechslung, Kommission und Spedition« – ihren Sitz in die Einkaufsmeile Zeil (Nr. 19, seit 1866: Zeil 61);[41] mit »Geldverwechslung« ist der Handel mit verschiedenen Geldsorten, einschließlich Münzen und Goldmünzen, gemeint.

Nachdem er eine gesicherte Existenzgrundlage mit Aussicht auf einen gutbürgerlichen Lebensstandard nachweisen konnte, ging Leopold Gumpertz am 20. August 1848 mit der Wormser jüdischen Kaufmannstochter Betty Cahn eine vermutlich bereits von den Eltern arrangierte Ehe ein.

---

37 Vgl. Dietz 1907: 130 (144).
38 Zit. n. Infobank Judengasse Ffm: http://www.judengasse.de/dhtml/F010.htm. [01.11.2018].
39 Vgl. Geni: https://www.geni.com/people/Leopold-Gumperz/6000000010601669142 [01.11.2018].
40 Vgl. ISG Ffm, Sign. 144: Nachlassakten Gumpertz, Esther, geb. Elsaß (1859); siehe auch Sign. 138: Nachlassakten Gumpertz, Hertz Lazarus (1856) sowie Geni: https://www.geni.com/people/Esther-Gumpertz/6000000002802328248 [01.11.2018]. Dietz 1907 (S. 130 (144)) gibt Esther Gumpertz' Geburtsname mit »Schloss« an.
41 Vgl. Dietz 1907: 131 (145); siehe auch Staats- und Adresshandbuch der freien Stadt Frankfurt 1852, UB JCS Ffm, Frankfurter Adressbücher: http://sammlungen.ub.uni-frankfurt.de/periodika/periodical/titleinfo/8905728.

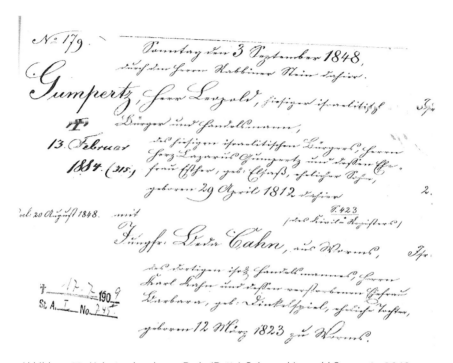

Abbildung 39: Heiratsurkunde von Beda (Betty) Cahn und Leopold Gumpertz, 1848.

Entgegen sonstiger Gepflogenheiten fand die Heirat nicht im Geburtsort der Braut, sondern in Frankfurt statt. Auch ist bemerkenswert, dass mit Leopold Stein (1810–1882) ein gemäßigter, aber entschiedener Vertreter der liberal-jüdischen Reformbewegung das konservativ-jüdische Paar traute. Obendrein sympathisierte Rabbiner Stein mit den radikaldemokratischen Zielen der von Mai 1848 bis Mai 1849 als verfassunggebendes Gremium der frühbürgerlichen ›Deutschen Revolution‹ in der Paulskirche tagenden Frankfurter Nationalversammlung.[42] In seine turbulente Amtszeit fielen die Spaltung der Frankfurter jüdischen Gemeinde[43] und die Gründung (1850) der oppositionellen Israelitischen Religionsgesellschaft (IRG); seit 1851 stellte die IRG mit Samson Raphael Hirsch (1808–1888) einen eigenen und zudem als Begründer der so genannten jüdischen Neo-Orthodoxie in Deutschland prominenten Rabbiner. Das Ehepaar Gumpertz verblieb wie die Mehrzahl der jüdischen Frankfurterinnen und Frankfurter in der Israelitischen Gemeinde (Muttergemeinde). Die gesellschaftlichen Umbrü-

---

42 Vgl. Heuberger/Krohn 1988: 74.
43 Vgl. grafische Übersicht in Kapitel 4, Abbildung 48.

Ein »Jewish Place« der Pflege: das Gumpertz'sche Siechenhaus in den Jahren 1888 bis 1906

Abbildung 40: Fotografie aus einem Fenster des Hotels ›Russischer Hof‹ auf der Frankfurter Zeil zur Hauptwache, 1846.

che brachten auch Erfreuliches: 1864 erreichte das Frankfurter Judentum nach langem zähen Ringen die uneingeschränkte stadtbürgerliche Gleichstellung. Zugleich verstärkten sich aber die innerjüdischen Konflikte und mündeten – basierend auf einem 1876 erlassenen Gesetz zum Austritt aus den jüdischen Synagogengemeinden – zur Formierung der Israelitischen Religionsgesellschaft um Rabbiner Hirsch als einer auch rechtlich eigenständigen Austrittsgemeinde. Die Mehrheit der ›Orthodoxen‹ blieb der Muttergemeinde erhalten und bildete fortan ihren kleineren konservativen Flügel. Auch die ›Gemeinde-Orthodoxie‹, wie sie fortan genannt wurde, leitete seit 1878 ein eigener Rabbiner – Markus Horovitz,[44] der in diesem Amt später auch das Gumpertz'sche Siechenhaus betreute. Trotz der Zerwürfnisse wurden Doppelmitgliedschaften in der Israelitischen Gemeinde und der Israelitischen Religionsgesellschaft geduldet.

---

44 Vgl. zu Leben und Werk von Leopold Stein, Samson Raphael Hirsch, Markus Horovitz und anderen Frankfurter Rabbinen einführend Arnsberg 1974, 1983 Bd. 3 u. 2002; BHR 2014ff.; Infobank Judengasse Ffm: http://www.judengasse.de/dhtml/pindex.htm [01.11.2018].

Kapitel 3

Nach 35 Ehejahren wurde Betty Gumpertz mit 60 Jahren Witwe: Leopold Gumpertz verstarb am 13. Februar 1884 und fand seine letzte Ruhestätte auf dem Frankfurter Jüdischen Friedhof Rat-Beil-Straße. Bereits im Jahr 1871 hatte sie ihren erst sechsjährigen Sohn Heinrich – am 19. September 1864 geboren und und bereits am 11. April 1871[45] verstorben – zu Grabe getragen. An der Trauerfeier für seinen Schwager nahm sehr wahrscheinlich auch Betty Gumpertz' Bruder, der Wormser Kaufmann Gustav Cahn (geb. 1829), mit Ehefrau Auguste und dem (nach seinem Großvater benannten) Sohn Carl teil. Zu ihrem Neffen, Justizrat Carl (Karl) Cahn (1864–1942), hatte Betty Gumpertz vermutlich näheren Kontakt, da er ebenfalls in Frankfurt lebte: 1892 war er am Landesgericht Frankfurt a. M. und seit 1904 am Oberlandesgericht Frankfurt a. M. als Rechtsanwalt eingetragen, 1920 wurde er zum Notar bestellt. Die Nationalsozialisten entzogen ihm 1933 das Notariat und nach dem Novemberpogrom 1938 auch die anwaltliche Zulassung. Carl Cahn musste sein Haus in der Leerbachstraße 33 aufgeben und war zuletzt durch die NS-staatliche Ausplünderung völlig verarmt. Er wurde in das Ghettohaus Wöhlerstraße 8 eingewiesen, einem jüdischen Altersheim, das die NS-Behörden zuletzt als Sammellager benutzten. Am 18. August 1942 wurde der gebrechliche 77-jährige Witwer nach Theresienstadt verschleppt – im gleichen Deportationszug wie die letzten Bewohner/innen und Mitarbeiter/innen des von seiner Tante begründeten Gumpertz'schen Siechenhauses. Am 27. November 1942 erlag Carl Cahn den Folgen der Lagerhaft. Die 1897 und 1900 in Frankfurt geborenen Söhne von Carl Cahn und seiner Frau Paula, Fritz und (Ronald) Hans, anglisierten ihren jüdischen Familiennamen im Exil zu »Carr«.[46] In welcher Verbindung Betty Gumpertz' Neffe Carl Cahn zum Gumpertz'schen Siechenhaus stand, ist nicht dokumentiert.

---

45 Auskunft von Michael Lenarz, Jüdisches Museum Frankfurt a. M. Heinrich Gumpertz wurde am 13. April 1871 auf dem Frankfurter Jüdischen Friedhof Rat-Beil-Straße beerdigt.
46 Vgl. Dölemeyer/Ladwig-Winters 2004: Cahn, Carl JR. In: dies. 2004: 142; JM Ffm (interne Datenbank); Terezin Opferdatenbank: Todesfallanzeige Cahn, Karl; HHStAW: Sign. 518/ 10038: Entschädigungsakte Cahn, Carl; Geni.

## »Unterkunft und Pflege« –
## das Gumpertz'sche Siechenhaus öffnet 1888 seine Pforten

Ein ›Siechenhaus‹ ruft heute zumeist negative Assoziationen hervor, diente es doch im Mittelalter als Seuchenspital, das Erkrankte zum Teil lebenslang von den ›Gesunden‹ absonderte.[47] Seit dem 19. Jahrhundert entwickelte es sich jedoch zu einer Auffangstation (›Asyl‹) für Menschen mit Behinderungen, Gebrechen und chronischen Leiden: Deren Versorgung war durch die Auflösung familialer und nachbarschaftlicher Netzwerke – eine Folge der Massenabwanderung junger Arbeitskräfte in die Städte oder nach Amerika – akut gefährdet; die Hospitäler spezialisierten sich zunehmend auf heilbar Kranke. Technische Modernisierung, medizinischer Fortschritt und Professionalisierung in der Pflege erreichten auch das Siechenhaus, die alte Verwahranstalt hatte ausgedient. Die sozioökonomischen Umbrüche der im Deutschen Kaiserreich besonders dynamisch verlaufenden Industrialisierung betrafen auch unmittelbar die jüdischen Gemeinden. In Frankfurt am Main stieg die Zahl der zumeist im Stadtteil Ostend wohnenden jüdischen Bedürftigen, dazu kam der Zuzug osteuropäischer Jüdinnen und Juden, die auf der Flucht vor antisemitischen Pogromen im russischen Zarenreich ihr Hab und Gut verloren hatten. Im hessischen Umland waren ältere und gebrechliche jüdische Arme zunehmend auf sich allein gestellt.

Die drängende Not bewegte auch Betty Gumpertz. Statt sich in ihre Trauer zurückzuziehen, setzte die wohlhabende Kaufmannswitwe die Zedaka der Frankfurter Familie Gumpertz fort: Mitten im Ostend gründete sie 1888 zum Andenken an Ehemann und Sohn das Siechenhaus. Dabei wollte sie zugleich einem erheblichen Missstand begegnen: Insbesondere der konservative Teil des Frankfurter Judentums – die ›Gemeinde-Orthodoxie‹, zu deren Umfeld Betty Gumpertz gehörte, und die Austrittsgemeinde ›Israelitische Religionsgesellschaft‹ – sorgte sich um die rituelle Betreuung pflegebedürftiger Glaubensgenossinnen und -genossen, die häufig in nichtjüdischen, christlich geprägten Pflegeeinrichtungen untergebracht waren.

Nach bescheidenen Anfängen[48] in angemieteten Räumen in der Rückertstraße[49] ermöglichte Betty Gumpertz mit einer Großspende von 60.000

---

47 Vgl. Stolberg 2011.
48 Das Gründungsjahr 1888 des Vereins Gumpertz'sches Siechenhaus ist im revidierten Statut vom 18.02.1895 belegt (vgl. GumpStatut 1895: 1). Das Gründungsstatut wurde bislang nicht aufgefunden.
49 Vgl. Schiebler 1994: 135 (Hausnummer bislang unbekannt).

Mark den Erwerb eines Hauses mit Garten in der Ostendstraße 75; offizielle Eigentümerin war die Israelitische Gemeinde Frankfurt. Das Gumpertz'sche Siechenhaus hatte »den milden Zweck, unbemittelten, dauernd kranken, siechen Personen beiderlei Geschlechts, Unterkunft und Pflege zu gewähren«, dort sollten nach dem Wunsch der Stifterin »die Pfleglinge Aufnahme und Unterhalt erhalten, und sich der ärztlichen Fürsorge erfreuen«.[50] In dem traditionell-jüdisch und zugleich modern geführten Heim bestimmten Zedaka, Gemilut Chassadim und Bikkur Cholim von Beginn an das soziale, medizinisch-therapeutische und pflegerische Beziehungsnetzwerk. Bedürftigen Menschen mit Gebrechen, chronischen Leiden und Behinderung[51] wurde ein Schutzraum vor möglichen antisemitischen Benachteiligungen und Belästigungen geboten, vor allem aber die Option einer religiös-jüdischen Lebensführung, die christliche und städtische Institutionen in der Regel nicht ermöglichen konnten. Neben dem allwöchentlichen Ruhetag (Shabbat) wurden die jüdischen Feste gefeiert. Im Haus befand sich satzungsgemäß ein Betraum für die Verrichtung der »Andacht nach streng israelitischem Ritus«, dort wurden an den Todestagen für Leopold und Heinrich Gumpertz und nach ihrem Tod für die Stifterin selbst »die üblichen Sterbe- und Erinnerungsgebete gesprochen und Gottesdienst abgehalten«.[52] Gleichwohl sollte »bei den Leistungen des Vereins das Religionsbekenntniss [sic] ausser Betracht« bleiben, wobei wegen der begrenzten Mittel »Kranke israelitischer Religion« Vorrang hatten. Wenn »solche jedoch nicht vorhanden sind, so dürfen auf Beschluss des Vorstands auch Nichtjuden aufgenommen werden«.[53]

Dass das Gumpertz'sche Zedaka-Werk schon bei seiner Entstehung verschiedene Richtungen des Frankfurter Judentums zusammenführte, war vor allem das Verdienst der Frankfurt-Loge Bne Briss, die die Verwaltung des Pflegeheims samt laufender Betriebskosten verantwortete.

---

50 GumpStatut 1895: 1.
51 Vgl. zum Themengebiet ›Judentum‹ und ›Behinderung‹ Ellger-Rüttgardt 1996; Sachs 2000; Jütte 2016: 280-368. Siehe auch ZWST: Gesher – Inklusion von Menschen mit Behinderung, http://www.zwst.org/de/menschen-mit-behinderung [01.11.2018].
52 GumpStatut 1895: 5.
53 Ebd.: 2.

# Ein »Jewish Place« der Pflege: das Gumpertz'sche Siechenhaus in den Jahren 1888 bis 1906

Abbildung 41: Publikation der Frankfurt-Loge, 1901, Titelblatt.[54]

Die Frankfurt-Loge Bne Briss (XX. Distrikt, Nr. 372) hatte sich am 8. Januar 1888 – im gleichen Jahr wie der Verein Gumpertz'sches Siechenhaus – unter dem Dach der internationalen Vereinigung B'nai B'rith[55], in Deutschland ›Unabhängiger Orden Bne Briss (U.O.B.B.)‹, konstituiert.[56] Der B'nai B'rith (deutsch: ›Söhne des Bundes‹), 1843 in New York von zwölf deutsch-jüdischen Einwanderern gegründet, besteht bis heute, setzt sich weiterhin für Wohlfahrt, Bildung und jüdischen Zusammenhalt ein und zählt inzwischen zu den größten internationalen jüdischen Vereinigungen. Das weit über Frankfurts Grenzen hinaus angesehene Wirken der Frankfurt-Loge, die viele namhafte Persönlichkeiten unterschiedlicher Orientierung vereinte, endete am 19. April 1937 mit ihrer Zwangsauflösung durch das NS-Regime, das Logenhaus in der Eschersheimer Landstraße wurde ›arisiert‹. Die ›Schwestern‹ und ›Brüder‹ der Frankfurt-Loge wurden ins Exil vertrieben oder in den Vernichtungslagern ermordet. Erst am 19. März 1961 kam es zur Errichtung der heutigen B'nai B'rith Frankfurt Schönstädt Loge e.V. (XIX. Distrikt, Nr. 2296).[57] Die ›alte‹ Frankfurt-Loge Bne Briss setzte jenseits aller Spaltungen im Frankfurter Judentum auf die Genese und Stabilisierung einer auf der jüdischen Sozialethik basierenden Gemeinschaft, zudem verband

---

54 Online-Ausgabe 2011: UB JCS Ffm: Judaica, https://sammlungen.ub.uni-frankfurt.de/judaicaffm/content/titleinfo/4098628.
55 Ältere Selbstbezeichnung / Schreibweise in Deutschland auch »Bne Briss«.
56 Vgl. Gut 1928; Frankfurt-Loge 1913. Siehe auch Baeck, Leo [u. a.] 1933: Zum 50-jährigen Bestehen des Ordens Bne Briss in Deutschland: UOBB. Frankfurt a. M.
57 Vgl. Hofmann/Ellrodt-Freiman/Rosensaft 2009; B'nai B'rith Ffm: http://bnaibrith-ffm.de [01.11.2018].

der bürgerlich-humanistische Gedanke.[58] Statt dem Beharren auf »Fragen religiös-dogmatischer Natur und politische[n] Auseinandersetzungen«[59] bestimmten Selbstvergewisserung und Stärkung des von Antisemitismus bedrohten Judentums die Agenda. So traf in der Frankfurt-Loge der gemeinde-orthodoxen Rabbiner Markus Horovitz auf den nicht sonderlich religiösen Liberalen Charles L. Hallgarten. Die erfolgreiche Etablierung der Frankfurt-Loge als Forum jüdischer Vielfalt zeigt sich nicht zuletzt in der Benennung ihrer beiden Tochter-Logen (1919 und 1922) nach dem neukantianischen Philosophen Hermann Cohen sowie Rabbiner Markus Horovitz.[60]

Bereits in ihrem Gründungsjahr 1888 startete die Frankfurt-Loge – namentlich Ferdinand Gamburg und Raphael Ettlinger – das Projekt einer Zuflucht für mittellose jüdische Pflegebedürftige: »In der Fürsorge für Alte und Sieche ist zu bemerken, dass die Frankfurt-Loge die Anregung zur Gründung eines Siechenhauses gegeben hat. Durch die Bemühungen von Gamburg hat Frau Gompertz [d. i. Betty Gumpertz, B. S.] daselbst den Fonds dazu gestiftet«.[61] Parallel trieb die Frankfurt-Loge die in den jüdischen Gemeinden des Kaiserreichs heftig debattierte Professionalisierung der Krankenpflege zum jüdischen Frauenberuf voran, die am 20. Oktober 1893 in Frankfurt am Main zur Gründung der ersten jüdischen Schwesternorganisation in Deutschland führte. Mit Thekla Mandel und Rahel Spiero entsandte der Verein für jüdische Krankenpflegerinnen zu Frankfurt a. M.[62] zwei seiner Mitglieder als Oberinnen an das Gumpertz'sche Siechenhaus.

Der Vorstand des Vereins Gumpertz'sches Siechenhaus bestand weitgehend aus Mitgliedern (›Beamte‹, ›Brüder‹ und ›Schwestern‹) der Frankfurt-Loge. Die Gumpertz'schen Vorsitzenden – Ferdinand Gamburg (von 1888 bis 1892), Charles L. Hallgarten (von 1892 bis 1908), Julius Goldschmidt (von 1908 bis 1932) und Richard Merzbach (von 1932 bis 1938) – waren allesamt bedeutende Persönlichkeiten und zum Teil amtierende Präsidenten der Loge. Ihre Ehefrauen und andere Logenschwestern amtierten in der Tradition der Gründerin Betty Gumpertz als ›Ehrendamen‹. Die sehr wahrscheinliche Beteiligung der Frauenvereinigung der Loge und

---

58  Vgl. Reinke 2001.
59  Gut 1928: 9.
60  Vgl. http://bnaibrith-ffm.de/sites/default/files/historie_DE_EN.pdf [01.11.2018].
61  Maretzki 1907: 235.
62  Vgl. Steppe 1997 sowie einführend Bönisch 2009.

ihrer Vorsitzenden Fanny Blau (1870–1936)[63] am Gumpertz'schen Projekt ist bislang nicht dokumentiert, da sich die Logenschwestern eher im Stillen engagierten.[64]

Gründungsvorsitzender und erster Präsident des Gumpertz'schen Siechenhauses war Ferdinand Gamburg, von Beruf Kaufmann sowie Mitbegründer der Frankfurt-Loge Bne Briss. Nach vier Jahren in diesem Amt verstarb er bereits 1892 mit 57 Jahren in Frankfurt.[65]

---

63 Lebensdaten nach Geni: https://www.geni.com/people/Fanny-Blau/6000000017288961369 [01.11.2018]. Verheiratet mit Justizrat Dr. Julius Blau, dem langjährigen Vorsitzenden der Israelitischen Gemeinde Frankfurt und zeitweiligen Präsidenten der Frankfurt-Loge. Siehe auch: Jahresberichte der Frauen-Vereinigung der Frankfurt-Loge in Frankfurt a. M., 1909-1915, Online-Ausgabe 2011: UB JCS Ffm, Judaica, http://nbn-resolving.de/urn:nbn:de:hebis:30:1-307748.

64 Vgl. zu den »Bne-Briss-Schwesternverbände[n]« Kaplan 1981: 71–73.

65 Vgl. Reden, gehalten bei der Beerdigung des Herrn Ferdinand Gamburg in Frankfurt a. M. am 11. Sept. 1892. Frankfurt a. M. 1892; Reden, zum Gedächtniss [sic] des Herrn Ferdinand Gamburg in Frankfurt a. M. am 11. und 15. September 1892. Frankfurt a. M. 1892; Ferdinand-Gamburg-Loge LXXII No. 654 gegründet am 16. Januar 1910. Frankfurt a. M. 1912.

Kapitel 3

Abbildung 42: Persönlichkeiten der Frankfurt-Loge Bne Briss.

Abbildung 43: Raphael Ettlinger (um 1895).

An der Gründung und Entwicklung des Siechenhauses maßgeblich beteiligt war – auch als Mitstifter – der gebürtige Karlsruher Raphael Ettlinger (1852–1909), 1901/02 Präsident der Frankfurt-Loge Bne Briss. Im Brotberuf Kaufmann (Möbel- und Dekorationsstoffe), galt sein eigentliches Anliegen der jüdischen Wohlfahrt. So wirkte er an der Errichtung eines israelitischen Krankenheims in Bad Neuenahr (Rheinland-Pfalz) für bedürftige Glaubensgenossinnen und -genossen mit. Als Raphael Ettlinger 1909 – im gleichen Jahr wie Betty Gumpertz – in Frankfurt verstarb, gründete seine Witwe Jeanette Ettlinger (geb. Tulezinska), ›Ehrendame‹ des Gumpertz'schen Siechenhauses, in Hofheim (Taunus) das Raphael und Jeanette Ettlinger-Heim für erholungsbedürftige jüdische Kinder. An den Frankfurter jüdischen Wohltäter und langjährigen Vorstandsvorsitzenden der Börneplatzsynagoge erinnert im Frankfurter Stadtteil Bornheim die Ettlingerstraße (siehe Abbildung 108). 1894 trat der Frankfurter Rechtsanwalt, Philanthrop und liberal-jüdische Gemeindepolitiker Julius Plotke gemeinsam mit Otto Höchberg – beide als Testamentsvollstrecker der neunzigjährig verstorbenen Stifterin Träutchen (Thekla) Höchberg, deren Großspende von 50.000 Mark wesentlich zum weiteren Ausbau des Siechenhauses beitrug – in den Gumpertz'schen Vorstand ein.[66] Dr. Plotke, 1893/94 Präsident der Frankfurt-Loge Bne Briss und bekannt für seinen vehementen Einsatz für antisemitisch verfolgte Geflüchtete aus Osteuropa, verstarb 1903 mit erst 46 Jahren in Frankfurt. Erwähnt seien auch der zeitweilige stellvertretende Gumpertz'sche Präsident Michael Moses Mainz (1842–1924), Börsenmakler und langjähriger Finanzberater der Bankierswitwe und Gumpertz'schen Mit-Stifterin Mathilde von Rothschild, und seine als ›Ehrendame‹ für das Siechenhaus tätige Gattin Mathilde.

---

66 Vgl. FZ, Nr. 102, 12.04.1895, 2. MB, S. 2 = Frankfurter Angelegenheiten.

Kapitel 3

Abbildung 44: Charles L. Hallgarten, ohne Jahr.

Die Einweihungsfeier des Gumpertz'schen Siechenhauses am Standort Ostendstraße 75 konnte der kurz zuvor verstorbene Gründungsvorsitzende Ferdinand Gamburg nicht mehr miterleben. Sie fand vormittags am 10. Oktober 1892[67] statt – zugleich das vom Vorstand festgelegte offizielle Gründungsdatum des Siechenhauses. Die Hauptansprache hielt als Leiter des Frankfurter Armen- und Waisenamtes Stadtrat Karl Flesch. Bei der Einweihung anwesend war auch Ferdinand Gamburgs Nachfolger als Gumpertz'scher Präsident: der Bankier, Mäzen und bekannte Frankfurter Sozialreformer Charles (Karl Lazarus) Hallgarten (1838–1908), erster Präsident der von ihm mitbegründeten Frankfurt-Loge Bne Briss. Seinem Sohn Robert verdanken wir einfühlsame Schilderungen von Hallgartens Fürsorge für das Pflegeheim:

»Hallgarten war seit Begründung des *Gumpertz'schen Siechenhauses* Präsident, Freund und Berater der Anstalt, der nicht nur die Verwaltungsangelegenheiten aufs peinlichste erledigte, stets für Vorschläge zur Verbesserung ein williges Ohr hatte und die Mittel selbst bereit stellte oder andere dazu anregte, nein, der auch, was noch viel wertvoller war, den einzelnen Pfleglingen Trost und Hilfe spendete, mit warmem Mitgefühl die Verhältnisse jedes Einzelnen prüfend, damit nur die Würdigsten und Bedürftigsten Aufnahme fänden, gegen die aufgenommenen Patienten selbst stets von freundlichster herzgewinnender Art.«[68]

Eine Motivation für Charles L. Hallgartens nachhaltiges Engagement für bedürftige chronisch kranke Menschen mochte darin liegen, dass er selbst unter bleibenden gesundheitlichen Schäden litt: So hatte er sich in seiner Zeit als Bankier in New York als ehrenamtlicher Armenpfleger[69] in den Elendsvierteln mit Tuberkulose angesteckt und soll zudem durch »einen

---

67 Vgl. ebd. sowie Bericht in: FZ, Nr. 285, 11.10.1892, AB, S. 2 = Frankfurter Angelegenheiten; siehe bzgl. des Eröffnungsdatums 10.10.1892 auch GumpAnzeige 1932.
68 Hallgarten 1915: 38-39, siehe auch Lustiger 2003; Heuberger/Krohn 2008.
69 Vgl. Stascheit 2014: 552.

mehrfach gebrochenen Arm, der schief angeheilt war […] ein hemmendes körperliches Gebrechen«[70] davongetragen haben. Als Charles L. Hallgarten 1908 verstarb, betrauerte der Gumpertz'sche Vorstand einen Präsidenten, der »mit weiser Umsicht und warmem Herzen unsere Anstalt leitete«.[71] Mehr als 20.000 Menschen säumten den Weg des Trauerzugs zum Frankfurter Jüdischen Friedhof Rat-Beil-Straße; seine langjährige Weggefährtin und Mitstreiterin Bertha Pappenheim (1859–1936), die einzige Frau unter den Rednern an seinem Grab, »würdigt ihn mit den Worten: ›Wir haben unendlich viel in ihm verloren, mehr als die Männer […]‹«.[72]

Wenig bekannt ist bislang über die Architektur des Gumpertz'schen Gebäudes in der Ostendstraße und seine Einrichtung. Die medizinische und pflegerische Innenausstattung oblag Sanitätsrat Alfred Günzburg[73] (1861–1946), seit 1888 leitender Arzt des Siechenhauses und darüber hinaus ein in der Fachwelt angesehener Internist und Gastroenterologe (Magen-Darm-Arzt): Nach ihm, dem Entdecker einer diagnostischen Methode zum Nachweis von erhöhter Magensäure, ist die »Günzburgsche Reaktion« (auch »Günzburg-Reagenz«, »Günzburg-Probe«) benannt. Neben seiner medizinischen Tätigkeit und Forschung engagierte sich Alfred Günzburg für die Professionalisierung des Pflegeberufs und war Mit-Initiator des Vereins für jüdische Krankenpflegerinnen zu Frankfurt a. M., dem er bis in die 1930er Jahre vorstand. Bei der Ausstattung des Gumpertz'schen Gebäudes erhielt er tatkräftige Unterstützung durch die Oberin des Hospitals der Israelitischen Gemeinde (Königswarterstraße), Minna Hirsch (1860–1938), und die Armenschwester der jüdischen Gemeinde, Lisette Hess (1867–1913). Wie Thekla Mandel (1867–1941), die erste Gumpertz'sche Oberin, waren sie Mitbegründerinnen des Frankfurter jüdischen Schwesternvereins. Der Pflegebetrieb in der Ostendstraße startete mit sechs Betten in drei Zimmern in der ersten Etage, die zweite Etage wurde später belegt. Am 11. Mai 1895 erhielt der Verein Gumpertz'sches Siechenhaus per königlicher Verordnung die Rechte als juristische Person und konnte u. a. selbst Grundbesitz erwerben.

Wegen der großen Nachfrage stieß das Gumpertz'sche Siechenhaus trotz einer nach Erweiterung und Modernisierung erreichten Gesamtkapazität

---

70 Zit. n. https://de.wikipedia.org/wiki/Charles_Hallgarten [01.11.2018].
71 GumpSiechenhaus 1909: 3.
72 Stascheit 2014: 555.
73 Vgl. den biografischen Eintrag zu Alfred Günzburg auf www.juedische-pflegegeschichte.de (Rubrik Recherche/Personen).

von bis zu 20 Betten bald erneut an seine Grenzen: 1895 konnten »von 27 angemeldeten Siechen nur 13 aufgenommen werden«.[74] 1898 setzten Betty Gumpertz und der Vereinsvorstand ihren schon lange gehegten Plan einer »erweiterten Anstalt«[75] – dank großzügiger Spenden u. a. von Mathilde von Rothschild, Baronin Clara de Hirsch (Paris), Georg Speyer und nicht zuletzt dem Gumpertz'schen Vorsitzenden Charles L. Hallgarten selbst – in die Tat um. Ein neuer Standort in erholsamer Umgebung (vgl. Kapitel 1) schien anfangs im südlichen Frankfurter Stadtteil Sachsenhausen am Sachsenhäuser Berg gefunden:

> »Zunächst wurde in Sachsenhausen am Wendelsweg eine Liegenschaft erworben. Ehe zum Bau geschritten werden konnte, bot sich Gelegenheit, ein noch gesunder [sic!] gelegenes Gelände auf dem Röderberg zu erwerben, in dem sich ein Haus mit schönen Gartenanlagen befand. Das Grundstück in Sachsenhausen wurde veräußert […]. Da die Mittel nur zum Kauf des Geländes, aber nicht zum Umbau reichten, so wurde vorläufig in dem neuen Hause eine Anzahl Kranker untergebracht, der Betrieb in dem alten Hause an der Ostendstraße aber gleichzeitig fortgeführt. Im Jahr 1897 wurden 28, im letzten Jahr [1898, B.S.] 37 Personen verpflegt.«[76]

Der Verkauf des Anwesens Ostendstraße 75 erfolgte vermutlich im Jahr 1899,[77] so dass die Bewohner/innen und das Personal mit Oberin Thekla Mandel in dem später von der Gumpertz'schen Verwaltung so bezeichneten Hinterhaus Röderbergweg 62–64 (bis zu 30 Plätze) bald wieder vereint waren. Dabei handelte es sich einem Arztbericht Dr. Günzburgs zufolge um eine »notdürftig zu Krankenhauszwecken umgewandelte[n] alte[n] Villa«,[78] zugleich eingebettet in eine idyllische Parklandschaft. 1904 erhielt das Pflegeheim mit Hermann Seckbach (1880–1951) einen Verwalter, dessen jahrzehntelanges soziales und religiöses Engagement für das Gumpertz'sche Siechenhaus weit über diese Funktion herausragte. Dort

---

74 Zit. n. GumpBericht 1896.
75 Zit. n. GumpBericht 1899: 894.
76 Zit. n. ebd.: 894f.
77 Um 1900 war nach der Israelitischen Gemeinde Frankfurt eine Privatperson Eigentümerin der Liegenschaft Ostendstraße 75 (ISG Ffm: Bauaufsicht Sign. 17.739-17.741). Oberin Thekla Mandel ist seit 1901 im Frankfurter Adressenverzeichnis erwähnt.
78 GumpSiechenhaus 1909: 7.

waren – wie in den beiden benachbarten orthodoxen Rothschild'schen Spitälern – auch nichtjüdische Angestellte tätig: Schon 1902[79] gehörte die evangelische Krankenschwester Frieda Gauer (1878–1960) zum Gumpertz'schen Team. Vermutlich pflegte Schwester Frieda nach einer Einweisung von Rabbiner Horovitz und Oberin Thekla Mandel in die Regeln orthodox-jüdischer Krankenversorgung hauptsächlich am Shabbat und den jüdischen Feiertagen; ob sie im Gumpertz'schen Siechenhaus auch wohnte, ist bislang ungeklärt.[80]

Von den Betreuten, die in das Hinterhaus einzogen, kannte etwa der fast völlig gelähmte Langzeitbewohner David[81] noch den alten Standort Ostendstraße 75, ebenso die am 18. Januar 1893[82] mit 19 Jahren eingewiesene Minna Kann, 1873 geboren im oberhessischen Londorf. Über die Art ihrer Behinderung ist nichts bekannt, doch erfolgte die Aufnahme nach dem Tod beider Eltern auf Initiative der jüdischen Gemeinde Londorf, behördlich veranlasst durch das Frankfurter Fürsorgeamt. In den Akten ist Minna Kann noch 1922 als Gumpertz'sche »Patientin« erwähnt. Über vier Jahrzehnte – vermutlich länger als alle anderen Gumpertz'schen Bewohner/innen – lebte Siegmund Keller im Siechenhaus.[83] Geboren wurde er 1871 als Sohn von Henriette und David Keller in Gimbsheim. Die Familie Keller war in Gimbsheim angesehen, David Keller stand zeitweise der jüdischen Gemeinde vor. Wegen seiner gesundheitlichen Einschränkung konnte Siegmund Keller weder einen Beruf lernen noch eine eigene Familie gründen. 1898 traf er als junger Mann im Siechenhaus ein – sein Zuhause bis 1941, als die Nationalsozialisten ihn durch Zwangsräumung aus dem Pflegeheim vertrieben. Siegmund Kellers Biografie als Langzeitbewohner hat sich wie kaum eine andere in die Geschichte des orthodox-jüdischen Kranken- und Pflegeheims auf dem Röderberg eingeschrieben. Auf welchen Wegen er aus dem zwischen Worms und Alzey gelegenen rheinländischen Weindorf Gimbsheim in das Frankfurter jüdische Pflegeheim gelangte, lässt sich nur

---

79 Angabe nach HHStaW 518/ 53914: Entschädigungsakte Gauer, Frieda.
80 Stichproben in den Frankfurter Adressbüchern ergaben unter ›Gauer, Frieda‹ keinen Eintrag.
81 Weitere biografische Daten bislang unbekannt.
82 ISG Ffm: Wohlfahrtsamt Sign. 877.
83 Vgl. Anonym. 1936a: 14; ISG Ffm: HB 687 Teil 2: 167. Siehe auch Eintrag zu Siegmund Keller bei Jüdische Pflegegeschichte Ffm sowie Alemannia Judaica Gimbsheim; Die Wormser Juden 1933–1945, http://www.wormserjuden.de (Albert Keller und Familie) [01.11.2018].

vermuten: vielleicht durch eine Kontaktperson oder eine Gumpertz'sche Zeitungsannonce im orthodox-jüdischen Organ *Der Israelit*? Als seine Versorgung in Gimbsheim nicht mehr gesichert war, gehörte Siegmund Keller zu dem Kreis der »unbemittelten, dauernd kranken, siechen Personen«,[84] die anstatt der Unterbringung in einer nichtjüdischen bzw. christlichen Einrichtung einen Antrag beim orthodox-jüdischen Gumpertz'schen Siechenhaus stellten. Seine Aufnahme erfolgte satzungsgemäß erst nach Prüfung eines beim Gumpertz'schen Vorstand vorzulegenden Zeugnisses über sein »sittliches« Verhalten, das ihn als »gut beleumdet« auswies. Ob er, wie in der Gumpertz'schen Satzung von 1895 ebenfalls vorgesehen, zuvor mindestens zwei Jahre in Frankfurt »ortseingesessen« war, ist unbekannt.[85] In seinem neuen Zuhause profitierte er von dem Gumpertz'schen Ansatz, die Eigeninitiative der Betreuten zu fördern.

Zu Davids, Minna Kanns und Siegmund Kellers Mitbewohnerinnen im Hinterhaus gehörten um 1900 die an Spinaler Kinderlähmung und einer chronischen Darmerkrankung leidende Amalie Schuster (1871–1934) aus Flieden (Kreis Fulda) sowie Helene Immergut (1888–1937) aus Warschau, eingewiesen als ein erst etwa zwölfjähriges, an Multipler Sklerose erkranktes Mädchen; beide lebten bis zu ihrem Tod im Siechenhaus. Am 10. November 1904 zog die 70-jährige »Witwe Moses Schott« aus Pfaffen-Beerfurth (Gemeinde Reichelsheim i. O., Odenwaldkreis) ein.[86] Angesichts der beengten Verhältnisse im Hinterhaus stand zu dieser Zeit bereits ein Neubau auf dem Gelände in Aussicht. Er war vor allem für die weiblichen Bewohner gedacht.

---

84 GumpStatut 1895: 3.
85 Zitate nach ebd: S. 5.
86 ISG Ffm: Wohlfahrtsamt Sign. 877.

Viertes Kapitel

# Stifterinnen, Bewohnerinnen und zwei Oberinnen – Frauengeschichte(n) rund um das Gumpertz'sche Siechenhaus in den Jahren 1907 bis 1932

Birgit Seemann

## Ein neues »Haus für weibliche Sieche«

Abbildung 45: Mit-Stifterin Minka von Goldschmidt-Rothschild, ohne Jahr (um 1880).

Nach beschaulichen Zeiten im Hinterhaus waren die Jahre 1907 bis 1909 für Siegmund Keller und seine Mitbewohnerinnen und Mitbewohner mit Abschieden und Neuerungen verbunden. Bereits 1903 plante Mathilde von Rothschild (1832–1924), die Stifterin der benachbarten Rothschild'schen Spitäler, zum Andenken an ihre verstorbene Tochter Minka (1857–1903) auf dem Gumpertz'schen Gelände »ein Haus für weibliche Sieche zu errichten«.[1] Ein Jahr zuvor hatte Minna Caroline »Minka« von Goldschmidt-Rothschild[2] mit ihrer Gründung der Freiherrlich Wilhelm Carl von Rothschild'schen

---

1 Zit. n. GumpBericht 1904.
2 Geboren als Freiin von Rothschild, nach ihrer Heirat Goldschmidt, nach dem Tod ihres Vaters 1901 Goldschmidt-Rothschild, nach der Adelung ihres Ehemanns 1903 posthum: von Goldschmidt-Rothschild.

Stiftung für wohltätige und gemeinnützige Zwecke[3] noch selbst den finanziellen Grundstein für ein »Damenheim«[4] in Frankfurt-Eschersheim gelegt und damit für ärmlich lebende jüdische und nichtjüdische Frankfurter Seniorinnen ein sicheres Zuhause geschaffen. Die besondere Fürsorge der Frankfurter Stifterinnen des Hauses Rothschild für kranke, bedürftige und alleinstehende Frauen und Mädchen betraf ebenso die Bewohnerinnen des beengten Gumpertz'schen Hinterhauses: Ihnen schenkte Mathilde von Rothschild in Erfüllung von Minkas Vermächtnis eine hochmoderne und zugleich gediegen eingerichtete Krankenheim-Villa: das vom Gumpertz'schen Vorstand so bezeichnete Vorderhaus, zuweilen auch Rothschild'sches Siechenhaus genannt. Das Hinterhaus wurde für längere Zeit zum »Männerhaus«.[5]

## »[…] der Stadt, in welcher das Stammhaus meiner Familie steht« – Mathilde[6] von Rothschild und ihre Töchter

»Als Wahrzeichen der pietätvollen Erinnerung, welche ich, Frau Max Goldschmidt, geborene Freiin von Rothschild, der Stadt, in welcher das Stammhaus meiner Familie steht, immer bewahre«[7] – so begründete Minka zu Lebzeiten ihre engagierte Wohltätigkeit für Frankfurt am Main. Mit diesem Anliegen stand sie ganz in der Tradition ihrer Vorfahren, die vom bescheidenen Familienhaus »Grünes Schild« in der Frankfurter Judengasse in die christlich geprägte internationale Finanzwelt Europas gestartet waren:

> »Die Rothschilds betätigten sich im Geld- und Kreditgeschäft und waren im 19. Jahrhundert zu den größten und mächtigsten Privatbankiers aufgestiegen, die es bislang weltweit gegeben hat. Durch Theaterstücke, Karikaturen, aber auch durch antisemitische Propaganda, die häufig die Familie Rothschild und einzelne ihrer Mitglieder zum Thema gemacht haben, ist dieser Aufstieg zur Legende geworden.«[8]

---

3   Vgl. Schiebler 1994: 118-119. Im Vorstand der Stiftung waren die Frankfurter Oberbürgermeister Franz Adickes und Georg Voigt vertreten.
4   Vgl. Seemann 2013b sowie 2013a. Siehe auch ISG Ffm: Magistratsakten Sign. V/538, Bd. 3.
5   Günzburg 1909: 7.
6   Hannah Mathilde von Rothschild (geb. von Rothschild), genannt Mathilde.
7   Zit. n. Statut Rothschild´sches Damenheim 1904: 1.
8   Zit. n. Infobank Judengasse Ffm: http://www.judengasse.de/dhtml/F064.htm [01.11.2018].

Der folgende Exkurs soll Leserin und Leser einen Einblick in die wechselvolle Familiengeschichte Minka von Goldschmidt-Rothschilds und ihrer Mutter, der Gumpertz'schen Stifterin Mathilde von Rothschild, geben.

Die ärmlichen und beengten (Über-)Lebensverhältnisse im Frankfurter Ghetto (1462–1796), denen die Rothschilds entstammten, haben jüdische wie nichtjüdische Zeitzeuginnen und Zeitzeugen eindringlich beschrieben: An die »finstere Behausung […], in der ich geboren war«,[9] erinnerte sich Ludwig Börne. »Enge«, »Schmutz« und »Gewimmel«[10] überwältigten beim Gang durch die Judengasse den jugendlichen Goethe. Und Bettina von Arnim notierte:

> »[…] ich betrachte mit Verwunderung die engen dunklen Häuser; alles wimmelt, kein Plätzchen zum Alleinsein, zum Besinnen. Manch schönes Kinderauge und feingebildete Nasen und blasse Mädchenwangen füllen die engen Fensterräume, Luft zu schöpfen […] da laufen so viele Kinder herum in Lumpen, die lernen Geld erwerben, und die Alten, Tag und Nacht sind eifrig, sie in Wohlstand zu bringen, das wehrt man ihnen und schimpft sie lästig.«[11]

Wie tief die jahrhundertelange wirtschaftliche Unterdrückung der Ghettoisierten im Familiengedächtnis verankert blieb, dokumentiert eine Aussage der Nachfahrin Dame Miriam Rothschild: »Sie mußten eine hohe ›Kopfsteuer‹, den ›Judenzoll‹, und sogenannte ›Schutzgelder‹ zahlen. Sie durften keinen Grundbesitz erwerben, kein Land bestellen und kein Handwerk ausüben. Es war ihnen zu dieser Zeit außerdem verboten, mit Früchten, Wein, Seide oder Waffen zu handeln.«[12] Die junge Dichterin und Zeitzeugin Bettina von Arnim hatte mit feinem Gespür erkannt, dass die Eltern in der Frankfurter Judengasse alles daran setzten, ihren Kindern ein besseres

---

Vgl. Arnsberg 1983 Bd. 3; Heuberger 1994, Bd. 1 u. Bd. 2; Schembs 2007; Backhaus [u. a.] 2013. Siehe auch Ferguson, Niall 2002: Die Geschichte der Rothschilds. Propheten des Geldes. 2 Bände. München, Stuttgart; Liedtke, Rainer 2006: NM Rothschild & Sons – Kommunikationswege im europäischen Bankenwesen im 19. Jahrhundert. Köln [u. a.]; Morton, Frederic 2006: Die Rothschilds. Porträt einer Dynastie. Aktualis. v. Michael Freund. Wien, München; The Rothschild Archive: https://www.rothschildarchive.org [01.11.2018].

9 Börne, Ludwig: Die Juden in Frankfurt am Main. In Wolf 1996: 63.
10 Goethe, Johann Wolfgang von: Als Kind in der Judengasse. In: ebd.: 47.
11 Arnim, Bettina von: Die Klosterbeere. In: ebd.: 73.
12 Rothschild 1994: 159. Siehe auch Backhaus [u. a.] 2006 u. 2016.

Dasein zu ermöglichen; dabei waren sie angesichts der antisemitischen beruflichen Diskriminierung häufig auf den Geldhandel angewiesen. Zudem herrschte im eng bebauten Ghetto ein eklatanter Mangel an Bäumen und pflanzlichem Grün – möglicherweise eine wichtige Motivation für die Entstehung der legendären Gartenlandschaften und Parks der Rothschilds in England, Frankreich, Israel und dem vornationalsozialistischen Deutschland.[13]

Nie vergaß die Gründergeneration der Familie Rothschild, woher sie kam. Auch aus diesem Grund begleitete ihren beispiellosen Aufstieg zu einer führenden Bankiersdynastie stets die Sorge um die Ärmsten der Armen – die Zedaka. Allein in ihrer Heimatstadt Frankfurt errichteten »die Rothschilds« für jüdische wie nichtjüdische Einwohner/innen nebst zahlreichen Einzellegaten »annähernd dreißig Stiftungen. […] Von diesen Stiftungen hatten lediglich zwei eine vorwiegend kulturelle Zielsetzung, die anderen eine mildtätige.«[14] So eröffnete 1829 in der Rechneigrabenstraße das von den als die »Fünf Frankfurter«[15] in die Stadthistorie eingegangenen Dynastiegründern[16] gestiftete Doppelgebäude des Krankenhauses der Israelitischen Krankenkassen.[17] Die Inschrift der neben der Krankenhaussynagoge angebrachten Gedenktafel bündelte gleichsam die Motive der später im Nationalsozialismus zerstörten Frankfurter Rothschild'schen Zedaka: »Die Freiherren Amschel, Salomon, Nathan, Carl, Jakob von Rothschild erbauten im Sinne ihres verewigten Vaters dieses Haus; *Kranken zur Pflege, der Gemeinde zum Frommen, der Vaterstadt zur Zierde; ein Denkmal kindlicher Ehrfurcht und brüderlicher Eintracht.*«[18]

In den folgenden Jahrzehnten entwickelte sich das Rothschild'sche Stiftungswerk besonders in Frankfurt zu einer weiblichen Domäne. Wie es der damaligen geschlechtsspezifischen Rollenteilung entsprach, blieb den Frauen des Rothschild-Klans die direkte Teilnahme am Geschäftsleben verwehrt, doch stärkten die im Familienverband üblichen Ver-

---

13 Vgl. Rothschild/Rothschild/Garton 2004.
14 Schembs 1994b: 211.
15 Ebd.: 213.
16 Gemeint sind Minkas Urgroßväter Salomon (1774 Frankfurt a. M. – 1855, Wiener Zweig) und Nathan (1777–1836, Londoner Zweig), ihr Großvater Carl (1788–1855, Sitz in Neapel) und deren Brüder Amschel (1773–1855, Frankfurter Stammhaus) und Jakob (James) de Rothschild (1792–1868, Pariser Zweig).
17 Vgl. Seemann 2017c.
18 Zit. n. Arnsberg 1983, Bd. 2: 123 (Hervorhebung im Text durch B. S.].

wandtschaftsehen ihre Position: Offenbar orientierten sich die aufstrebenden Rothschilds an der in der europäischen Oberschicht gängigen Praxis gezielter Heiraten von Onkeln und Nichten oder Cousinen und Cousins. Eine Verwandtschaftsehe sollte die Dynastie auch für die Zukunft absichern, die hohen Mitgiften der Töchter im Familienunternehmen halten und im Falle der im jüdischen Glauben verwurzelten und antisemitisch angefeindeten Rothschilds die religiöse Identität wahren. Darüber hinaus hatte ›Stammvater‹ Mayer (Meyer) Amschel Rothschild[19] (1744–1812) testamentarisch angeordnet, »dass meine Töchter und Töchtermänner und deren Erben an der Firma Meyer Amschel Rothschild und Söhne […] keinen Anteil haben«.[20] Diese Regelung betraf auch Minka von Goldschmidt-Rothschild, ihren Ehemann und die gemeinsamen Nachkommen. Für den Frankfurter Stammsitz der Rothschild-Bank sollte das konsequente Fernhalten der Schwiegersöhne von der Firmenleitung, um mögliche ›familienfremden‹ Unternehmensinteressen vorzubeugen, noch gravierende Folgen haben.

Abbildung 46: ›Stammmutter‹ Gutle Rothschild, vermutlich 1836.

Vorbildfunktion hatte für die Rothschild-Frauen ihre Frankfurter ›Stammmutter‹ Gutle[21] geb. Schnapper (1753–1849), Mayer Amschels Ehefrau und Mutter der berühmten »Fünf Frankfurter«. Wie Mayer Amschel kam die Tochter eines Hoffaktoren aus den wirtschaftlich aufstrebenden Familien der Judengasse,

---

19 Vgl. Backhaus 2012.
20 Zit. n. Umbach 2018.
21 Auch: Gütle, Gütel Gutele, Gudula.

Abbildung 47: Die junge Mathilde von Rothschild, ohne Jahr (um 1850).

welchen Bürgerrechte und Bewegungsfreiheit außerhalb des Ghettos gleichwohl verweigert wurden. Gutle brachte bis zu zwanzig Kinder zur Welt; nur fünf Söhne und fünf Töchter, die sie unter schwierigen Bedingungen in der Judengasse großzog, erreichten das Erwachsenenalter. »Tief religiös, bescheiden und sparsam« wohnte diese »außergewöhnliche Frau«, die zudem über Humor und Schlagfertigkeit verfügte, bis zu ihrem Tod im Familienhaus »Grünes Schild«. Dort besuchten sie ihre erfolgreichen Nachkommen, »die aus ganz Europa zu ihr kamen«.[22] Neue Familienmitglieder mussten »der alten Dame ihre Aufwartung machen, wenn sie in die Familie aufgenommen werden wollten«,[23] heißt es in Edith Dörkens Sammelband *Berühmte Frankfurter Frauen*. Ohne Gutle Rothschilds »beispiellose« Familienfürsorge hätte es »die Rothschilds« vielleicht nie gegeben.

Kehren wir zurück zu der Gumpertz'schen Stifterin Mathilde von Rothschild, die ihre Urgroßmutter noch kennenlernte und oft bei ihr zu Gast war. Als Gutle Rothschild 1849 mit 95 Jahren verstarb, war Mathilde siebzehn, und auch sie sollte ein hohes Alter erreichen. Sie selbst entstammte durch ihre Eltern Anselm Salomon und Charlotte dem Wiener und dem Londoner Zweig der Bankiersdynastie,[24] kam jedoch am 5. März 1832 in Frankfurt zur Welt und wuchs dort größtenteils auf. Den Rothschild'schen Familiengesetzen folgend, heiratete sie 1849 ihren Cousin Wilhelm Carl von Rothschild (1828–1901), in Frankfurt als der fromme »Baron Willi« bekannt. Das junge Paar richtete sich zunächst standesgemäß im Familienpalais auf der Zeil

---

22  Rothschild 1994: 159, 160.
23  Dörken 2008: 48.
24  Vgl. die grafische Darstellung und Übersicht der Rothschild-Familienzweige bei https://www.rothschildarchive.org/genealogy; siehe auch https://de.wikipedia.org/wiki/Nachfahren_Mayer_Amschel_Rothschilds. [letzter Aufruf beider Websites am 01.11.2018].

(Nr. 34, heute im Bereich Nr. 92) ein; später residierte es im Palais Bockenheimer Landstraße 10 (Stadthaus im Rothschildpark, vgl. Abbildung 53)[25] sowie im »Grüneburgschlösschen«[26] (Landhaus im Grüneburgpark). Aus Neapel war Mathildes späterer Ehemann Wilhelm gemeinsam mit seinem älteren Bruder Mayer Carl (1820–1886) als Nachfolger von Onkel Amschel, dem kinderlos gebliebenen Chef des Frankfurter Bank-Stammhauses ›M.A. von Rothschild & Söhne‹, in die Mainmetropole beordert worden. Als Seniorchef Mayer Carl 1886 verstarb, wurde Wilhelm alleiniger Inhaber und zugleich der »›Letzte‹ der Frankfurter Rothschilds«[27] – auch er konnte keine Söhne für die Fortführung der Privatbank vorweisen, und ein Neffe als Nachfolger stand diesmal nicht bereit.

Im Judentum gingen die Brüder und ihre Familien unterschiedliche Wege: Mayer Carl und seine Gattin Louise (1820–1894, Londoner Zweig) zählten zum reformorientierten liberalen Mehrheitsflügel der Israelitischen Gemeinde Frankfurt.[28] Wilhelm und Mathilde standen hingegen der neo-orthodoxen Austrittsgemeinde ›Israelitische Religionsgesellschaft‹ um Rabbiner Samson Raphael Hirsch nahe, blieben aber Mitglieder der Muttergemeinde mit einem kleineren orthodoxen Flügel, wo sie u. a. auf Betty Gumpertz trafen. Mathildes Ehemann war in der jüdischen Welt als »der fromme Baron«[29] bekannt. Paul Arnsberg, der Historiker des Frankfurter Judentums, hat ihn einprägsam porträtiert: »Er war ein Stück Frankfurter Geschichte, ein fast eremitenhafter Mystiker und eine Säule der altkonservativen Observanz strengster Richtung.«[30]

---

25 Vgl. zur Geschichte der Liegenschaft Frenz, Alexandra 2014: »Ein solcher Besitz gehört unter die Lieblingswünsche des wohlhabenden Frankfurters« – Der Rothschildpark. In: Brockhoff/Merk 2014: 40-48.

26 Vgl. Mertens, Rüdiger 2014: Die Villa Grüneburg, das sogenannte Grüneburgschlösschen, in Frankfurt am Main. In: ebd.: 49-56.

27 Zit n. Arnsberg, Paul: Rothschild, Baron Wilhelm Carl (»Willi«) von. Bankier, Philanthrop. In: ders. 1983, Bd. 3: 389.

28 Gleichwohl bewahrten sich die liberalen Rothschilds, wie der Historiker Mordechai Breuer (ein Urenkel Rabbiner Samson Raphael Hirschs) schreibt, »ein Faible für Tradition« (Breuer 1995: 173; siehe auch ders. 1986: Jüdische Orthodoxie im Deutschen Reich 1871–1918. Sozialgeschichte einer religiösen Minderheit. Frankfurt a. M.).

29 Breuer 1995: 174.

30 Arnsberg, Paul: Rothschild, Baron Wilhelm Carl (»Willi«) von. Bankier, Philanthrop. In: ders. 1983, Bd. 3: 389.

Kapitel 4

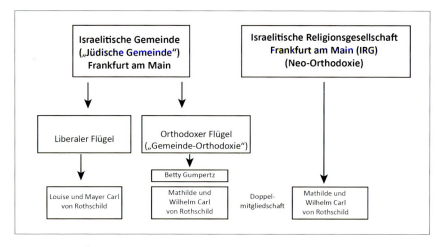

Abbildung 48: Überblick der drei Hauptströmungen des Frankfurter Judentums mit Zuordnung von Betty Gumpertz und der beiden Zweige der Familie von Rothschild.

Baron Willis »Hausrebbe« (religiöser Lehrer) war Seligmann Fromm, Rabbiner aus Homburg v. d. Höhe (und Großvater des Sozialphilosophen Erich Fromm). Selbst der Besuch von Staatsoberhäuptern wie Österreichs Monarch Franz Joseph I., im Rothschild-Palais Grüneburg wiederholt zu Gast, konnte Wilhelm nicht dazu bewegen, »seine strikten orthodox-jüdischen Gewohnheiten abzulegen, und er empfing den Kaiser mit der traditionellen Kopfbedeckung«.[31]

Ob Mathilde die jüdischen Glaubensregeln weniger streng auslegte? Urgroßmutter Gutle hatte ihr noch persönlich jüdische Frömmigkeit, Wohltätigkeit und Bescheidenheit vorgelebt, Werte, die Mathilde an ihre eigenen weiblichen Nachkommen weitergab. Seit dem letzten Drittel des 19. Jahrhunderts wurde der immense Einsatz jüdischer Bürgerinnen für die sozial Benachteiligten immer sichtbarer, »da sie durch die Erfahrung als ›doppelte Minderheit‹ und des Ausgegrenztseins ein doppeltes Engagement zeigten. Sie besuchten, pflegten und versorgten kranke Menschen[,] und es war die Aufgabe jeder Mutter, die Tochter auf diese Aufgaben vorzubereiten.«[32]

---

31  Ebd.: 392.
32  Lavaud 2015: 47.

Auch Mathilde und ihre Schwägerin, zugleich Tante,[33] Louise vergaßen über ihrem luxuriös-repräsentativen Lebensstil keineswegs die Besitzlosen, sondern verbanden ihren wirtschaftlichen Erfolg mit der religiösen Pflicht (Mitzwa), »Gerechtigkeit in Form von Barmherzigkeit herzustellen«.[34] Neben der Zedaka erwähnt die Nachfahrin Miriam Rothschild als weiteres Motiv Selbstbehauptung gegen Antisemitismus, der etwa die bedürftigen Gepflegten des Gumpertz'schen Siechenhauses und in seiner ökonomischen Variante die prominente Rothschild-Dynastie aus dem als »Börsen- und Judenstadt«[35] diffamierten Frankfurt gleichermaßen traf:

> »Mittellose Juden hatten gräßliche Armut und all das Elend zu ertragen, das jeden Menschen treffen kann; sie hatten aber zusätzlich noch gegen die Widerlichkeit des Antisemitismus zu kämpfen. Aus dieser Konstellation resultierte ein besonderes solidarisches Element der Nächstenliebe, die weniger auf Wohltätigkeit als vielmehr auf gemeinsamem Kampf beruhte.«[36]

Doch wenn auch die weiblichen Rothschilds »wie ihre Männer zunächst und vor allem *alles für ihre jüdischen Glaubensgenossen taten*, galt ihr Mitgefühl allen Armen und Bedürftigen«.[37] So gründete Miriam Rothschilds Urgroßmutter Louise 1875 das bis heute bestehende Clementine Kinderhospital mit dem Auftrag, Mädchen und später auch Jungen ungeachtet ihrer religiösen und sozialen Herkunft unentgeltlich zu versorgen. Die bekannteste ihrer sieben Töchter, Hannah Louise[38] (1850–1892), errichtete 1890 eine ebenfalls überkonfessionelle, in Frankfurt damals einzigartige Kombination von Zahnklinik, Laboratorium und Krankenstation (»Pariser Modell«) zwecks kostenfreier Behandlung mitteloser Patientinnen und Patienten – das nach dem zweiten Vornamen ihres Vaters Mayer Carl benannte Carolinum, heute (2018) die ›Carolinum Zahnärztliches Universität-Institut gGmbH‹ der Goethe-Universität Frankfurt. Während die ›liberale‹ Louise von Rothschild ihr Augenmerk vorwiegend auf jüdisch-nicht-

---

33 Louise von Rothschild war die jüngste Schwester von Mathildes Mutter Charlotte.
34 Lavaud 2015: 210.
35 Zit. n. Schlotzhauer 1989: 30. Siehe auch Pulzer 2004 sowie aus der umfangreichen Antisemitismusforschung einführend Benz 2016 und ders. 2008–2015.
36 Rothschild 1994: 167f.
37 Ebd: 168 [Hervorhebung im Original].
38 Vgl. Schembs, Hans-Otto 2017: »Eine echte Wohlthäterin der Armen« – Hannah-Louise von Rothschild und ihre Stiftungen. In: Brockhoff/Kern 2017: 134–146.

Kapitel 4

Abbildung 49 (links): Mathilde von Rothschild im Alter (Bildausschnitt), ohne Jahr (um 1910).

Abbildung 50 (rechts): Georgine Sara von Rothschild, Namensgeberin des Frankfurter Rothschild'schen Hospitals, ohne Jahr.

jüdische Kooperationen richtete, war ihre jüngere Nichte und Schwägerin Mathilde von Rothschild für orthodox-jüdische Institutionen ›zuständig‹. Trotz aller Unterschiede einte beide Stifterinnen neben der familiären Verbindung die besondere Fürsorge für sozial gefährdete Frauen und Mädchen, deren Notlagen die militarisiert-männerbündische Ausrichtung des Deutschen Kaiserreichs zusätzlich verschärfte. Ihr geschlechtsspezifisches Engagement wurzelte zudem in persönlichen Tragödien: Sowohl Louise als auch Mathilde hatten mit Clementine (1845–1865) und Georgine Sara (1851–1869) durch Krankheit eine junge Tochter verloren und zu ihrem Andenken Kliniken gegründet, die ihre Namen trugen: das Clementine Kinderhospital und das Hospital der Georgine Sara von Rothschild´schen Stiftung. Zwei weitere Töchter verstarben im mittleren Lebensalter: 1892 die 41-jährige Carolinum-Gründerin Hannah Louise, 1903 ihre 45-jährige Cousine Minka. Louise von Rothschild selbst verstarb 1894.[39]

Was die Bankiersfamilie anbetraf, war die auch als Komponistin und »passionierte Gärtnerin«[40] vielseitig begabte Mathilde nach dem Tod ihrer Tochter Minka die Letzte der weiblichen Frankfurter Rothschilds und Managerin eines beeindruckenden Netzwerks wohltätiger Stiftungen. Als sie

---

39 Louise von Rothschild hatte noch fünf weitere Töchter: Adèle, Bertha, Emma, Laura und Margaretha (vgl. https://www.rothschildarchive.org/genealogy [01.11.2018]). Sie verließen durch Heirat ihre Geburtsstadt, unterstützten aber weiterhin das Frankfurter Zedaka-Werk.

40 Zit. n. Vogt, 2014: Der Grüneburgpark und der Günthersburgpark – Gartenkunst und Landwirtschaft auf Rothschild'schen Landsitzen in Frankfurt, in: Brockhoff/Merk: 57–64.

Abbildung 51:
Die junge Adelheid de Rothschild, ohne Jahr.

am 8. März 1924 kurz nach ihrem 92. Geburtstag verstarb, wurde unter großer Anteilnahme der Frankfurter Bevölkerung eine »herausragende Personalität« zu Grabe getragen, die ihre sozialen und kulturellen Anliegen mit der »für die Gründer-Generation der Rothschilds spezifische[n] Energie«[41] verwirklicht hat.

Wie Louise hat auch Mathilde ihre drei Töchter ganz im Geiste der religiösen Verpflichtung zur Zedaka erzogen. Wäre ihre Älteste, Georgine Sara, nicht so jung verstorben, hätte sie sich mit hoher Wahrscheinlichkeit ebenfalls für das Gumpertz'sche Siechenhaus und die Rothschild'schen Sozialstiftungen engagiert:

»Ach, eine solche Rose ist vor einigen Wochen in unserer Nachbarstadt *Wiesbaden* gebrochen worden! Dorthin hatte sich die Familie des [...] Freiherrn *Wilhelm von Rothschild* [...] begeben, um in dem milderen Klima daselbst Linderung des Keuchhustens zu suchen, von welchem die Kinder waren befallen worden; da ward die älteste Tochter, Fräulein *Sara Georgine* [sic] *von Rothschild*, von einer Gehirnentzündung betroffen, und nach wenigen Tagen hauchte die Edle, in einem Alter von 17 Jahren, ihre reine Seele aus. Wir sagen nicht zu viel, wenn wir behaupten, daß durch diesen frühzeitigen Tod das Judentum einen großen Verlust erlitten [sic]. [...] Eine siebzehnjährige Baronin, deren Herz durchglüht war von der *strengsten Pflichttreue* [...].«[42]

Jüdische Frömmigkeit prägte auch die Biografie von Mathildes mittlerer Tochter Adelheid (1853–1935). Durch die Heirat mit dem Chef des Pariser Rothschild-Bankhauses, Edmond de Rothschild (1845–1934), verlegte sie 1877 ihren Lebensmittelpunkt nach Frankreich. Überzeugte Frankfurterin und aus konservativ-religiösem Elternhaus, gewöhnte sich Adelheid de Rothschild nur mühsam an das mondäne Paris, fand jedoch ihr Aufgabengebiet in der Zedaka: »So hat sie das große französische Künstlerheim gestiftet und erhalten und war Protektorin vieler Krankenanstalten und

---

41 Arnsberg 1983, Bd. 3: 395.
42 Zit. n. Rothschild, Georgine Sara von [Nachruf] in: It X (1869) 18, 05.05.1869: 355 [Hervorhebungen im Original gesperrt], online: Alemannia Judaica Wiesbaden: http://www.alemannia-judaica.de/wiesbaden_personen.htm [01.11.2018].

Waisenhäuser in Frankreich.«[43] Im Ersten Weltkrieg und den nachfolgenden Inflationsjahren unterstützte und rettete Adelheid de Rothschild von Paris aus wiederholt das Gumpertz'sche Siechenhaus, die Rothschild'schen Sozial- und Gesundheitsinstitutionen auf dem Röderberg und die noch von ihrem Vater Wilhelm in Bad Soden am Taunus errichtete Kuranstalt für arme Israeliten.[44] 1905 wurde im badischen Nordrach die von ihr gegründete M.A. von Rothschild´sche Lungenheil-Anstalt mit Haussynagoge eingeweiht; das »Rothschild´sche Sanatorium« verfügte über 48 Krankenzimmer sowie Räumlichkeiten zur unentgeltlichen Behandlung bedürftiger jüdischer Patientinnen.[45] Ihrem Ehemann Edmond stand Adelheid bei seiner Gründung der Palestine Jewish Colonization Association zur Seite, ihr ältester Sohn James-Armand (1878–1957) ging als Erbauer des Parlamentsgebäudes der Knesset in die Geschichte Israels ein. Adelheid de Rothschild selbst stiftete 1912 in der nordisraelischen Stadt Safed – im 16. Jahrhundert ein bedeutendes Zentrum der jüdischen Kabbala – einen ›Erinnerungsgarten‹, der heute als öffentlicher Park zugänglich ist.[46]

Der Tod der Letzten der drei Töchter Mathilde von Rothschilds am 22. Juni 1935 mit 81 Jahren bedeutete nicht nur für das Rothschild'sche Stiftungswerk in Frankfurt einen herben Verlust: Als Adelheid neben ihrem bereits 1934 verstorbenen Ehemann auf dem Pariser Friedhof Père Lachaise beigesetzt wurde, folgten »Tausende Menschen, zum größten Teil Frauen, [...] im langsamen Zug dem Sarg«.[47] Im Jahr 1954 wurde das Paar in den Ramat Hanadiv Memorial Gardens bei Haifa umgebettet und damit sein letzter gemeinsamer Wille erfüllt.[48] »[…] eine Frau, die zu Gott betete«,[49] lautet die Inschrift auf Adelheid de Rothschilds Grabstein.

---

43 Freimann 1935.
44 Vgl. Seemann, Birgit 2014: Jüdische Pflegegeschichte in Bad Soden: Ida Beith und Jenny Jeidel, die Oberinnen der Israelitischen Kuranstalt, http://www.juedische-pflegegeschichte.de/juedische-pflegegeschichte-in-bad-soden-ida-beith-und-jenny-jeidel-die-oberinnen-der-israelitischen-kuranstalt.
45 Vgl. Schellinger 2002; siehe auch ders./Oswald, Rolf/Hoferer, Egbert (Hrsg.) 2010: Deportiert aus Nordrach. Das Schicksal der letzten jüdischen Patientinnen und Angestellten des Rothschild-Sanatoriums. Zell a.H.
46 Vgl. Rothschild/Rothschild/Garton 2004: 108.
47 Zit. n. Rothschild, Adelheid de [Nachruf] in: It, 27.06.1935, Nr. 26, S. 2, online: UB JCS Ffm: http://sammlungen.ub.uni-frankfurt.de/cm/nav/index/all.
48 Vgl. Rothschild/Rothschild/Garton 2004: 108–114.
49 Zit. n. Magin-Pelech 2003.

Abbildung 52: Die Schwestern Minka von Goldschmidt-Rothschild und Adelheid de Rothschild (rechts), ohne Jahr.

Während Adelheid durch die Heirat mit ihrem Pariser Cousin Edmond den Familiengesetzen Genüge tat, war ihre Schwester Minka bereit, für die eigenständige Wahl ihres Lebenspartners zu kämpfen: Mathildes rebellierende Jüngste hatte sich in den schmucken Frankfurter Bankier Maximilian »Max« Goldschmidt[50] (1843–1940) verliebt. Zwischen den Goldschmidts und den Rothschilds bestanden verwandtschaftliche Beziehungen, doch entsprach der nicht sonderlich religiöse Bräutigam keineswegs den strengen Vorgaben der Israelitischen Religionsgesellschaft, der Minkas Eltern angehörten. Wilhelm von Rothschild suchte Rat bei IRG-Rabbiner Samson Raphael Hirsch

»wegen der Heirat seiner Tochter Minka mit dem gänzlich unjüdisch erzogenen Bankier Maximilian Goldschmidt. Minka liebte diesen jungen Goldschmidt, aber Rabbiner Hirsch riet von einer ehelichen Verbindung ab und weigerte sich, die religiöse Trauung vorzunehmen. Der Baron stand in einer Zwangssituation, da seine Tochter mit Selbstmord drohte, wenn man ihr die Verbindung mit ihrem Geliebten unmöglich gemacht hätte.«[51]

Möglicherweise gab Wilhelm auch dank Mathildes Fürsprache 1878 seinen väterlichen Segen – und sorgte damit für einen Eklat: Rabbiner Hirsch weigerte sich, Minka und Max zu trauen, weshalb sein ältester Sohn Mendel, Direktor der Israelitischen Realschule, ›einsprang‹. Das Familienpalais Bockenheimer Landstraße 10 im noch heute bestehenden Rothschildpark

---

50 Geboren als Mayer Benedict Hayum, seit 1855 Maximilian Benedikt Hayum (vgl. Schembs 2007: 74).
51 Arnsberg 1983, Bd. 3: 393.

## Kapitel 4

Abbildung 53: Goldschmidt-Rothschild-Palais, Bockenheimer Landstraße 10.

wurde Wohnsitz des Paares. Rabbiner Hirschs Befürchtung trat ein: Keines der gemeinsamen fünf Kinder – drei Söhne und zwei Töchter – blieb der jüdischen Orthodoxie erhalten.

Als Wilhelm von Rothschild 1901 verstarb, zeigten die Familiengesetze ihre Wirkung: Da die Nachfolge eines Schwiegersohnes nicht vorgesehen war, musste Max Goldschmidt (seit 1901: Goldschmidt-Rothschild, 1903 geadelt, 1907 baronisiert) das traditionsreiche Frankfurter Bankhaus M.A. Rothschild & Söhne liquidieren und die Geschäfte der Berliner Disconto-Gesellschaft, einer Vorläuferin der Deutschen Bank AG, übertragen.[52] So erlosch mit Baron Willis Tod »die männliche Linie des deutschen Zweiges der europaweit vertretenen [...] Familie Rothschild«.[53] Die weibliche Linie – Wilhelms Erbinnen Adelheid und Minka mit ihrer Mutter Mathilde – setzte erhebliche Teile des hinterlassenen Vermögens für den Ausbau ihres Zedaka-Stiftungswerks ein. Nach einem Zeitungsbericht soll Minkas ›Freiherrlich Wilhelm Carl von Rothschild'sche Stiftung für wohltätige und gemeinnützige Zwecke‹[54] der Stadt Frankfurt zur Armenunterstützung eine Million Mark sowie dem Schweizer Erholungsort Bad St. Moritz für ein

---

52 Vgl. Umbach 2018.
53 Zit. n. Volk 2019.
54 Heute: Freiherrlich Wilhelm Carl von Rothschild'sche Stiftung für mildtätige Zwecke.

Krankenhaus 700.000 Franken zur Verfügung gestellt haben.[55] Vom nachhaltigen Engagement der Stifterin zeugt im Frankfurter Stadtteil Eschersheim noch heute das bereits erwähnte »Damenheim« als einem umfangreichen Wohnmietprojekt für alleinstehende, sozial schwache Seniorinnen.

Nach langer schwerer Krankheit schloss Minka von Goldschmidt-Rothschild am 1. Mai 1903 im Kreis der Familie für immer die Augen.[56] Mit Minka hatte Mathilde von Rothschild nach ihrer Ältesten Georgine Sara bereits die zweite Tochter verloren. Auch jetzt zog sie sich nicht in ihre Trauer zurück, sondern dachte an jene, denen es noch schlechter erging. Unterstützt von Schwiegersohn Max, gründete sie 1905 mit einem Grundkapital von etwa einer Million Mark die ›Minka von Goldschmidt-Rothschild-Stiftung‹. Sie diente allein dem »Ausbau und zur Erweiterung des Gumpertz'schen Siechenhauses«.[57] Als unselbständige Stiftung wurde sie der Gumpertz'schen Stiftung – seit dem 11. Mai 1895 durch königliche Verordnung ein rechtsfähiger Verein[58] – angegliedert. Neben Max engagierten sich Minkas fünf Kinder allesamt für das Gumpertz'sche Sozial- und Pflegeprojekt. Besonders ihre Tochter Lili Jeannette Schey von Koromla (1883–1929), »eine würdevolle jüdische Frau und Mutter«,[59] hat »die Rothschild'schen Stiftungen und Institutionen tatkräftig unterstützt«.[60] Während ihre Geschwister[61] später aus Nazideutschland flüchten mussten, fand die bereits 1929 wie ihre Mutter mit erst 45 Jahren in Frankfurt verstorbene Lili ihre letzte Ruhestätte noch auf dem Jüdischen Friedhof Rat-Beil-Straße. Die NS-Ausplünderung und Vertreibung der Familie von Goldschmidt-Rothschild – zurück blieb nur der hochbetagte Vater Max,

---

55 Vgl. Notiz in: *Casseler Tageblatt und Anzeiger*, 01.05.1903, online: UB JCS Ffm, Judaica-Sammlung: Rothschild-Literatur.
56 Bei ihrer Beerdigung auf dem Jüdischen Friedhof Rat-Beil-Straße hielt nicht Salomon Breuer, der gestrenge Nachfolger von IRG-Rabbiner Samson Raphael Hirsch, die Grabrede, sondern sein gemeinde-orthodoxer Amtskollege Markus Horovitz.
57 Schiebler 1994: 135.
58 Vgl. GumpStatut 1895: 1; siehe auch Schiebler 1994: 135.
59 Julius Höxter, zit. n. Arnsberg 1983, Bd. 3: 465.
60 Arnsberg, Bd. 3: 465. In die Sorge für das Gumpertz'sche Siechenhaus war auch Baronin Lilis damaliger Ehemann Philipp Schey von Koromla (1881–1957) eingebunden.
61 Lili Schey von Koromla hatte eine jüngere Schwester, Lucy Georgine Leontine Baronin Spiegl-Bonhay (1891–1977), und drei Brüder: Albert (1879–1941), Rudolf (1881–1962) und Erich von Goldschmidt-Rothschild (1894–1987).

1940 verstorben als enteigneter und verarmter Mieter seines eigenen Hauses Bockenheimer Landstraße 10 – war der Auftakt für die Vernichtung des Zedaka-Netzwerks der Frankfurter weiblichen Rothschilds. Nur eine Rothschild kehrte in den 1950er Jahren für immer in ihre Geburtsstadt zurück[62] und lebte dort lange Zeit »inkognito«:[63] Nadine Minka von Mauthner, welche 2011 mit 84 Jahren in Frankfurt verstarb.[64] Dass Exil und Verlust die Biografien der Nachkommen der Frankfurter Rothschilds nachhaltig prägen, dokumentieren auch Berichte[65] über die nachfolgenden Frankfurt-Aufenthalte ihres Neffen Jean-Paul Froidevaux – Minka und Max von Goldschmidt-Rothschild waren seine Urgroßeltern.

## Die »Blinde, ein Lichtblick« – Gustchen und die anderen Bewohnerinnen

»Dem Andenken ihrer vielgeliebten Tochter Minka von Goldschmidt-Rothschild ist dieses Haus geweiht von Freifrau Mathilde von Rothschild – 1907«, lautet die Inschrift der Gedenktafel für das in diesem Jahr eingeweihte Vorderhaus für die Gumpertz'schen Bewohnerinnen.[66]

Vermutlich schon 1906, noch vor der offiziellen Eröffnung, wurde das Haus, ein »stattliches langgestrecktes Gebäude im roten Sandstein und Ziegelbau«[67] mit bis zu 60, später 90 Betten in Betrieb genommen: »[…] durch diesen mitten in dem alten Park liegenden Prachtbau« wurde das Gumpertz'sche Siechenhaus »in die Lage versetzt, seine Kranken bei erforderlichen Operationen und dergl.[eichen] selbst behandeln und verpflegen zu können, denn das Stiftungsgebäude enthält Operationssäle, Röntgeneinrichtung, Laboratorium und die verschiedenartigsten elek-

---

62 Vgl. Crüwell 2005.
63 Vgl. Michels 2006.
64 Vgl. Geni: https://www.geni.com/people/Nadine-von-Mauthner/6000000002764690051 [01.11.2018].
65 Vgl. z.B. Harting 2016.
66 Die inzwischen stark verwitterte Tafel hat die Shoah und den Zweiten Weltkrieg ›überlebt‹; sie wurde im Eingangsportal des Jüdischen Friedhofs Rat-Beil-Straße angebracht (siehe auch Kapitel 7). Den wichtigen Hinweis verdanken wir Herrn Majer Szanckower, dem Verwalter der Frankfurter jüdischen Friedhöfe.
67 Cohn-Neßler 1920: 174.

Abbildung 54: Stiftertafel (verwitterter Marmor) von 1907 zur Einweihung des Gumpertz'schen Vorderhauses (69 cm x 129 cm) (vgl. Kapitel 7, Abbildung 102). Die Inschrift lautet:

DEM ANDENKEN

IHRER VIELGELIEBTEN TOCHTER

MINKA

VON GOLDSCHMIDT-ROTHSCHILD

IST DIESES HAUS GEWEIHT

VON

FREIFRAU

MATHILDE VON ROTHSCHILD

1907.

trischen und sonstigen Bäder«.[68] Einen Eindruck von der Innenarchitektur vermittelt 1920 die Journalistin Fanny Cohn-Neßler:[69] »Beim Eintritt in das Stift gelangt man in das vornehm wirkende Vestibül. Marmorbekleidung, abwechselnd mit gelb polierten Holzflächen, die Wände Spiegel, breite Treppen aus Holz mit geschnitztem Geländer.«[70] Hingegen bereitete das Hinterhaus dem leitenden Arzt Alfred Günzburg einige Sorge:

---

68 Seckbach 1917.
69 Biografische Daten sind nicht bekannt.
70 Cohn-Neßler 1920: 174.

»In die neue Stiftung sind gemäß dem ausdrücklichen Wunsch der Stifterin nur Frauen aufgenommen worden, während die Männer im alten Hause – einer notdürftig zu Krankenhauszwecken umgewandelten alten Villa – verpflegt werden. Hier fehlt es an Bädern, an Closets und an Spülküchen. Es ist kein Aufenthaltsraum vorhanden! Ein Personenaufzug ist dringend nötig, um Schwerbewegliche in den Garten bringen zu können. Jetzt tritt an den Vorstand die dringende Aufgabe heran, das Männerhaus derartig umzubauen, dass es den wichtigsten Anforderungen der modernen Gesundheitspflege entspricht.«[71]

Dr. Günzburgs Appell fand Gehör: Die notwendigen Baumaßnahmen fanden statt, und auch das große Vorderhaus wurde weiter modernisiert. Die Aufteilung in ein Männerhaus und ein Frauenhaus hatte noch bis zum Ersten Weltkrieg Bestand.

Vermutlich schon vor der offiziellen Eröffnung des Rothschild'schen Neubaus im Juni 1907 wechselten Minna Kann, Helene Immergut, Amalie Schuster und die anderen weiblichen Gumpertz'schen Betreuten vom Hinterhaus in das helle und moderne Vorderhaus. Dort trafen sie auf ihre neue Mitbewohnerin Maria Hochschild: 1854[72] in Groß-Rohrheim (Kreis Bergstraße) bei Biblis als Tochter von Ephraim Hochschild und Sara (Sarchen) geb. Steiermann geboren und dort mit mehreren Geschwistern aufgewachsen, kam sie wie die meisten Gumpertz'schen Gepflegten aus dem hessischen Umland. Laut Geburtsmatrikel litt »Minchen«, wie sie genannt wurde, an einem »Geburtsfehler«. Sie selbst scheint über keine größeren Reichtümer verfügt zu haben, doch stammte sie aus einem aufstrebenden Familienklan: Ihr Onkel Salomon Hochschild war in Frankfurt zum Bankier aufgestiegen und hatte in die Familie Feist eingeheiratet, die eine der bekanntesten Sektkellereien im Deutschen Reich führte, begründet von den ersten Weinhändler/innen in der Frankfurter Judengasse.[73] Noch bekannter war ein weiterer Verwandter Minchen Hoch-

---

71 Günzburg 1909: 7f.
72 HHStAW 365 Nr. 389, S. 62 (Matrikel), abweichendes Geburts- und Sterbedatum bei Geni. Siehe auch ISG Ffm: Wohlfahrtsamt Sign. 877; Alemannia Judaica Groß-Rohrheim; Alemannia Judaica Biblis.
73 Vgl. Kasper-Holtkotte, Cilli 2003: *Im Westen Neues. Migration und ihre Folgen: Deutsche Juden als Pioniere jüdischen Lebens in Belgien, 18./19. Jahrhundert.* Leiden, Boston (insbes. S. 146f., 155f.).

schilds, der Metallkaufmann Zacharias (Zodik) »Zachary« Hochschild,[74] welcher 1881 gemeinsam mit seinem Schwager Leo Ellinger und dem Unternehmer und Sozialpolitiker Wilhelm Merton den Frankfurter Konzern ›Metallgesellschaft‹ begründete; der südamerikanische Zinn-Baron und Judenretter[75] Moritz »Don Mauricio« Hochschild war sein Neffe. Zu der Familie der Gumpertz'schen Stifterin Mathilde von Rothschild pflegte Zachary Hochschild beste Kontakte. Nach bisheriger Kenntnis konnte Minchen Hochschild als eine von wenigen Gepflegten das Siechenhaus wieder verlassen und nach Groß-Rohrheim zurückkehren, wo sie 1926 verstarb. Weitere frühe Bewohnerinnen des Vorderhauses waren:

Clara Goldschmidt (geb. um 1847) aus Sprendlingen (Hessen);
Leopoldine Karbe (geb. 1851) aus Lich (Hessen);
Edel Katzenstein (geb. 1853) aus Abterode (Hessen);
Flora Neumann (geb. 1873) aus Grünstadt bei Bad Dürkheim (Rheinland-Pfalz);
Bertha Emanuel (geb. 1875) aus Neuwied (Rheinland-Pfalz).

Von den Gepflegten des Gumpertz'schen Siechenhauses waren bislang keine Briefe, Tagebücher oder Fotografien aufzufinden. Als umso wertvollere Quelle erweist sich ein 1918 veröffentlichtes Büchlein des Gumpertz'schen Verwalters und Autors Hermann Seckbach: *Das Glück im Hause des Leids*.

Ursprünglich zum Trost verwundeter jüdischer Soldaten des Ersten Weltkriegs verfasst,[76] gibt der kleine Band seltene Einblicke in das Innenleben eines in der Shoah vernichteten israelitischen Kranken- und Altenheims. Einigen Bewohnerinnen und Bewohnern sind liebevolle biografische Porträts gewidmet. So betritt »Gustchen« die Bühne, deren Lebensmut und Hilfsbereitschaft den Autor besonders beeindruckten:

---

74 Vgl. Prenzel, Eva-Maria 1972: Hochschild, Zachary, in: Neue Deutsche Biographie 9 (1972), S. 290, https://www.deutsche-biographie.de/gnd137583508.html#ndbcontent. [02.11.2018].

75 In den Medien wird Moritz Hochschild als »Oskar Schindler Boliviens« bezeichnet, vgl. einführend https://de.wikipedia.org/wiki/Moritz_Hochschild [01.11.2018].

76 Vgl. Seckbach1918a: Die Publikation erschien als »Kriegsschrift« Nr. 4 der Agudas Jisroel Jugendorganisation.

Abbildung 55: Titelblatt von Hermann Seckbachs Publikation ›Das Glück im Hause des Leids‹, 1918.

»Wird da […] ein einfaches Mädchen eingewiesen, das infolge einer im Kopf befindlichen Geschwulst fast erblindet war. Für die Welt war die Kranke abgetan, nicht für die Wissenschaft. Diese ergriff alle erdenklichen Maßnahmen, um diesem unglücklichen Kinde beizukommen; aber die Zeit verstrich, und alle Bemühungen blieben vergeblich. Und so sah man in dieser Armen einen unglücklichen Menschen, den man seinem Schicksal überlassen mußte.«[77]

Doch anstatt zu verkümmern, blühte sie auf, und das Gumpertz'sche Personal ließ sie gern gewähren: »Gustchen«, fährt Hermann Seckbach fort,

»unser rotbäckiges, prächtiges Mädel, wurde lustig und fidel. Umgeben von 60 anderen Leidensgenossen war sie, die Blinde, ein Lichtblick. […] Um

---

77 Seckbach 1918a: 59.

bald sechs raus, um schnell den Schwerleidenden einen heißen Morgentrunk zu bringen. Und dann ging's von Zimmer zu Zimmer, ein lustiges Liedchen trällernd, um allen Liebesdienste zu erweisen. […] So sehr die Schwestern auf ihrem Platze waren, Gustchen, das frohe Gustchen, mußte immer dabei sein, wenn es galt, die Kranken zu betten, hier einer Gelähmten beizustehen, dort einer Fiebernden Kühlung zu bringen.«[78]

Auch bei dieser Bewohnerin des orthodox-jüdischen Heims erkannte der Autor eine tiefe Religiosität:

»Aber die ganze Poesie der Seele zeigte sich, wenn der Sabbat[79] kam. Da huschte Gustchen bald da-, bald dorthin, um alles sabbatlich herzurichten, und sie, die Nichtsehende, fand, kaum tastend, den Weg in den kleinen Gottesraum des Hauses. Dort saß sie als erste und freute sich des Sabbats, und wenn später die Semiraus [Shabbatlieder, B. S.] gesungen wurden, dann war sie strahlenden Angesichts dabei und sang mit ihrer hellen Stimme leidenschaftlich mit.«[80]

Über Gustchens Herkunft und ihren weiteren Weg ist uns nichts überliefert, sie beschloss ihr Leben sehr wahrscheinlich in ihrem Gumpertz'schen Zuhause.

Die Gumpertz'schen Betreuten entstammten vorwiegend dem westlichen Landjudentum. Eine weitere »Lebensgeschichte einer jüdischen Blinden« gibt uns Hinweise auf die kleine, aber durch ihre Frömmigkeit wirkmächtige Minderheit der Bewohnerinnen und Bewohner aus dem noch traditionelleren Osteuropa. Nach dem Shabbatgottesdienst besuchte der auch als Vorbeter (Chasan) amtierende Verwalter Hermann Seckbach bewegungsunfähige Gepflegte, denen der Gang zur Haussynagoge verwehrt blieb. Unter ihnen befand sich »halb verkrümmt in ihrem Bette ein Frauchen, blind und gelähmt! […] Die Sabbatlichter brannten, und um das Krankenlager herum saßen oder standen Leidensgenossen […].«[81]

---

78  Ebd.: 59.
79  Wiederholt ist darauf hinzuweisen, dass in der Literatur verschiedene Schreibweisen hebräischer Begriffe existieren, etwa Sabbat, Schabbat, Shabbat oder Schoa, Schoah, Shoa, Shoah. In vorliegender Publikation werden die anglisierten Formen Shoah (nach Lanzmann 2011) und Shabbat verwendet.
80  Seckbach 1918a: 59.
81  Ebd.: 18.

Am Pflegebett erfährt Hermann Seckbach von ihrem Schicksal: Rosa Dobris, Tochter eines Rabbis, »stammte aus einer jüdischen Gelehrtenfamilie; *dort in Polen, wo noch der Geist der jüdischen Lehre so ganz die Menschen erfüllt* […]«.[82] In seiner biografischen Skizze informiert Seckbach über die Ursache ihrer Schwerbehinderung: Als fünfjähriges Kind verlor Rosa durch eine Seuchenepidemie, die sie mit nur drei ihrer vierzehn Geschwister überlebte, das Augenlicht. Trotzdem fand sie in einem von ihrer Familie aufgezogenen Waisenjungen einen Lebenspartner. Nach dem Tod ihrer Eltern siedelte Rosa mit Ehemann und fünf Kindern nach Deutschland über. Dort erlitt sie einen schweren Schlaganfall und blieb seither gelähmt. Im Ersten Weltkrieg konnte sie nicht mehr häuslich versorgt werden und hielt Einzug in das Gumpertz'sche Siechenhaus – nur für wenige Wochen, denn bald darauf starb sie. Den anderen Gepflegten und Hermann Seckbach blieb Rosa Dobris als eine ganz in ihrer jüdischen Welt lebende Bewohnerin in Erinnerung.

Aus Polen verschlug es auch einen »Rabbi von Lodz« – ›Reb‹ oder ›Rabbi‹ bezeichnet hier keinen Rabbiner als geistliches Oberhaupt einer Gemeinde, sondern einen Schriftgelehrten und religiösen Lehrer – in das Frankfurter Pflegeheim: »Reb Benjamin Jacobowitsch war der glücklichste Mensch, den man sich denken konnte. […] Er lebte zufrieden mit sich und allem, was ihn umgab, nur seinem Gotte [sic!]«,[83/84] gedachte Seckbach dieses älteren Bewohners. In Polen hatte Jacobowitsch seinen Brotberuf Holzhändler, der ihn aus seinen religiösen Studien riss, nur widerwillig ausgeübt und wegen seiner mangelnden Geschäftstüchtigkeit in Armut gelebt. Als der Rabbi mit fast 70 Jahren erkrankte, riet ihm seine Familie zu einer ärztlichen Behandlung in Deutschland. »Auf der Reise dahin verschlimmerte sich sein Zustand, und am Bahnhof einer größeren süddeutschen Stadt brach er zusammen und kam als Ausländer in ein christliches Krankenhaus.«[85] Obgleich völlig mittellos, erhielt er dort nicht nur gute Pflege, sondern auf Anordnung des von seiner Frömmig-

---

82 Ebd.: 19 [Hervorhebung durch B.S.]. Vgl. zur Geschichte des osteuropäischen Judentums in Auswahl Maurer 1986; Haumann 1998; Jersch-Wenzel 2000; Bartal 2010.
83 Der Name Gottes wird hier, anders als im orthodoxen Judentum üblich, ausgeschrieben.
84 Seckbach 1918a: 29.
85 Ebd.

keit beeindruckten Leiters der nichtjüdischen Klinik sogar rituelle Kost. Als sich sein Leiden verstetigte, sorgte der Arzt für die Verlegung in das Gumpertz'sche Siechenhaus. Nach anfänglichen Vorbehalten gegen das aus seiner Sicht dem Glauben entfremdete westliche Judentum tauchte Benjamin Jacobowitsch ganz in das orthodox-jüdische Leben des Pflegeheims ein. »Kurz nach Kriegsausbruch [August 1914, B. S.] verschied unser edler Rabbi, und in seinem letzten Blick beim Ausklang des Schemaus [hier: chassidisches Gebet, B. S.] lag ein unendlicher Dank für all die Liebe und all das Gute, was er in ›Daitschland‹ erwiesen bekam.«[86] Besonderes Gehör fanden die ›Ostjüdinnen‹ und ›Ostjuden‹ unter anderem bei Oberin Rahel (Spiero) Seckbach, die selbst aus Polen stammte.

## »Geschick, Pflichttreue und große Herzensgüte« – Thekla Isaacsohn und Rahel Seckbach, die Oberinnen des Gumpertz'schen Siechenhauses

Abbildung 56: Thekla (Mandel) Isaacsohn, die erste Oberin des Gumpertz'schen Siechenhauses, o. J.

Im Jahr 1907 schied die 40-jährige Oberin Thekla Mandel, seit etwa 1894 für das Gumpertz'sche Siechenhaus tätig, aus dem Schwesterndienst aus, um ihren Schwager Iwan Isaacsohn (1866–1919)[87] zu heiraten: Nach dem Tod ihrer Schwester Betty[88] waren drei kleine Kinder zu ver-

---

86 Ebd.: 31.
87 Vgl. zur Familiengeschichte den Beitrag (mit Abb.) von Thekla Isaacsohns Enkel, dem Musikwissenschaftler Dr. Claus Canisius (ders. 2015); Stadtarchiv Holzminden, Meldeunterlagen: Angaben per Email v. 13.02.2018 (mit Dank an Herrn Dr. Seeliger (Archivleitung) und den Lokalhistoriker Klaus Kieckbusch). Siehe auch Kieckbusch, Klaus 1998: *Von Juden und Christen in Holzminden 1557–1945. Ein Geschichts- und Gedenkbuch.* Holzminden; Seemann i. E.
88 Vgl. ebd. sowie Rings, Anton/ Rings, Anita 1992: *Die ehemalige jüdische Gemeinde in Linz am Rhein. Erinnerung und Gedenken.* Hg. v. d. Stadt Linz am Rhein. 2.,

sorgen. Als Mitbegründerin des Vereins für jüdische Krankenpflegerinnen zu Frankfurt a. M.[89] gehört die 1867[90] in Lippstadt (Kreis Soest) geborene Westfälin zu den Pionierinnen der Professionalisierung einer eigenständigen jüdischen Krankenpflege im Kaiserreich. Mit ihrem Ehemann, von Beruf Kaufmann, lebte Thekla Isaacsohn in Holzminden (Niedersachsen). Ihren geliebten Pflegeberuf gab sie nie ganz auf: Während des Ersten Weltkriegs organisierte sie vermutlich als Oberschwester den Lazarettdienst in Holzminden mit. Bereits im Rentenalter, wurde sie 1932 Oberin des von Frühjahr bis Herbst geöffneten ›Erholungsheim für israelitische Frauen Baden-Baden e.V.‹: Diese 1913 errichtete, von Frankfurt am Main aus verwaltete und von der Frankfurt-Loge Bne Briss unterstützte Institution für »mittellose kurbedürftige Frauen und Mädchen israelitischen Glaubens«[91] war Teil von Mathilde von Rothschilds überregionalem Stiftungsnetzwerk. Aus Baden-Baden wurde Thekla Isaacsohn bereits 1940 in das südfranzösische Gurs deportiert. Sie gehört zu den Opfern der berüchtigten »Wagner-Bürckel-Aktion«, benannt nach den Gauleitern Robert Wagner und Josef Bürckel, den beiden Hauptverantwortlichen für die Verschleppung von über 6.000 badischen und saarpfälzischen Deutschen jüdischer Herkunft im Oktober 1940. In dem Internierungslager am Rande der Pyrenäen erlagen viele der bei feuchtkalter Witterung in Baracken hausenden, vorwiegend älteren Menschen den Folgen von drastischer Unterversorgung und ansteckenden Krankheiten.[92] An die erste Gumpertz'sche Oberin Thekla (Mandel) Isaacsohn, ermordet am 3. Mai 1941 in Gurs, erinnert am früheren Standort des Baden-Badener jüdischen Frauenerholungsheims Werderstraße 24 seit 2010 ein »Stolperstein«.[93]

---

erw. u. veränd. Aufl. Linz am Rhein: 195 (Familientafel Mandel).
89  Vgl. Steppe 1997 sowie einführend Bönisch 2009.
90  Vgl. Geburtseintrag in: LAV NRW Judenmatrikel Lippstadt (mit Dank an Dr. Claudia Becker, Stadtarchiv Lippstadt). Andere Quellen geben als Geburtsjahr 1868 (Rings/Rings 1992: 195) oder 1869 (BA Koblenz Gedenkbuch, Stand 01.11.2018) an.
91  Zit. n. http://www.ikg-bad-bad.de/judenBaden.htm [01.11.2018]. Vgl. auch Plätzer, Gisela 2012: Das Erholungsheim für jüdische Frauen. In: Metzler, Walter (Red.) 2012: *Zwischen Suppenküche und Allee. Frauengeschichten aus Baden-Baden.* Hg.: Gleichstellungsstelle der Stadt Baden-Baden. 3. überarb. u. erw. Aufl. Baden-Baden: 264–267; Alemannia Judaica Baden-Baden.
92  Vgl. Wiehn, Erhard Roy (Hg.) 2010: *Camp de Gurs. Zur Deportation der Juden aus Südwestdeutschland 1940.* Konstanz.
93  Vgl. Arbeitskreis »Stolpersteine Baden-Baden«, http://www.stolpersteine-baden-

# Frauengeschichte(n) rund um das Gumpertz'sche Siechenhaus in den Jahren 1907 bis 1932

Abbildung 57: Stolperstein für Thekla Isaacsohn in Baden-Baden, Werderstraße 24 mit Geburtsjahr 1869 statt 1867.

1907 entsandte der Verein für jüdische Krankenpflegerinnen eine Nachfolgerin für Thekla Mandel an das Gumpertz'sche Siechenhaus. Rahel Spiero (später verheiratete Seckbach) war Anfang Dreißig und eine erfahrene Pflegekraft. 1876 in Prostken (heute: Prostki, Polen) an der damals deutsch-russischen Grenze geboren,[94] wuchs sie im orthodoxen Judentum auf. Ihrer ostpreußischen Herkunftsregion Ermland-Masuren hat der bekannte Erzähler Siegfried Lenz in *So zärtlich war Suleyken* und *Heimatmuseum* ein literarisches Denkmal gesetzt. Rahel stammte aus dem weitverzweigten Familienverband Spiero (auch: Spiro, Spira, Shapiro, Schapira, möglicherweise benannt nach der oberrheinischen Stadt Speyer, lateinisch: Spira) mit angesehenen Rabbinern und Gelehrten. Außer ihrem Bruder Oskar (geb. 1880) hatte sie noch drei jüngere Schwestern: Minna (Wilhelmine) Spiero (geb. 1878), Rosa (Rosalie) (geb. 1885) – ebenfalls Mitglied des Vereins für jüdische Krankenpflegerinnen zu Frankfurt a. M. und zuletzt Oberschwester am Frankfurter jüdischen Krankenhaus Gagernstraße – und Ida Spiero (geb. 1886), von Beruf Lehrerin. Vermutlich mangels geeigneter jüdischer Ehekandidaten blieben alle drei ledig, und auch Rahel heiratete erst spät. Sie behielt als einzige der fünf Geschwister Spiero ihren jüdischen Vornamen bei. Als Älteste mehrerer Geschwister trug sie frühzeitig familiäre Verantwortung und trainierte dabei organisatorische Fähigkeiten, die ihrer pflegerischen Laufbahn zugutekamen.

---

baden.de [01.11.2018].
94 Vgl. Seemann 2018c, 2018d. Siehe zur jüdischen Geschichte in Ostpreußen Brocke/Heitmann/Lordick 2000.

Kapitel 4

Abbildung 58: Schwesternbrosche des Vereins für jüdische Krankenpflegerinnen zu Frankfurt a. M.

Wie viele junge jüdische Frauen aus ganz Deutschland zog es auch Rahel und Rosa Spiero nach Frankfurt am Main – angezogen von den beruflichen Aussichten in der ersten jüdischen Schwesternorganisation des Kaiserreichs, dem Verein für jüdische Krankenpflegerinnen zu Frankfurt a. M., bekannt als vorbildliche Ausbildungsstätte und Karrierenetzwerk für künftige Oberinnen. Praktische Erfahrungen sammelten sie im Hospital der Israelitischen Gemeinde in der Königswarterstraße. Nach erfolgreichem Examen (1900) bewährte sich Rahel Spiero in der stationären und ambulanten Pflege in Frankfurt sowie Hamburg, wo sich ebenfalls ein jüdisches Krankenhaus[95] befand.

Als Oberin Rahel 1907 ihren Dienst im Gumpertz'schen Siechenhaus antrat, fand sie eine umfangreiche Wirkungsstätte vor: Im Hinterhaus und der neuen großen Rothschild'schen Vorderhaus-Villa waren zu dieser Zeit insgesamt 38 weibliche und 21 männliche Bewohner[96] aller Altersgruppen mit unterschiedlichsten Gebrechen, Behinderungen und chronischen Leiden untergebracht. Neben den schwierigen Lebensumständen der Gumpertz'schen Betreuten stellte vor allem die Heterogenität ihrer Krankheitsbilder hohe Anforderungen an Medizin und Pflege. Wie Alfred Günzburg in seinem Arztbericht für das Jahr 1908 vermerkte, wurden »unserem Siechenhause nur solche Kranke zugewiesen, welche wenig oder keine Aussicht auf Besserung ihres Zustandes bieten. Davon aber konnte sich jeder Besucher in den letzten anderthalb Jahren überzeugen, daß schwer Leidende[,] z. B. mit dauerndem Fieber behaftete Kranke[,] eine erhebliche

---

95  Vgl. Jenss, Harro [u. a.] (Hg.) 2016: *Israelitisches Krankenhaus in Hamburg – 175 Jahre*. Berlin.
96  Vgl. FZ, Nr. 36, 05.02.1908, *Abendblatt*, S. 3 = Frankfurter Angelegenheiten.

Kräftigung ihres Allgemeinzustandes erfuhren.«[97] Für das Jahr 1913 nannte Dr. Günzburgs Nachfolger Jacob Meyer »Entwicklungs-Störungen« (»Kretinismus« durch Schilddrüsenunterfunktion, geistige Behinderung), »Nervensystem-Erkrankungen« (darunter »Senile Demenz« und vier als »Hysterie«[98] eingestufte Fälle), »Erkrankungen des Gefäßsystems« und des »Knochensystems« (Tuberkulose, chronische Arthritis), »Hauterkrankungen«, Krankheiten der »Verdauungsorgane« und »Atemwegsorgane« sowie »Sonstige Krankheiten« wie Diabetes, Grüner Star, Nierenerkrankung und Prostata-Vergrößerung.[99]

Über die neue Pflegeleitung wusste der Gumpertz'sche Vorstand bereits nach einem Jahr nur Lobendes zu berichten: »Die neue Oberin, Schwester Rahel, hat sich nun zu allseitiger Zufriedenheit in ihren neuen großen und verantwortungsvollen Pflichtenkreis eingewöhnt. Wir danken ihr aufrichtigst für die liebevolle Weise, in der sie ihre Obliegenheiten erfüllt.«[100] Und im Rechenschaftsbericht des Vereins für jüdische Krankenpflegerinnen, dem Rahel Spiero bis 1919 angehörte, heißt es noch 1920:

> »Auf diesem schwierigen Posten an der Spitze eines ausgedehnten Betriebes mit recht schwierigen Aufgaben hat sie in der Leitung der Verwaltung wie der Krankenpflege durch Geschick, Pflichttreue und große Herzensgüte die größte Anerkennung und Wertschätzung bei der Verwaltung, den Ärzten und den Pfleglingen gefunden und sich große Verdienste erworben.«[101]

Nach dem Wechsel der Oberinnen hatten die Bewohnerinnen und Bewohner weitere personelle Veränderungen zu bewältigen: 1908 verstarb der Gumpertz'sche Präsident Charles L. Hallgarten, welcher sich auch persönlich um die Belange Gepflegter gekümmert hatte. Sein Nachfolger wurde der Mäzen Julius Goldschmidt[102] (1858–1932), dessen Frau Elise (1863–1943) sich im Kreis der Gumpertz'schen ›Ehrendamen‹ engagierte.

---

97  Günzburg 1909: 7.
98  Hier sind vermutlich Beschwerden ohne organischen Befund gemeint. Das Gumpertz'sche Siechenhaus war u. a. auf die Versorgung von Lähmungen spezialisiert.
99  Vgl. Meyer 1914.
100 GumpSiechenhaus 1909: 5.
101 Jüdischer Schwesternverein Ffm 1920: 60f.
102 Vgl. Arnsberg, Paul: Goldschmidt, Julius. In: ders. 1983, Bd. 3: 160–161; siehe auch Eintrag in: Frankfurter Biographie 1994: 269–270.

Wie Hallgarten war der international renommierte Kunst- und Antiquitätenhändler Goldschmidt als Vorsitzender der Gesellschaft zur Erforschung jüdischer Kunstdenkmäler und Begründer des Museums für jüdische Altertümer eine bekannte Frankfurter Persönlichkeit; als stellvertretender Vorsitzender der Israelitischen Gemeinde vertrat er den konservativen Flügel (Gemeinde-Orthodoxie). Er gehörte zum engeren Kreis um Mathilde und Wilhelm von Rothschild und war vermutlich sogar mit den Rothschilds verwandt. Weitere Verluste für das Siechenhaus bedeuteten 1909 der Tod seiner 86-jährigen Gründerin Betty Gumpertz, bis dahin Ehrenmitglied und ›Ehrendame‹ des Gumpertz'schen Vereins, und ihres getreuen Mitstreiters Raphael Ettlinger. Eine weitere ›Ära‹ endete mit der Berufung von Gründungsarzt Alfred Günzburg am 1. Januar 1909 zum Chefarzt des Israelitischen Gemeindehospitals Königswarterstraße. Ihm folgte der praktische Arzt Dr. Jacob Meyer (1876–1928), welcher sich ebenfalls ganz in den Dienst des Siechenhauses und seiner Bewohner/innen stellte.

## »Jewish Space«: die Kehilloh Gumpertz und ihr Makom auf dem Röderberg

Aus der Sicht der jüdischen Stadt- und Regionalforschung war die Gumpertz'sche Liegenschaft ein soziokultureller Raum (»Space« und »Place«),[103] ein »Makom«[104] (hebräisch: Ort), der seine besondere Prägung durch die Verwirklichung der jüdisch-religiösen Sozialethik in der Armen- und Krankenpflege erhielt. Am Eingang des Hinterhauses befand sich laut Bericht des in der Nachfolge seines Vaters Markus Horovitz für das Pflegeheim tätigen Rabbiners Jakob Horovitz[105] (1873–1939) »eine Tafel mit der Inschrift in hebräischer und deutscher Sprache: ›Gott stützt den Kranken auf seinem Lager‹ (Ps. 41, 4).«[106] Den Makom gestalteten die Gepflegten aktiv mit: So erwuchs im Jahr 1911 aus dem Kreis der Bewohner/innen, unterstützt von Hermann Seckbach, mit der Errichtung einer Haussyna-

---

103 Zit. n. Mann 2012. Vgl. auch Brauch/Lipphardt/Nocke 2016.
104 Zit. n. Kümper [u. a.] 2007.
105 Vgl. Jäger, Gudrun: Horovitz, Jakob. In: Frankfurter Personenlexikon (Online-Ausgabe), 30.06.2015, http://frankfurter-personenlexikon.de/node/4231 [01.11.2018].
106 Horovitz 1938: 21.

goge die »Kehilloh Gumpertz«.[107] Als ›Kehilloh‹ – der aschkenasischen Anwendung des Begriffs ›Kehilla‹ (auch ›Kahal‹, hebräisch: Gemeinde) – stellte sich die Gumpertz'sche Synagogengemeinde in eine jahrhundertelange Tradition relativ autarker jüdischer Gemeinden, wie sie hauptsächlich in Polen bestanden: Diese Gemeinwesen verfügten bis zu ihrem Bedeutungsverlust im frühen 19. Jahrhundert über eine eigene staatsunabhängige Verwaltung inklusive Gerichtsbarkeit und Steuerwesen und zählten Spitalärzte, Pflegende, Hebammen und Apotheker zu ihren Beamtinnen und Beamten. Der Armenfürsorge stand ein ›Spitalvater‹ vor – ein Amt, das der über die berufliche Funktion eines Verwalters weit hinausgehenden Wirkung Hermann Seckbachs im Gumpertz'schen Siechenhaus nahekommt. Allerdings spiegelten die ›assimilierten‹ Synagogen- und Kultusgemeinden des späten 19. und des 20. Jahrhunderts vor allem in Westeuropa nur noch »einen schwachen Rest des alten allgewaltigen K.[ahal]«[108] wider.

Dass im Gumpertz'schen Siechenhaus neben der Israelitischen Gemeinde und der Israelitischen Religionsgesellschaft in Frankfurt eine eigenständige kleine Synagogengemeinde entstand, hatte neben religiös-kulturellen Anliegen auch praktische Gründe: Während ihres Langzeitaufenthalts im Pflegeheim blieb den zumeist an Lähmungen sowie an Inkontinenz und mit Körpergerüchen verbundenen Geschwüren leidenden Bewohnerinnen und Bewohnern der Besuch der Frankfurter Synagogen versagt. Zudem legten (und legen) gerade die streng orthodoxen Richtungen im Judentum Wert auf die strikte Einhaltung des wöchentlichen Shabbat, an dem im Rahmen des religiösen Arbeitsverbots das Tragen oder Bewegen von Gegenständen im (nichtjüdischen) öffentlichen Raum untersagt war – der Transport von Betreuten eingeschlossen. Doch auch hierfür bot die lebenspraktische Halacha einen Lösungsweg: den Eruv (auch: Eruw; hebräisch: ›Vermischung‹, ›Verschmelzung‹), beschrieben als

»eine (fast) körperlose Mauer, die einen öffentlichen Bereich umgrenzt und ihn privat macht. Mit seiner Hilfe können die rabbinischen Juden sich bei gleichzeitiger Beachtung der Shabbatverbote innerhalb des abgegrenzten Gebiets bewegen, denn es wird als Erweiterung des häuslichen Bereichs betrachtet. Da man am Shabbat außerhalb des Hauses beispielsweise keine Bücher, Nahrungsmittel, Schlüssel tragen oder einen Kinderwagen oder Rollstuhl schieben darf, ver-

---
107 Zit. n. Goldschmidt 1938.
108 Zit. n. dem Artikel ›Kahal‹ in JüdLex: 1927 [1987]: Bd. III: Ib-Ma, Sp. 525–530: 530.

größert der Eruv den privaten Bereich und verwandelt ihn symbolisch in einen Hauskreis oder in ein erweitertes Wohngebiet, indem er die öffentliche Straße und den privaten Raum ›vermischt‹.«[109]

In der Galut (Exil) und ihren von der nichtjüdischen Mehrheitsgesellschaft festgelegten Räumen markiert der Eruv, eingerichtet vom zuständigen Rabbiner, eine eigene halachisch begründete orthodox-jüdische Topografie. Seine Reichweite wird sichtbar durch an Pfosten angebrachte und sie verbindende Shabbat-Schnüre (Seil oder Draht); am oberen Abschluss der Pfosten befestigte Bänder (hebräisch: Lechi) symbolisieren die Durchgänge und Türen. Bis zur Shoah bestanden in vielen deutschen Städten und Gemeinden Eruvim, deren Einrichtung die Zustimmung der kommunalen Behörden voraussetzte. In Frankfurt am Main wurde erst am 13. August 1914 ein Eruv eingerichtet: Angesichts des gerade begonnenen Ersten Weltkriegs sollte, offenbar mit Blick auf die Vaterlandsverteidigung, das Tragen am Shabbat vereinfacht werden. Initiator war mit Nehemia Anton Nobel der Rabbiner der Gemeinde-Orthodoxie – ohne Absprache mit der konkurrierenden neo-orthodoxen Israelitischen Religionsgesellschaft (IRG) um Rabbiner Salomon Breuer, die daraufhin den Eruv boykottierte.[110] Unter der Aufsicht von Rabbiner Nobels Nachfolger Jakob Hoffmann, der wiederum mit Breuers Nachfolger, IRG-Rabbiner Josef Jona Horovitz, über die Frage stritt, ob der Eruv halachisch ›koscher‹ sei, bestand der Frankfurter Eruv noch Anfang der 1930er Jahre.[111] Der gemeinde-orthodox ausgerichteten Kehilloh Gumpertz hätte der Eruv offengestanden, doch half er Pflegenden und Gepflegten wenig, nicht zuletzt wegen der hügeligen Beschaffenheit des Röderberg-Geländes, die den Gebrauch von Rollstühlen und anderen Hilfsmitteln erschwerte. Daher war die Kehilloh Gumpertz als häusliche Synagogengemeinde auch aus der Not geboren, entwickelte sich aber bald zum religiös-kulturellen ›Herzstück‹ des Pflegeheims.

Der für seine Zeit fortschrittliche Gumpertz'sche Ansatz, den Gepflegten keine bloße Verwahranstalt anzubieten, sondern ihre Selbständigkeit und

---

109 Busekist 2015: 14.
110 Vgl. Morgenstern, Matthias: *Der Erste Weltkrieg und der »Frankfurter Eruwstreit«*. In: ders. 1995: 217–219: 219. Rabbiner der gegnerischen IRG war zu dieser Zeit Samson Raphael Hirschs Schwiegersohn Salomon Breuer. Noch ungeklärt ist bislang der Verlauf des Eruv im Frankfurter Stadtgebiet.
111 Vgl. Hoffmann, Jakob: Erklärung zur Eruw-Frage. In: IsrGbl Ffm 10 (1931) 2, Okt., S. 41–42.

Autonomie so weit wie möglich zu fördern, eröffnete den Bewohnerinnen und Bewohnern eigene Gestaltungsräume. »Gelähmt am ganzen Körper fast, bis auf den rechten Arm, der noch bewegungsfähig war«[112] – so erinnert sich Hermann Seckbach an »David«, den Hauptinitiator der Kehilloh Gumpertz, aus dessen geistiger Stärke und ungebrochener Willenskraft Seckbach keinen Hehl macht. In David – von diesem Gumpertz'schen Langzeitbewohner ist nur der Vorname überliefert – reifte der Gedanke,

> »die Insassen des Heims zu einer Gemeinde zu vereinigen und eine Synagoge zu errichten […]. Und was man kaum für möglich gehalten hatte, hier wurde es Ereignis. Gelähmte und an Krücken gehende, mit [sic] den schwersten Gebrechen heimgesuchte Menschen vereinigten sich zu einer Gottesgemeinde, um an dem ewig sprudelnden Quell der jüdischen Lehre sich neu zu beleben.«[113]

Zu der Bewohner/innen-Initiative für eine eigene Haussynagoge gehörte neben Siegmund Keller auch Moritz Eisenberger (geb. 1852), der aus dem damals russischen Tauroggen (heute: Litauen) bei Tilsit stammte: Vor seiner Aufnahme im Pflegeheim hatte er als Dorflehrer, Vorbeter und Schochet (Schächter) im rheinhessischen Weinort Schornsheim gewirkt. Die 1911 sehr wahrscheinlich im Hinterhaus eingeweihte Gumpertz'sche Haussynagoge erhielt mit Salomon Wolpert (Lebensdaten unbekannt) sogar einen eigenen Hausrabbiner. Verwalter Seckbach amtierte als Vorbeter, am Shabbat trug zudem ein Talmudist vor, sangesfreudige Bewohner/innen fanden sich zu einem Chor zusammen. Anfangs ein »einfaches Zimmer«,[114] gedieh der Betraum dank vieler Spenden auch in der Ausstattung – »prachtvolle Betsessel, herrliche Beleuchtung, bald Silberschmuck und andere schöne Gaben«[115] – zum religiösen Zentrum und zu einer Begegnungsstätte für Vorderhaus (inklusive Lazarett) und Hinterhaus: Außer den Bewohnerinnen und Bewohnern und dem Vorbeter Seckbach versammelten sich dort Stifterinnen, Ärzte, Pflegende und ihre Oberin und die Mitglieder von Vorstand und Verein zu Gebet, Gesang und Gespräch. Soziale Schichtunterschiede hob die Gumpertz'sche Synagoge keineswegs auf, doch war sie räumlicher Ausdruck der Zedaka, des materiellen Ausgleichs zwischen Reich und Arm, zumal die gemeinsame Minder-

---

112 Seckbach 1918a: 9.
113 Ebd.: 10.
114 Ebd.
115 Ebd.: 11.

heitenerfahrung klassenspezifische Grenzen durchlässiger machte. Alle Beteiligten gehörten zur ›Familie‹ des Judentums. Laut Hermann Seckbach zeigte sich auf eindrucksvolle Weise »der Segen des Werkes, das auf Anregung eines gelähmten Mannes errichtet wurde«. Im Frühjahr 1914 verstorben, konnte »David« das Aufblühen seiner Kehilloh Gumpertz noch miterleben.

Insbesondere während des Ersten Weltkriegs, als die Einrichtung eines Lazaretts im Vorderhaus die Belegungszahlen zusätzlich erhöhte, fanden die religiösen Feiern für die Gepflegten aus beiden Gebäuden im großen Vorderhaus statt. An der ganz eigenen Atmosphäre solcher Zusammenkünfte und ihrer Bedeutung für die Bewohner/innen lässt uns die Journalistin und Besucherin Fanny Cohn-Neßler teilhaben. Dank ihres 1920 in der *Allgemeinen Zeitung des Judentums* erschienenen Artikels erhalten auch heutige Leserinnen und Leser seltene Einblicke in das Pessachfest[116] eines orthodox-jüdischen Pflegeheims vor der Shoah. Bemerkenswert ist, dass die Pflegebedürftigen nicht nur als Leidende, sondern auch als Handelnde auftreten:

> »Unvergeßlich wird mir der erste Sederabend des vorjährigen Pessachfestes in der Erinnerung bleiben. In dem großen Speisesaal, der glänzend durch einen Lüster mit Kristallprismen erleuchtet war, stand eine mit Blumengirlanden, mit Silberkandelabern, mit herrlich gestickter Sederdecke und mit Kristallgläsern und Schalen geschmückte Tafel. Alle noch bewegungsfähigen Kranken, Männer, Frauen, alt und jung, füllten den Raum und nahmen die Plätze zu beiden Seiten der Tafel ein. An einer Seite der Hufeisenform standen Krankenwagen mit ihren Insassen. Sie konnten nicht herausgenommen werden. Ueber allen Gesichtern war hohe Erwartung ausgebreitet... Und die Feier begann. Der Verwalter mit seiner Gattin, der Oberin, hatten die Eckplätze eingenommen. Herr *Seckbach* hielt eine zu Herzen gehende Rede über die Bedeutung des Festes, über die gewaltige Zeit, in welche dieses Fest wiederum fiel. Die Hagada wurde von allen Anwesenden mitgesungen. Dann folgte das Abendessen; es war ausgezeichnet. Nach dem Mesummenbenschen[117] folgte der zweite Teil der Hagada. Die Kranken, als sie aufstanden, waren von heißem Dank erfüllt; sie sprachen es aus.«[118]

---

116 Diese Pessachfeier fand vermutlich 1919 statt.
117 Teil des Tischgebets bei Mitwirkung von mindestens drei männlichen Erwachsenen an der Mahlzeit.
118 Cohn-Neßler 1920: 175.

Abbildung 59: Weihnukka-Feier von Personal und Patienten im Wintergarten des Gumpertz'schen Lazaretts, 1918.

## Weihnukka im Vorderhaus: das Pflegeheim im Ersten Weltkrieg

Seit August 1914 kam zu der Kranken-, Behinderten-, Alten- und Armenpflege noch die Verwundetenpflege: Im Sog der allgemeinen patriotischen Stimmung beteiligte sich auch das Gumpertz'sche Siechenhaus gleich zu Beginn des Ersten Weltkriegs an der vom Roten Kreuz koordinierten Frankfurter Kriegskrankenpflege.[119] Neben der Teilhabe an der Vaterlandsverteidigung führte als weiteres Motiv vermutlich die Bewährung als deutsche Staatsbürger/innen in einem noch immer judenfeindlichen Umfeld zu der Entscheidung, den Jewish Place des Gumpertz'schen Vorderhauses partiell aufzulösen und für nichtjüdische Patienten zu öffnen. Als ›Lazarett 33‹ rüstete das Pflegeheim die komplette erste Etage seines als ›Israelitisches Krankenheim‹ mit eigenen Operationsräumen ausgestatteten Vorderhauses zu einer Schwerkrankenstation (zuletzt 40 Betten) für Offiziere und Mannschaften um. »Täglich trafen Züge von neuen Blessierten ein und wurden abgeladen. Eine höchst schwere Zeit für das Personal und die Verwaltung. Die Frau des Verwalters [Rahel (Spiero)

---

[119] Vgl. zur Frankfurter jüdischen Krankenpflege im Ersten Weltkrieg einführend Seemann 2016.

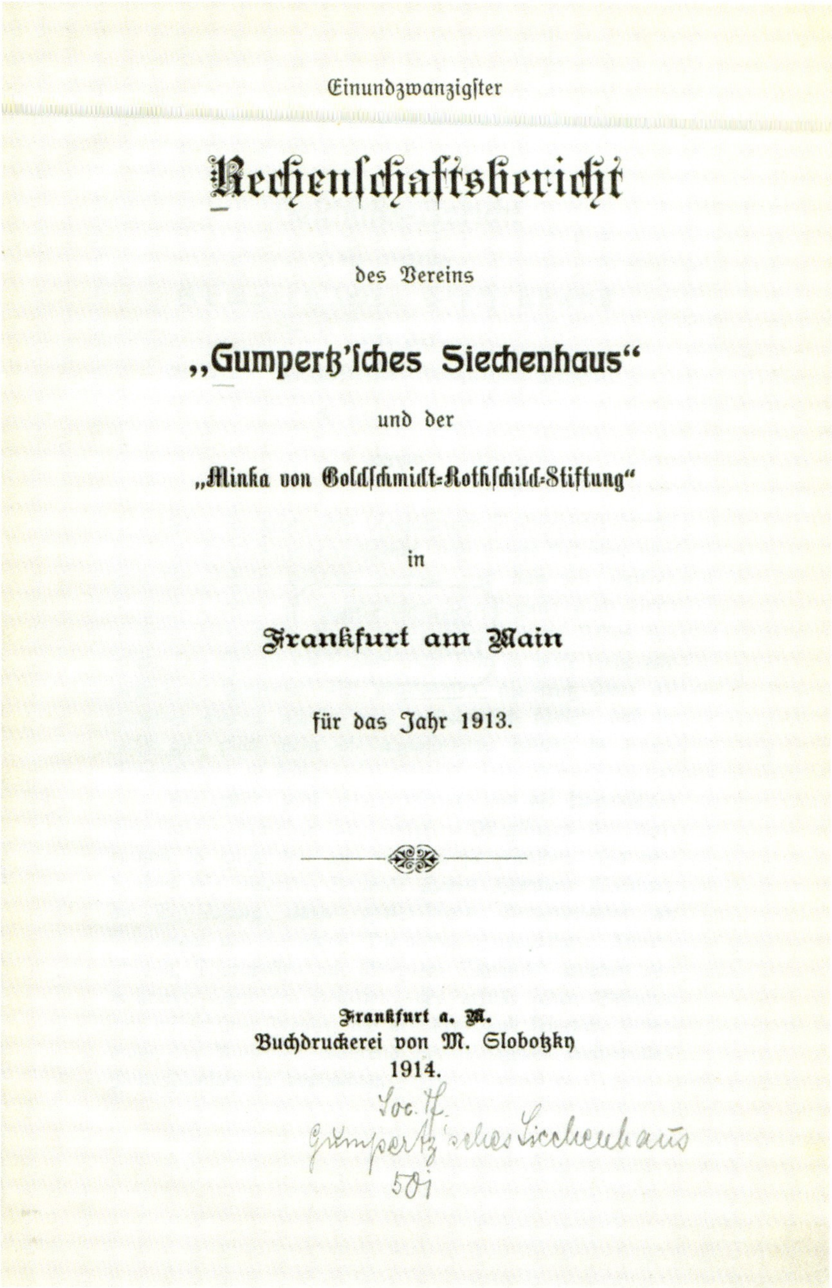

Einundzwanzigster

Rechenschaftsbericht

des Vereins

„Gumpertz'sches Siechenhaus"

und der

„Minka von Goldschmidt-Rothschild-Stiftung"

in

Frankfurt am Main

für das Jahr 1913.

Frankfurt a. M.
Buchdruckerei von M. Slobotzky
1914.

Soc. H.
Gumpertz'sches Siechenhaus
50i

Abbildung 60: Titelblatt des Rechenschaftsberichts des Vereins Gumpertz'sches Siechenhaus und der Minka von Goldschmidt-Rothschild-Stiftung für 1913.

Seckbach, B. S.] fungierte als Oberin des Spitals bei den Operationen.«[120] Das Vorderhaus war von der Mobilmachung bis zum 12. Dezember 1918 über vier Jahre lang belegt. Die Behandlung der kriegsbedingten Verletzungen verlief in der Regel glimpflich, doch verzeichnet der Arztbericht des stellvertretenden Chefarztes Gustav Löffler (1879–1962) für 1914 und 1915 auch vereinzelt Todesfälle durch Blutvergiftung und Bauchfelltuberkulose.[121] Nach Chefarzt Jakob Meyers Bilanz der Jahre 1916, 1917 und 1918 wurden bis zur Schließung des Lazaretts insgesamt 671 Soldaten, darunter 434 Verwundete, »verpflegt« und 154 »Militärpersonen« ambulant behandelt.[122] Die etwa 150 Operationen betrafen häufig die Gliedmaßen (inklusive Sehnenplastiken); Geschosse und Splitter mussten entfernt werden, auch kam es zu Amputationen.

Für die jüdischen und christlichen Verwundeten hielt während des Krieges jeden Dezember »Weihnukka«[123] Einzug in das Lazarett: Neben dem Chanukka-Fest wurde Weihnachten gefeiert und ein Weihnachtsbaum aufgestellt. Die Bewohner/innen blieben keineswegs untätig und errichteten eine Jahrzeitstiftung für die Gefallenen der beiden Frankfurter jüdischen Gemeinden, »und zwar wird täglich in unserer Anstalts-Synagoge während des Trauerjahres und am Todestage für alle Zeiten ein Licht gebrannt und abwechselnd von den Patienten das Kaddischgebet verrichtet«.[124]

Neben dem Lazarett war der laufende Pflegebetrieb möglichst störungsfrei fortzuführen. Laut Rechenschaftsbericht wurden 1914 38 weibliche und 27 männliche, im Jahr 1915 39 weibliche und 28 männliche Bewohner versorgt. »Sämtliche Betten für unsere Siechen« waren in den Kriegsjahren »immer voll belegt, und wir konnten aus Mangel an Platz und Barmitteln leider sehr viele Hilfesuchende nicht aufnehmen«.[125] Am 1. Januar 1916 »waren in unseren Anstalten 35 Frauen und 22 Männer. In den drei Jahren kamen neu hinzu 24 Frauen und 20 Männer. Es starben bzw. wurden entlassen 28 Frauen und 25 Männer, sodaß am 1. Januar 1919 31 Frauen und 17 Männer sich in unseren Anstalten befanden.«[126] Vielleicht trugen neben der engagierten Pflege auch

---

120 Cohn-Neßler 1920: 174.
121 Vgl. Löffler 1916.
122 Vgl. Meyer 1919: 10.
123 Zit. n. Kugelmann 2005; siehe auch Loewy 2011.
124 GumpSiechenhaus 1913ff., hier zit. n. Rechenschaftsbericht 1914 u. 1915 (1916: 7).
125 Ebd.: 5.
126 GumpSiechenhaus 1913ff., hier zit. n. Rechenschaftsbericht für 1916, 1917 u. 1918 (1919: 4).

Kapitel 4

Abbildung 61 (links:):
Vorstandsmitglied
Hermann Wronker,
ohne Jahr (um 1925)

Abbildung 62 (rechts):
Vorstandsmitglied (›Ehrendame‹) Ida Wronker,
ohne Jahr (um 1925).

aufmunternde kulturelle Angebote wie Vorträge, Musikveranstaltungen oder Gartenfeste dazu bei, dass trotz kriegsbedingten Versorgungsengpässen »die Morbiditäts- und Mortalitätsziffer im Hause nicht gestiegen«[127] war. Mitten in die Kriegszeit fiel am 10. Oktober 1917 das 25-jährige Jubiläum des Gumpertz'schen Siechenhauses, doch kam angesichts sich häufender Hiobsbotschaften von der Front und kriegsbedingter Sparmaßnahmen vermutlich keine rechte Feierstimmung auf.

Ein grausamer Krieg ging zu Ende. Bis auf einen Patienten, der wegen chronischer Nierenentzündung zum Bewohner wurde, verließen am 18. Dezember 1918 die letzten Soldaten das Gumpertz'sche Lazarett. Wie vor dem Krieg wurde das Vorderhaus wieder ein Jewish Place. Noch in der Kriegszeit konnte der Gumpertz'sche Vorstand ein prominentes Paar als neue Mitglieder[128] begrüßen: ›Ehrendame‹ Ida Wronker (geb. 1871) und ihren Ehemann, den Frankfurter Warenhauskönig Hermann Wronker[129] (geb. 1867) aus der Familiendynastie Tietz, die den Grundstein für die heutigen Kaufhäuser ›Kaufhof‹ und ›Hertie‹/›Karstadt‹ legte.

Unmittelbarer Anlass für das Gumpertz'sche Engagement der Wronkers war möglicherweise der schmerzliche Verlust ihres Sohnes Erich, welcher bei einem Fronteinsatz in Osteuropa an Tuberkulose erkrankte und im März 1918 in Frankfurt verstarb; sehr wahrscheinlich erhielt er seine letzte Pflege im Gumpertz'schen Siechenhaus. Seine Eltern blieben bis in die 1930er Jahre im Vorstand des Pflegeheims aktiv. Danach mussten Ida und Hermann

---

127 Ebd.: 10.
128 Vgl. GumpSiechenhaus 1919: 6.
129 Vgl. einführend Drummer/Zwilling 2015a.

Wronker aus Nazideutschland flüchten. Am 23. September 1942 wurde das betagte Ehepaar über das Sammel- und Durchgangslager Drancy (bei Paris) nach Auschwitz deportiert und vermutlich gleich nach der Ankunft ermordet.

## Die »Zufluchtsstätte« erhalten – das Gumpertz'sche Siechenhaus in den Krisenjahren der Weimarer Republik

Während der Kriegsjahre hatte die gemeinsame Verantwortung für Pflegebetrieb und Lazarett Oberin Rahel Spiero und Verwalter Hermann Seckbach noch enger zusammengeschweißt. Mehr als ein Jahrzehnt hatten sie Seite an Seite für die Schwächsten der jüdischen Gemeinde gewirkt und sich dabei als unentbehrliche Stützen des Pflegeheims erwiesen.

Jetzt wurde aus dem eingespielten Arbeitsteam offiziell ein Paar: Oberin Rahel Spiero war bereits 42 Jahre alt, als sie am 7. März 1919 den um vier Jahre jüngeren Hermann Seckbach heiratete – zur großen Freude des gesamten Siechenhauses. Noch im gleichen Jahr kam am 15. Dezember ihre einzige Tochter Ruth Rosalie zur Welt und wuchs im Hinterhaus auf, wo die Verwalterwohnung lag. Oberin Rahel schied nach fast 20-jähriger Mitgliedschaft aus dem Verein für jüdische Krankenpflegerinnen aus und wurde offiziell als Verwalterin des Gumpertz'schen Siechenhauses angestellt.

Das Gumpertz'sche Siechenhaus blieb Lebensinhalt und Gemeinschaftsprojekt des orthodox-jüdischen Ehepaares Seckbach, dem Pflege und Fürsorge als religiöses Amt galt. Die zu bewältigenden Herausforderungen im Pflegealltag waren nach Kriegsende keineswegs geringer geworden, wie Fanny Cohn-Neßlers Bericht über das Gumpertz'sche Siechenhaus eindrucksvoll dokumentiert:

> »[…] es ist in Frankfurt stehende Redensart: die *beste* Verpflegung und das beste Einvernehmen unter den Anstaltsbewohnern findet man in diesen beiden Häusern. […]. Trotz ihrer körperlich üblen Verfassung sind die Kranken bei guter Stimmung, wozu die freundliche Behandlung von seiten der Verwaltung und des Pflegepersonals nicht wenig beiträgt. […] Selbstredend ereignen sich auch krasse Fälle von Unzufriedenheit bei nervösen Patienten.«[130]

---

130  Cohn-Neßler 1920: 174 [Hervorhebung im Original gesperrt].

## Kapitel 4

In der Frauenabteilung traf Fanny Cohn-Neßler auf

»ein 17jähriges Mädchen in Größe eines sechsjährigen Kindes; Verstand einer Dreijährigen. Ein dickes Kindergesicht, nur wulstiger Mund. Dicker Hängezopf mit rosa Bandschleife; eine dicke Kinderpatschhand wurde mir lachend gereicht. Es aß vergnügt sein Süppchen am Kindertischchen. Die Kleine stammt aus Mähren. Wäre eine ›Sehenswürdigkeit‹. In einem blütenweißen Bettchen ein hübscher zweijähriger Knabe; mit geschlossenen Augen liegt das Köpfchen ins Kissen gedrückt. Die Schwester hebt es empor – die andere Gesichtshälfte ist völlig schief. Es kann sich nicht rühren. Das Kind hat kein Empfinden, es nimmt Nahrung zu sich, das ist alles. […] Die gar zu traurigen Fälle lasse ich unberührt.«[131]

Im Parterre des hier geschilderten Vorderhauses, in dem sich inzwischen auch eine Männerabteilung befand, waren u.a. das Ärztezimmer, das Zimmer der Hausschwester, Untersuchungs- und Operationsräume, das Röntgenzimmer sowie der bei Feierlichkeiten genutzte Speisesaal untergebracht. Wie Fanny Cohn-Neßler berichtet, verband eine

»Tunnelbahn [...] beide Grundstücke [Vorder- und Hinterhaus, B. S.]. Der Speisenzug (Lowrywagen) fährt hin und her und befördert die Speisen samt dem nötigen Geschirr, Bestecks [sic] usw. in die verschiedenen Aufzüge, die sich in allen Etagen befinden. Die große Küche, mit allen Einrichtungen der Neuzeit versehen, ist im Souterrain; auch eine Pessachküche. […] Im zweiten Stock ist die Waschanstalt mit Dampfbetrieb, ganz nach dem Muster großer Dampfwäschereien in Berlin und anderen Städten eingerichtet.«[132]

Die Krankenzimmer waren in Weiß gehalten. Ein Konversationszimmer förderte die Kommunikation unter den noch bewegungsfähigen Gepflegten.

Neben seinem Amt als Verwalter trat Hermann Seckbach auch öffentlich für seine Schützlinge ein:

»[…] so hat man schon seit Jahren es als wichtigste Aufgabe betrachtet, die mit [sic!] einer längeren Krankheit Befallenen nicht einfach hindämmern zu lassen. So finden wir […] eine Anzahl Fälle, die dem Leben und ihrer Familie wieder

---

131   Ebd.: 174f.
132   Ebd. Welche Bedeutung der Tunnel in der Erinnerung der Mieter/innen, die nach dem Ende des Zweiten Weltkriegs in die Gumpertz'schen Gebäude einzogen, noch erlangen sollte, ist im 6. Kapitel nachzulesen.

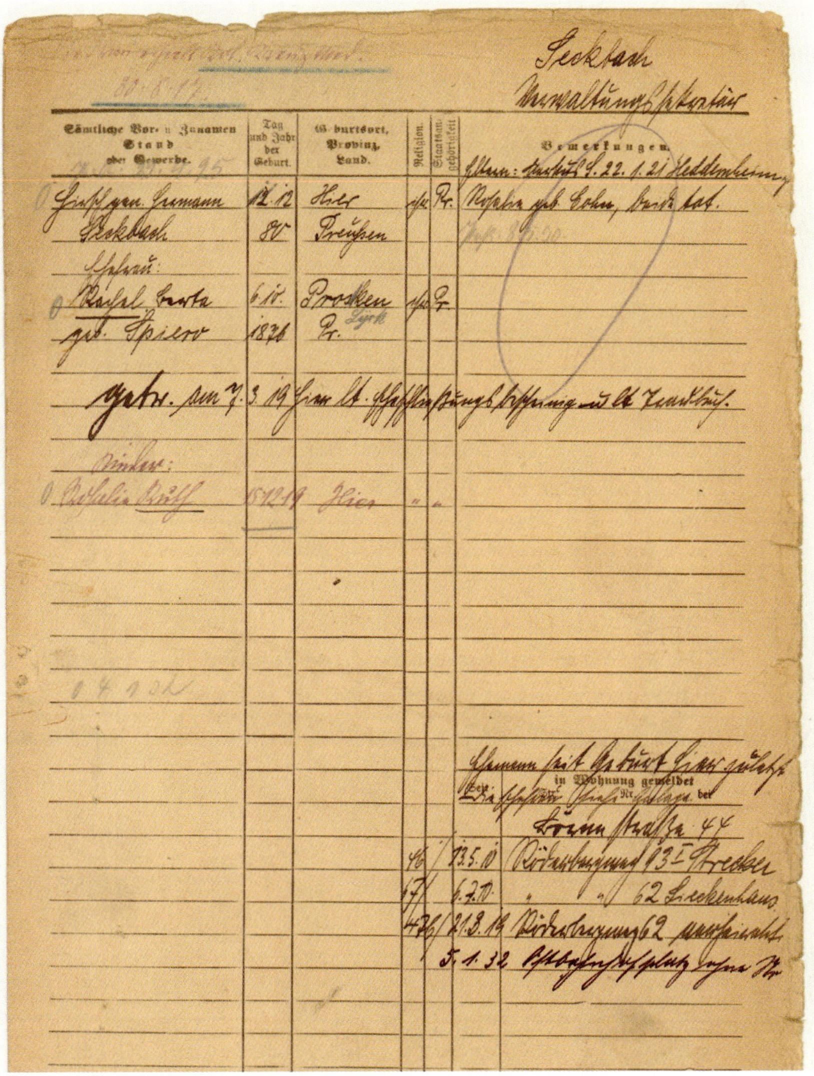
Seckbach

| Sämtliche Vor- u. Zunamen Stand oder Gewerbe | Tag und Jahr der Geburt | Geburtsort, Provinz, Land | Religion | Staatsangehörigkeit | Bemerkungen |
|---|---|---|---|---|---|

in Wohnung gemeldet
Zeit | Str. | Nr. | bei

Abbildung 63: Meldekarte der Familie Seckbach.

zurückgegeben werden konnten, oder die innerhalb der Anstalt selbst als Mitarbeiter sich betätigen.«[133]

133 Seckbach 1917.

In der Zeitschrift *Im deutschen Reich*, dem Presseorgan des Central-Vereins deutscher Staatsbürger jüdischen Glaubens, rief Seckbach zur *Soziale[n] Fürsorge für jüdische Nerven- und Gemütskranke!*[134] auf, einer von jüdischer wie nichtjüdischer Seite stigmatisierten Patientengruppe, die überforderte Angehörige aus Scham häufig im häuslichen Verborgenen hielten. Auch unter den psychisch Erkrankten und durch Kriegseinwirkung Traumatisierten waren Jüdinnen und Juden in der Minderheit; ihre stationäre Einweisung erfolgte in der Regel in nichtjüdische Anstalten. Dort erwartete sie neben möglichen antisemitischen Repressalien zumeist eine völlige Unkenntnis religiös-jüdischen Lebens. Eine orthodox-jüdische Patientin lässt Seckbach in seinem Essay *Die Nervenkranke* selbst zu Wort kommen:

»Da kam der seelische Schmerz hinzu, wenn ich empfinden mußte, dass ich mich in einem nichtjüdischen Hause befand. Vor Scham wollte ich vergehen, als mir der Scheitel [jiddisch: ›Perücke‹, Kopfbedeckung frommer Jüdinnen, B.S.] vom Kopfe entfernt wurde[,] und der Wahnsinn packte mich beinahe, wenn ich hungernd mich auf die nichtrituelle Nahrung stürzen musste.«[135]

Derlei Erfahrungen, die Genesungsprozesse stark beeinträchtigen konnten, hatten ursprünglich zur Gründung orthodox-jüdischer medizinischer und Pflegeeinrichtungen wie dem Gumpertz'schen Siechenhaus beigetragen, das gleichwohl für die Behandlung psychischer Erkrankungen nicht ausgestattet war. In den Inflationsjahren der Weimarer Republik warb Hermann Seckbach mit Publikationen wie »*Sabbatgeist«. Erzählungen und Skizzen*[136] und *Der Seder auf Schloß Grüneburg. Erzählungen aus der Kinderecke*[137] um Spenden für das wie die gesamte Wohlfahrt notleidende Pflegeheim, zumal getreue Unterstützer/innen aus der jüdischen Gemeinde selbst wirtschaftliche Verluste erlitten hatten. Am 7. November 1929 wurde ihm anlässlich seines 25-jährigen Dienstjubiläums im *Frankfurter Israelitischen Gemeindeblatt* öffentliches Lob wegen seiner »aufopfernden, fürsorglichen Tätigkeit«[138] für das Gumpertz'sche Siechenhaus zuteil. Dabei ist es dem Ehepaar Seckbach – ganz im Sinne der jüdischen Sozialethik – offenbar gelungen, nicht dem in der Sozialen Arbeit und Pflege gefürchteten ›Burnout‹ anheimzufallen: »Die eigene Person des Helfenden

---

134 Seckbach 1918b.
135 Seckbach 1919: 2.
136 Seckbach 1928.
137 Seckbach 1933.
138 Seckbach 1929.

braucht nicht vernachlässigt zu werden.«[139] Anders erging es möglicherweise ihrem langjährigen Vorgesetzten, dem Gumpertz'schen Chefarzt Jacob Meyer, welcher 1928 mit erst 51 Jahren nach schwerer Krankheit verstarb: »Ein sonniges Wesen, eine gütige, vornehme Art, gepaart mit hohem sozialen Verständnis für die leidende Menschheit […].«[140]

Gegen Ende der 1920er Jahre sollte sich Rahel und Hermann Seckbachs Aufgabenfeld verkleinern: Spätestens seit der Eröffnung des Lazaretts zu Kriegsbeginn hatte sich das Gumpertz'sche Siechenhaus, Mitglied im Verband Frankfurter Krankenanstalten, vermehrt auf die medizinische Behandlung Langzeitkranker spezialisiert und im Vorderhaus eine eigene Abteilung (Israelitisches Krankenheim) eingerichtet. Deren Versorgung war jedoch für das Heim mit hohen Kosten verbunden, zumal die Nachfrage emporschnellte. Nach dem für Deutschland verlorenen Krieg kämpfte das Siechenhaus zudem wie nahezu alle sozialen und Pflegeinstitutionen um das wirtschaftliche Überleben. 1922 lehnten Magistrat und Gesundheitsamt die vom Gumpertz'schen Verein beantragte Aufwertung seines Israelitischen Krankenheims zum Krankenhaus mit entsprechend höheren Pflegesätzen ab. Nach dem Tod der engagierten Stifterin Mathilde von Rothschild im Jahr 1924 unterstützten ihr Schwiegersohn Maximilian von Goldschmidt-Rothschild, Minkas Witwer, und seine Kinder Albert, Rudolf, Lili, Lucy und Erich sowie aus Paris Minkas Schwester Adelheid de Rothschild weiterhin das Gumpertz'sche Projekt. Auch trafen weitere Zuwendungen ein: Bereits 1923 hatte der deutsch-argentinisch-jüdische Getreidemillionär Hermann Weil (1868–1927) – der Vater von Felix Weil (1898–1975), dem Mitbegründer des berühmten Instituts für Sozialforschung, der Geburtsstätte der ›Frankfurter Schule‹ – dem Pflegeheim eine Million Mark gespendet. Doch trotz aller Bemühungen trafen die Inflationsjahre das Gumpertz'sche Siechenhaus bis ins Mark, so dass es seine Krankenversorgung zugunsten der Altenpflege einschränken musste. 1925 veröffentlichte Hermann Seckbach im *Israelit* einen aufrüttelnden Beitrag über die finanziell gefährdete »Existenz unserer jüdischen Anstalten«.[141]

---

139 Zeller 2013: 184. Zu den wenigen Angehörigen der Sozial- und Pflegeberufe, die bereits in den 1920er Jahren auf die Folgen ständiger Überlastung hinwiesen, zählt Hedwig Stieve (vgl. dies. 1983: *Tagebuch einer Fürsorgerin*. Nachdr. d. Original-Ausgabe Berlin, Herbig, 1925. Nachwort v. Norbert Preusser. Weinheim, Basel).
140 Meyer 1928.
141 Vgl. Seckbach 1925.

Die Vorboten der Weltwirtschaftskrise rissen das Pflegeheim erneut in finanzielle Strudel: Im Juli 1929 musste der Gumpertz'sche Verein sein Vorderhaus mit 90 (später 120) Betten für zunächst 20 Jahre an die Stadt Frankfurt vermieten, die für den Fall von Epidemien eine erweiterte Krankenversorgung anstrebte. Es spricht für das hohe Ansehen des Gumpertz'schen Siechenhauses, dass der Frankfurter Magistrat – in der Weimarer Zeit demokratisch, reformorientiert und für emanzipatorische Neuerungen aufgeschlossen – zugleich die finanzielle Entlastung des Heims im Blick hatte. Den auf den 1. Februar 1929 datierten Mietvertrag[142] unterzeichneten für das Gumpertz'sche Siechenhaus Präsident Julius Goldschmidt und sein Vorstandskollege Dr. Richard Merzbach, für die Stadt Frankfurt Oberbürgermeister Dr. Ludwig Landmann und Bürgermeister Eduard Gräf. Dr. Landmann, Frankfurts erster Oberbürgermeister jüdischer Herkunft,[143] war Mitglied der Deutschen Demokratischen Partei (DDP), Gräf,[144] Dezernent für Wohlfahrt und bis zu seinem Ruhestand 1932 hauptamtlicher Bürgermeister, Mitbegründer der Frankfurter SPD. Der zuständigen Magistrats-Kommission gehörten u.a. Stadtkämmerer Bruno Asch[145] (SPD) und die ehrenamtliche Stadträtin Meta Quarck-Hammerschlag[146], eine prägende Persönlichkeit der Frankfurter Arbeiterwohlfahrt, an. Allesamt hatten sie das Wohl des orthodox-jüdischen Kranken- und Altenheims und seiner Bewohner/innen im Auge. Dass die

---

142 ISG Ffm: Magistratsakten Sign. 8.957.
143 Vor dem Wechsel nach Frankfurt hatte Ludwig Landmann (1868–1945) seine Mannheimer jüdische Herkunftsgemeinde verlassen und war seitdem konfessionslos. Vgl. zu seiner Biografie Rebentisch, Dieter 2015: Landmann, Ludwig. In: Frankfurter Personenlexikon (Online-Ausgabe), 15.09.2015, http://frankfurter-personenlexikon.de/node/3021 [01.11.2018] sowie ders. 1975: *Ludwig Landmann. Frankfurter Oberbürgermeister der Weimarer Republik.* Wiesbaden.
144 Vgl. zu Eduard Gräf (1870–1936) die Einträge in Frankfurter Biographie 1994: 275 sowie bei Biographien deutscher Parlamentarier 1848 bis heute (BIOPARL), http://zhsf.gesis.org/biosop_db/biosop_db.php?id=70560 [01.11.2018].
145 Vgl. zur Biografie des von den Nationalsozialisten vertriebenen jüdischen Frankfurter Politikers Bruno Asch (1890–1940) Rebentisch, Dieter 1994: Bruno Asch. In: Lustiger 1994: 298–306; Krohn, Helga 2015: *Bruno Asch. Sozialist, Kommunalpolitiker, deutscher Jude.* 1890–1940. Frankfurt a. M.
146 Die Frankfurter Sozialpolitikerin und Frauenrechtlerin Meta Quarck-Hammerschlag (1864–1954) wohnte nahe des Gumpertz'schen Siechenhauses. Vgl. zu ihrer Biografie Eckhardt, Hanna/Eckhardt, Dieter 2016: *Meta Quarck-Hammerschlag. Ich bin radical bis auf die Knochen.* Frankfurt a. M.

Gumpertz'sche Stiftung ihr Vorderhaus nicht verkaufte, sondern vermietete – mit dem ausdrücklichen vertraglichen Vermerk, das Gebäude weiterhin nur »zum Betriebe eines Krankenhauses«[147] zu nutzen –, weist darauf hin, dass der Vorstand auf eine spätere Rückkehr hoffte, sofern sich die finanzielle Lage entspannte. Zu dieser Zeit konnte er noch nicht ahnen, dass bereits mit der Vermietung im Jahr 1929 das Vorderhaus als Jewish Place für immer verloren gehen sollte.

Mithin verblieb dem Gumpertz'schen Siechenhaus nur noch das kleinere Hinterhaus, das die Bewohner/innen nach mehr als zwei Jahrzehnten wieder unter einem Dach vereinte. Im Mietvertrag hatte sich die Stadt zur Errichtung eines großen modernen Anbaus an der alten Villa nebst Waschhaus und Pförtnerhäuschen verpflichtet.

Hierbei entledigte sich der Frankfurter Magistrat keiner Pflichtaufgabe, sondern ließ bei der baulichen Erweiterung der alten Gumpertz'schen Villa Modernität und Fortschritt walten: Das Bauprojekt leitete mit Max Cetto[148] (1903–1980) ein renommierter Architekt des von Oberbürgermeister Landmann, Stadtkämmerer Asch und Stadtbaurat Ernst May initiierten Stadtplanungsprogramms ›Neues Frankfurt‹.[149] Mit der Aufnahme[150] der neuen Gebäude und Anbauten wurde u. a. die junge Frankfurter jüdische Fotografin Hanna (Johanna) Mandello[151] (1907–2001) beauftragt – im

---

147 Zit aus dem Mietvertrag zwischen dem Gumpertz'schen Siechenhaus und der Stadt Frankfurt v. 01.02.1929, ISG Ffm: Magistratsakten Sign. 8.957. Vertraglich festgehalten war auch die Durchfahrt von Lieferwagen wie Leichentransporten durch das vermietete Vorderhaus-Gelände zum Hinterhaus.
148 Vgl. Brockhoff 2016 sowie einführend https://de.wikipedia.org/wiki/Max_Cetto [01.11.2018].
149 Vgl. die Beiträge und Biografien in Brockhoff 2016.
150 Bei weiteren vom Deutschen Architekturmuseum Frankfurt am Main freundlicherweise zur Veröffentlichung freigegebenen Fotografien des modernisierten Hinterhauses konnten wir die Urheberschaft nicht klären und diese Aufnahmen leider nicht in unsere Publikation aufnehmen.
151 Vgl. Bauer/Nagel 2016; siehe auch Bastier, Muriel de 2013: Jeanne Mandello de Bauer, ou la mémoire disparue d'une photographe /Jeanne Mandello de Bauer – oder das verlorene Vermächtnis einer Fotografin. In: Grynberg, Anne/Insler, Johanna (Hg.): *Irreparabel. Lebenswege jüdischer Künstlerinnen, Künstler und Kunstkenner auf der Flucht aus dem »Dritten Reich« in Frankreich.* Magdeburg: 115–149, des Weiteren: https://de.wikipedia.org/wiki/Jeanne_Mandello; http://jeannemandello.com; http://www.dasverborgenemuseum.de/kuenstlerinnen/mandello-jeanne [letzter Aufruf aller Websites am 01.11.2018]. Für weitere Informati-

Kapitel 4

Abbildung 64: Eingang und Liegehallen des modernisierten Gumpertz'schen Hinterhauses, ohne Jahr (um 1932).

Exil später als Fotopionierin Jeanne Mandello bekannt. Ihr Vater Hermann Mandello war Direktor des Kaufhauses Wronker, dessen Eigentümer Hermann und Ida Wronker sich im Vorstand des Gumpertz'schen Siechenhauses engagierten. Die hier gezeigte Abbildung, aufgefunden in der Sammlung Max Cetto des Deutschen Architekturmuseums, kann in doppeltem Sinne als besonders wertvoll gelten: Zum einen zählt sie zu den einzigen bislang recherchierten Aufnahmen vom Gumpertz'schen Hinterhaus, zum

onen dankt die Autorin Jeanne Mandellos Neffen James Bauer und der Kuratorin Sandra Nagel.

anderen zu den wenigen noch erhaltenen Fotografien aus Jeanne Mandellos Frühwerk, das die Nationalsozialisten vernichteten.

1932 waren die Baumaßnahmen für das Gumpertz'sche Hinterhaus weitgehend abgeschlossen. Danach realisierte die Stadt Frankfurt – vermutlich im Zusammenhang mit einer vom Gumpertz'schen Verein gewährten Mietpreisermäßigung, da das Vorderhaus entgegen aller Planungen ungenutzt blieb[152] – noch zusätzliche Modernisierungen am und im Hinterhaus, die teils nachträglich genehmigt wurden. So wurden an der Sonnenseite des Neubaus sowie an den Fenstern der Liegehallen und Krankensäle Markisen angebracht. Im Keller befand sich fortan der Leichenraum. Im Altbau des Hinterhauses wurden die Arzt- und Behandlungszimmer vergrößert, im Obergeschoss entstand eine Teeküche.

Mit der Vermietung des Vorderhauses waren die Finanznöte nicht behoben: Im Oktober 1932 startete das Gumpertz'sche Siechenhaus anlässlich seines 40-jährigen Jubiläums einen Spendenaufruf im *Frankfurter Israelitischen Gemeindeblatt*, »um nahezu 40 schwerkranken, zum Teil völlig gelähmten Patienten die Zufluchtsstätte zu erhalten«.[153]

---

152 Dabei hatte die Stadt Frankfurt das Gebäude bereits 1931 dem Stadtgesundheitsamt als Krankenanstalt zugewiesen, verwaltet vom Pflegamt des Hospitals zum Heiligen Geist.
153 Zit. n. GumpAnzeige 1932.

# Fünftes Kapitel

# »Familie« und »Schicksalsgemeinschaft« – die Kehilloh Gumpertz in der NS-Zeit (1933–1941)

Birgit Seemann

## Verfolger als ›Nachbarn‹: das jüdische Hinterhaus und das nationalsozialistisch besetzte Vorderhaus

Ruhe, Geborgenheit, Gemeinsamkeit – diese Eindrücke vermittelt uns das Foto aus dem Gumpertz'schen Siechenhaus, aufgenommen vor der Macht-

Abbildung 65: Gruppenfoto aus dem Gumpertz'schen Siechenhaus, um 1932.

übergabe an die Nationalsozialisten. Die »Kehilloh[1] Gumpertz« hatte sich im 1932 fertiggestellten erweiterten und modernisierten Hinterhaus mit bis zu 40 Betten eingerichtet, das nun vom Ostbahnhof her über einen eigenen Zugang mit neuer Adresse – Danziger Platz 15 – verfügte; das vermietete Vorderhaus behielt die alte Anschrift Röderbergweg 62–64. Die Pflege meisterten unter Leitung von Oberin Rahel Seckbach weiterhin die christlichen Krankenschwestern Franziska Fleischer (1877–1969), Frieda Gauer (1878–1960) und Elisabeth Gontrum.[2] Die beiden Oberschwestern Franziska Fleischer (katholisch) und Frieda Gauer (evangelisch) waren nicht weniger als drei bzw. vier Jahrzehnte lang Teil der engen interkonfessionellen Pflegegemeinschaft im orthodox-jüdischen Heim;[3] Schwester Frieda, bereits zu Oberin Thekla Mandels Zeiten im Hinterhaus angestellt, war möglicherweise die Dienstälteste des gesamten Gumpertz'schen Personals. Die gemeinsame Sorge für die in behördlichen Akten[4] als ›Sieche‹ und ›Dauerfälle‹ titulierten Bewohnerinnen und Bewohner schweißte das Team zusammen und hielt sogar der antisemitischen NS-Hetzpropaganda und den Schikanen der Gestapo stand. Pflegerisch betreut wurden in den 1930er Jahren Menschen mit Nerven-, Kreislauf-, Nieren- und Rheumaerkrankungen, Schlaganfällen, seniler Demenz, unheilbarer offener Tuberkulose und verschiedenen Lähmungen bis zur Bettlägerigkeit; viele Gepflegte litten an nässenden, geruchsintensiven Geschwülsten.

---

1 Auch: ›Kehilla‹,›Kehille‹, ›Kahal‹, ›Kohol‹, Plural: Kehillot[h], hebräisch: ›Gemeinde‹ (religiöse jüdische Gemeinschaft, die sich in nichtjüdischen Städten und Regionen selbst verwaltet). Hier zit. n. Goldschmidt, Salomon [Nachruf] in: It, 17.02.1938, online: Alemannia Judaica Hochstadt, http://www.alemannia-judaica.de/hochstadt_synagoge.htm [01.11.2018]. Siehe auch: Jacobs, Jakob 1931: Was bedeutet uns die Gemeinde? In: IsrGbl Ffm 9 (1931) 11, Juli, Beilage ›Jugend und Gemeinde‹ Nr. 1: 1-2, online: UB JCS Ffm: Judaica CM.
2 Franziska Fleischer und Frieda Gauer verloren als Angestellte einer vom NS-Staat enteigneten und zerstörten jüdischen Institution ihre Rentenansprüche (siehe Entschädigungsakten HHStAW 518/ 75113 und HHStAW 518/ 53914). Fleischers und Gauers Sterbedaten sowie die Lebensdaten Elisabeth Gontrums und möglicher weiterer nichtjüdischer Angestellter sind bislang unbekannt.
3 Die benachbarten Rothschild'schen Hospitäler der Israelitischen Religionsgesellschaft stellten ebenfalls nichtjüdisches Personal ein. Hier eröffnen sich neue Forschungsfragen zu den jüdisch-nichtjüdischen Beziehungen in Medizin und Pflege vor der Shoah.
4 Vgl. z. B. ISG Ffm: Magistratsakten Sign. 8.957.

Abbildung 66: Richard Merzbach, ohne Jahr (um 1900).

Bereits zu Jahresbeginn 1932 war mit Julius Goldschmidt[5] (geb. 1858) der seit 1908 amtierende Vorsitzende des Vereins Gumpertz'sches Siechenhaus verstorben. Sein Nachfolger und zugleich vierter und letzter Präsident wurde der promovierte Jurist Richard Merzbach[6] (1873–1945), Rechtsanwalt, Notar und langjähriger Vorsitzender der jüdischen liberalen Gemeindevertretung Frankfurt. Er entstammte der in Frankfurts Nachbarstadt Offenbach ansässigen Bankiersfamilie Merzbach, die für ihre innovativen Projekte bekannt war und u.a. die erste elektrische Straßenbahn in Deutschland finanziert hat.[7] In der Tradition der Ehepartnerinnen der Gumpertz'schen Vorsitzenden unterstützte Gertrude »Trude« Merzbach (geb. Alexander, 1886–1945)[8] ihren Mann als ›Ehrendame‹.

Über Richard Merzbachs Amtszeit lag der Schatten der Demontage des jüdischen Pflegeheims durch den ›braunen Magistrat‹,[9] die nach der Macht-

---

5 Vgl. Goldschmidt 1932 (Nachruf).
6 Vgl. Merzbach 1933; Dölemeyer/Ladwig-Winters 2004: 174; siehe auch Eintrag bei www.juedische-pflegegeschichte.de.
7 Vgl. Schultheis, Jürgen: Wagemutig und solide. In: FR, 17.02.2009, http://merzbach.net/pdf/dc4.pdf [01.11.2018]. Siehe auch Gutsch, Gerhard/Merten, Theodor 1957: *Ein Privatbankhaus in seinem Wirtschaftsraum. 1832–1957.* Hg. anlässl. d. 125-jährigen Bestehens d. Bankhauses S. Merzbach-Friedrich Hengst & Co. o.O. [Darmstadt].
8 Vgl. die noch weiter zu prüfenden Angaben bei Geni: https://www.geni.com/people/Trude-Gertrude-Merzbach/6000000000160992604 [01.11.2018].
9 Vgl. zur personellen Zusammensetzung Tüffers 2004; siehe auch Burnicki, Janine/Steen, Jürgen 2014: Die »Gleichschaltung« des Magistrats, ISG Ffm: http://www.ffmhist.de [01.11.2018]. Vgl. zur Rolle des Stadtkämmerers Friedrich Lehmann und weiterer Akteure der Frankfurter NS-Behörden Stemmler 2017. Lehmann wurde 1932 Nachfolger von Stadtkämmerer Asch, der dieses Amt seit 1931 in Berlin ausübte. Der jüdische Sozialdemokrat Bruno Asch flüchtete nach Amsterdam und nahm sich am 15. Mai 1940 wegen des deutschen Überfalls auf die Niederlande das Leben.

übergabe an die NSDAP am 30. Januar 1933 nicht lange auf sich warten ließ. Der Frankfurter Magistrat der Weimarer Demokratie, mit dem der Gumpertz'sche Verein so erfolgreich kooperiert hatte, wurde entmachtet, der antisemitisch verfolgte Oberbürgermeister Landmann in die Niederlande vertrieben.[10] NS-Oberbürgermeister Friedrich Krebs (1894–1961),[11] Jurist und altgedienter Pg. (Parteigenosse), schickte sich sogleich an, das in antisemitischen Kreisen als »Börsen- und Judenstadt«, »Neu-Jerusalem am fränkischen Jordan«[12] und »Stadt der Rothschilds« verrufene Frankfurt am Main zu einer ›arischen‹ »Stadt des deutschen Handwerks«[13] umzurüsten. Ungeachtet des Kompetenzgerangels zwischen städtischen Behörden und Parteifunktionären lieh das von den neuen Machthabern installierte Frankfurter Stadtoberhaupt den aufstrebenden SA- und SS-Gruppierungen und ihrer hektischen Suche nach Räumlichkeiten sein geneigtes Ohr. Ins Visier geriet dabei auch das durch Leerstand inzwischen renovierungsbedürftige, aber bestens ausgestattete Gumpertz'sche Vorderhaus: Aus verschiedenen Gründen hatte die Stadt das von ihr 1929 angemietete Gebäude nicht genutzt, woraufhin sich der Verein Gumpertz'sches Siechenhaus kulant gezeigt und eine Mietpreisermäßigung akzeptiert hatte. Nach dem Machtwechsel wurden die langjährigen Verbindungen zwischen dem jüdischen Pflegeheim und der Stadt Frankfurt in kurzer Zeit gekappt: Erste Angriffe auf die Gumpertz'schen Vermieterrechte setzten bereits im Mai 1933 ein, als die Stadt unvermittelt die Aufhebung des bis 1949 laufenden Mietvertrags ankündigte. Dagegen ging Präsident Richard Merzbach mit Unterstützung des Verwalters Hermann Seckbach juristisch vor. Im Herbst 1933 machte die Leitung der ›Obergruppe V‹ (Frankfurt-Main) der SA der NSDAP in rüder Manier ihr Interesse an einem sofortigen Einzug ihrer Feldjägerinspektion mit ca. 65 (später 140) Personen geltend, stellte allerdings erst ab April 1934 Mietzahlungen in Aussicht. Sollte sich der Gumpertz'sche Verein weiterhin widersetzen, würden die Feldjäger auch ohne Erlaubnis der Stadt einziehen; das jüdische Pflegeheim wurde sogar in die Nähe einer »Sabotage« des nationalsozialistischen »Aufbaus« gerückt.[14] Der zu dieser Zeit

---

10 Dort starb Ludwig Landmann am 5. März 1945 im Versteck. Vgl. Bermejo, Michael 2006: *Die Opfer der Diktatur. Frankfurter Stadtverordnete und Magistratsmitglieder als Verfolgte des NS-Staates.* Frankfurt a. M.
11 Vgl. Drummer 2012 u. 2014.
12 Vgl. Schlotzhauer 1989.
13 Vgl. Drummer/Zwilling 2015b.
14 Schreiben an die Stadt Frankfurt a. M. v. 28.09.1933 sowie Schreiben des Oberbür-

amtierende Leiter der SA-Obergruppe V, Marineoffizier und NS-Politiker Dietrich von Jagow (1892–1945), genannt »der Degen«, war ein gefährlicher Gegner.[15]

Letztlich unterlag der Gumpertz'sche Verein und sah sich genötigt, sein Vorderhaus der Stadt Frankfurt zu einem weitaus geringeren Mietzins zu überlassen. Eher ›schleichend‹ hatte die gezielte NS-Auflösung des Gumpertz'schen Jewish Place begonnen und sollte sich in den nächsten Jahren immer weiter radikalisieren. So übergab die Stadt – unter völliger Missachtung der mietvertraglichen Regelung, die eine Nutzung ausschließlich »zum Betriebe eines Krankenhauses«[16] vorsah – das Vorderhaus am 4. November 1933 an die SA-Feldjägerei; als offizielle Untermieterin fungierte der ›Preußische Fiskus‹, vertreten durch den Regierungspräsidenten in Wiesbaden. In den Akten wurde das Vorderhaus weiterhin als ›Gumpertz'sches Siechenhaus‹ geführt, der nachfolgende Zwist zwischen der Stadt Frankfurt und der SA-Obergruppe V um Mietzahlungen und Renovierungskosten ging zu Lasten des jüdischen Pflegeheims. Obendrein erhielt das Heim auf eigenem Grundstück seine Verfolger zu ›Nachbarn‹ – notdürftig abgeschirmt durch eine hölzerne Trennwand: Noch 1932 war sie auf Wunsch beider Vertragspartner als Grenzeinfriedung zwischen dem Hinterhaus und dem städtisch angemieteten Vorderhaus[17] errichtet worden. Die NS-Zeit veränderte die Funktion dieser ursprünglich aus pragmatischen Gründen und in beiderseitigem Einvernehmen umgesetzten Baumaßnahme. Für die Verfolger markierte die Holzwand rassistische Abgrenzung, für die jüdischen Verfolgten wurde sie zum Schutzzaun.

Fortan durchstreiften SA-Feldjäger, kenntlich an ihren weißmetallenen Ringkragen mit Dienstnummer, die Gumpertz'sche Gartenland-

---

germeisters Krebs v. 02.10.1933, ISG Ffm, Magistratsakten Sign. 8.957.

15 Von Jagow verantwortete seit Sommer 1941 als deutscher Gesandter in Ungarn die NS-Verfolgung der ungarisch-jüdischen Bevölkerung mit. Vgl. Hachmann, Barbara 2016: »Der Degen«. Dietrich von Jagow, SA-Obergruppenführer. In: Kißener, Michael/ Scholtyseck, Joachim (Hg.): *Die Führer der Provinz. NS-Biographien aus Baden und Württemberg*, 3. unveränd. Aufl. Konstanz, München: 267-287; Landesarchiv Baden-Württemberg (Hg.): Landeskunde entdecken online, http://www.leo-bw.de (Rubrik: ›Personen‹) [01.11.2018].

16 Mietvertrag des Vereins Gumpertz'sches Siechenhaus mit der Stadt Frankfurt a. M. v. 01.02.1929, ISG Ffm: Magistratsakten Sign. 8.957.

17 Das Vorhaben der Stadt Frankfurt am Main, das Gebäude als ›Krankenhaus Ost‹ zu nutzen, kam auch wegen zu geringer Belegungszahlen nicht zustande.

schaft. Verpflegt wurden sie von dem Diätkoch Alfred Jost und seiner Frau Anna, beide NSDAP-Mitglieder, die im Vorderhaus eine Kantine führten.[18] Am 1. April 1935 wurde die SA-Feldjägerinspektion in die Schutzpolizei eingegliedert und 1936 endgültig aufgelöst. Danach belegte 1936/37 die 1. Polizeihundertschaft der Frankfurter Schutzpolizei das Gebäude. Nach deren Umzug in die Gutleutkaserne bevölkerten 1937 vorübergehend Gruppen von ›Alten Kämpfern‹ – politische Leiter, SA- und SS-Männer – die Gumpertz'sche Liegenschaft: Auf Antrag der NS-Volkswohlfahrt genossen sie im Rahmen der ›Hitler-Urlauber-Kameradschaften‹ (›Adolf-Hitler-Freiplatzspende‹) im idyllisch gelegenen Vorderhaus einen kostenlosen Erholungsurlaub. Diesmal bekam das Siechenhaus nationalsozialistische ›Nachbarn‹, die bereits vor dem Machtwechsel der NSDAP und ihren ›Kampforganisationen‹ angehörten und die rassistisch-antisemitische NS-Ideologie in vollem Umfang teilten. Schikanen und andere Übergriffe gegen das jüdische Pflegeheim sind mangels Quellen nicht dokumentiert, aber auch nicht auszuschließen.

## Röderbergheim und Brauer-Institut

Seit Herbst 1937 plante die Stadt Frankfurt am Main in dem von ihr angemieteten Vorderhaus wieder ein Alten- und Siechenheim mit zunächst 76 Betten einzurichten.[19] Vermutlich als selbstverständlich vorausgesetzt und deshalb in den Akten nicht eigens vermerkt war die Fokussierung auf nichtjüdische Gepflegte. Im Kontext der »Raubzüge einer Stadtverwaltung«,[20] wie Monica Kingreen formulierte, leitete das Vorhaben bereits die erste Phase der ›Arisierung‹ des Gumpertz'schen Siechenhauses ein: Nach »erheblichen Widerständen«[21] seitens des Gumpertz'schen Vereins erzwang die Stadt mit Genehmigung von Oberbürgermeister Krebs den Ankauf des Anwesens Röderbergweg 62–64 nebst einem Geländestreifen (Bauplatz

---

18 ISG Ffm: Konzessionsakten Alfred Jost, Sign. 4.670.
19 ISG Ffm: Magistratsakten Sign. 8.957; Magistrat Nachträge 110.
20 Vgl. Kingreen 2001; siehe auch Daub 1999.
21 ISG Ffm: Magistrat Nachträge 110, G.26: Vorlage des Oberbürgermeisters an die Gemeinderäte über den Erwerb des Gumpert'schen [sic] Siechenhauses, 12.05.1938, Bll. 63-66.

und Grundstück) an der Philippsruher Straße. Das Vertragsangebot vom 4. April 1938 für das von Mathilde von Rothschild ursprünglich für eine Million Mark errichtete Vorderhaus samt Inventar an den Gumpertz'schen Verein lag bei 200.000 RM.[22] Einziges Zugeständnis der Stadt war ein Durchfahrtsrecht für schwere Fuhrwerke – vor allem Leichentransporte – durch die Kaufliegenschaft Röderbergweg zum Gumpertz'schen Hinterhaus Danziger Platz 15. Der erzwungene Verkauf besiegelte die Vernichtung des Vorderhauses als einem Jewish Place, einhergehend mit der Auslöschung seiner jüdischen Geschichte und der Stifterinnen-Namen Gumpertz und von Rothschild. Die rassistisch-antisemitische Zerteilung der Gumpertz'schen Gesamtliegenschaft in eine ›arische‹ und eine jüdische Sphäre war vollzogen.

Nach umfangreichen Bau- und Renovierungsmaßnahmen eröffnete am 21. November 1939 im nunmehr städtischen Vorderhaus das ›Alters- und Siechenheim Röderbergweg‹; es war dem Städtischen Krankenhaus Sachsenhausen zugeordnet und stand unter der Betriebsführung des Hospitals zum Heiligen Geist. Die Identität der ersten vom Fürsorgeamt in das Röderbergheim überwiesenen 26 ›Dauerkranken‹ und ›Schwersiechen‹ wie auch der nachfolgenden Bewohnerinnen und Bewohner bleibt mangels Quellen bislang ungeklärt. Gleichwohl liegt die Vermutung nahe, dass die Betreuung im Röderbergheim diametral entgegengesetzt zu der durch die jüdische Sozialethik angeleiteten persönlichkeitsorientierten Pflege im Gumpertz'schen Hinterhaus verlief: Im Zentrum nationalsozialistischer NS-›Fürsorge‹ »stand nicht das Individuum, sondern der Dienst an der ›Volksgemeinschaft‹«.[23] Führend beteiligt an der Frankfurter Version eines ›rassenhygienischen‹ Kollektivs unter Ausgrenzung der eugenisch, antisemitisch und antiziganistisch Verfolgten war Stadtmedizinalrat Werner Fischer-Defoy[24] (1880–1955), nach der Machtübergabe an die Nationalsozialisten 1933 Leiter des Stadtgesundheits- und Fürsorgeamts und in dieser Funktion zugleich Senior (Vorsitzender) des Pflegamts (Vorstands) der Stiftung des Hospitals zum Heiligen Geist.[25] Als Entscheidungsträger

---

22 ISG Ffm: Liegenschaftsverwaltung: Urkundenverzeichnis der Stadt Frankfurt a. M.,Nr. 123/1938.
23 Leuchtweis-Gerlach 2001: 284.
24 Vgl. Tüffers 2004 u. 2016.
25 Vgl. Leuchtweis-Gerlach 2001: 285. Siehe auch Bauer/Drummer/Krämer 1992; Börchers 2017.

nahm Fischer-Defoy unmittelbar Einfluss auf die Geschicke des Röderbergheims und seiner bislang verschollenen Gepflegten. Gehören sie zu den Opfern des eugenischen NS-Massenmords?

Eine Etage des Röderbergheims belegte seit 1936 offiziell die Frankfurter Abteilung des Wiesbadener Forschungsinstituts für Arbeitsgestaltung, für Altern und Aufbrauch e.V.,[26] welche aber vermutlich erst nach dem Umbau 1939 ihre Arbeit aufnahm oder intensivierte. Mit dem Gründer und Leiter des Instituts, Prof. Dr. med. Dr. h.c. mult. Ludolph Brauer (1865–1951) schrieb sich »einer der bedeutendsten Internisten der ersten Hälfte des 20. Jahrhunderts, und das nicht nur auf Deutschland bezogen, sondern weltweit«[27] in die Biografiegeschichte des NS-›arisierten‹ Gumpertz'schen Vorderhauses ein. Neben seiner auch für die Luftfahrtmedizin wegweisenden Forschung in der Lungenmedizin und Brustkorb-Chirurgie erwies sich der Emeritus der Hamburger Universität (Medizinische Fakultät und Klinik Eppendorf) zugleich als ein im Aufbau autonomer Forschungsinstitute versierter Wissenschaftsmanager. Dass gleichwohl fachliche Innovation und internationales Renommee keineswegs ein geistiges Bollwerk gegen den Nationalsozialismus errichteten, führte am Beispiel Brauers der Hamburger Historiker Rainer Nicolaysen vor Augen: Am 1. Mai 1933 bekannte sich Brauer als Prorektor der Hamburger Universität ausdrücklich »zu unserem kraftvollen Reichskanzler«[28] und unterzeichnete am 11. November d. J. das Bekenntnis der Professoren an den deutschen Universitäten und Hochschulen zu Hitler. Der ›Führer‹ verlieh Brauer

---

26 ISG Ffm: Magistratsakten Sign. 8.978.
27 Wichert, Peter von 2009: Ludolph Brauer – ein moderner Internist und Pneumologe. In: Pneumologie 63 (2009) 9, S. 492-496, online: https://www.thieme-connect.com/products/ejournals/html/10.1055/s-0028-1119700 [01.11.2018]. Siehe auch: Knipping, Hugo Wilhelm/Venrath, Helmut 1955: Brauer, August Ludolf. In: Neue Deutsche Biographie 2 (1955), S. 540-541, online: https://www.deutsche-biographie.de/gnd116415312.html#ndbcontent [01.11.2018]; Harsch, Viktor 2003: Das Institut für Luftfahrtmedizin in Hamburg-Eppendorf. 1927–1945, Neubrandenburg.
28 Zit. n. Nicolaysen, Rainer 2010: Das Versagen der Universität im »Dritten Reich«. In: ders.: Wandlungsprozesse der Hamburger Universität im 20. Jahrhundert, https://www.uni-hamburg.de/einrichtungen/weitere-einrichtungen/arbeitsstelle-fuer-universitaetsgeschichte/geschichte.html [01.11.2018]. Siehe auch Bussche, Hendrik van den 2013: Ergänzendes zu Ludolph Brauer. In: Jahrbuch 2013. Freundes- und Förderkreis des Universitätsklinikums Hamburg-Eppendorf e. V., S. 109-111; ders. 2014: Die Hamburger Universitätsmedizin im Nationalsozialismus. Forschung – Lehre – Krankenversorgung. Unter Mitarbeit v. Angela Bottin [u. a.]. Berlin.

1940 die Goethe-Medaille für Kunst und Wissenschaft[29] und ernannte ihn 1942 zum außerordentlichen Mitglied des Wissenschaftlichen Senats des Heeressanitätswesens. Bei der Gründung seiner Institute kooperierte Brauer wiederholt mit Nazigrößen. Andererseits hatten Vorwürfe, er habe vor der Machtübergabe an die NSDAP die vollständige Integration jüdischer Wissenschaftler/innen in den Lehrkörper angestrebt, bevorzugt jüdische Assistenten eingestellt und obendrein ein Führungsmitglied des Nationalsozialistischen Deutschen Studentenbundes wegen Verbreitens antisemitischer Schriften offiziell verwarnt, den hochangesehenen Medizinpionier Ludolph Brauer 1934 zur »Zwangsemeritierung«[30] und zum Rückzug aus allen Ämtern gezwungen.

Danach gründete er, vermutlich im Spätsommer 1935, sein Forschungsinstitut für Arbeitsgestaltung, für Altern und Aufbrauch e.V. in Wiesbaden. Kooperationspartnerin war die Deutsche Arbeitsfront (DAF), in deren Auftrag sich das Brauer-Institut ganz in den Dienst der Erhaltung, Optimierung und letztlich auch Kriegstauglichkeit der ›arischen‹ Arbeitskraft in der NS-Volksgemeinschaft stellte. Die Anregung,[31] auch in Frankfurt ein Forschungsinstitut für ›Aufbrauchkrankheiten‹ – hier verstanden als chronifiziertes verringertes Leistungsvermögen durch Erschöpfung und Verausgabung – zu etablieren, stammte vom Amt für soziale Selbstverantwortung, einer DAF-Institution, die »den ›Leistungskampf der deutschen Betriebe‹ durchführte und damit an der Erkürung von nationalsozialistischen Musterbetrieben beteiligt war«.[32] Untergebracht war das Institut mit 13 Krankenbetten im Erdgeschoss des vormaligen Gumpertz'schen Vorderhauses und jetzigen Röderbergheims, das zudem über zwei Obergeschosse

---

29 Vgl. Klee 2005: 72. Siehe auch Brief v. Ludolph Brauer an den Schriftsteller Gerhart Hauptmann, Wiesbaden 05.07.1940, Nachlass Gerhart Hauptmann digital, Staatsbibliothek zu Berlin – Preußischer Kulturbesitz, Berlin, 2013, online: http://digital.staatsbibliothek-berlin.de/werkansicht?PPN=PPN771178956&PHYSID=PHYS_0001&DMDID=DMDLOG_0001 [01.11.2018].

30 Bedenbecker, Claudia 2015: Ludolph Brauer (1865–1951) als Internist und Wissenschaftsreformer. Werdegang und Anfangsjahre als Ärztlicher Direktor des Allgemeinen Krankenhauses Eppendorf in Hamburg. Diss. Universität Hamburg, S. 288, online: http://ediss.sub.uni-hamburg.de/volltexte/2015/7532 [01.11.2018].

31 ISG Ffm: Magistratsakten Sign. 8.957.

32 Zit. n. Weber, Klaus 2015: Die Deutsche Arbeitsfront (DAF), © Deutsches Historisches Museum, Berlin, 16.09.2015, online: https://www.dhm.de/lemo/kapitel/ns-regime/ns-organisationen/deutsche-arbeitsfront.html [01.11.2018].

Kapitel 5

Abbildung 67: NS-OB Friedrich Krebs (rechts) mit Robert Ley, Leiter der Deutschen Arbeitsfront (DAF), beim Eintrag in das Goldene Buch der Stadt Frankfurt zum NS-Reichshandwerkertag 1939.

und ein Dachgeschoss verfügte. Das Personal führte Leistungsprüfungen (inklusive der ›Erbanlagen‹) an »Volksgenossen«[33] durch und konzipierte Präventionsmaßnahmen gegen drohende »Invalidität«, Diabetes und »Fettleibigkeit«, ebenso für die »sehr vielen Nervenkranken«.[34] Zum Frankfurter Team gehörten ein Oberarzt, ein Assistenzarzt, ein Nahrungsmittelchemiker, drei »Verpfleglenkerinnen« (Diätassistentinnen), eine Verpflegungsschwester/Laborantin und eine Sekretärin. Der engagierte Leiter Ludoph Brauer soll sich des Öfteren in der Frankfurter Abteilung seines Instituts aufgehalten haben. Was wusste er über das bedrohte jüdische Hinterhaus hinter der hölzernen Trennwand?

---

33 Zit. n. ISG Ffm: Magistratsakten Sign. 8.978.
34 Zit. n. ebd.

## ›Schicksalsgemeinschaft‹ im Hinterhaus

Durch den eigenen Zugang Danziger Platz 15 konnten Verwaltung, Personal, Bewohner/innen und Besucher/innen des Gumpertz'schen Siechenhauses die direkte Konfrontation mit den Nationalsozialisten im ehemaligen Vorderhaus vermeiden. Das Hinterhaus wurde unter der sich weiter verschärfenden NS-Repression immer mehr zur Zuflucht für Verfolgte, die das Personal teilweise ergänzten oder ersetzten. So fand die Bad Nauheimer Oberin Frieda »Friedel« Fröhlich geb. Löwenstein[35] gemeinsam mit ihrem kleinen Sohn Walter bis zu ihrer Emigration 1941 Unterschlupf im Siechenhaus.

Nicht mehr aus Nazideutschland flüchten konnten hingegen Alfred Schlesinger (geb. 1880) und seine Ehefrau Mathilde Flora geb. Mendel (geb. 1881):[36] 1942 wurde das Paar in das Konzentrations- und Durchgangslager[37] Theresienstadt und 1944 in das Vernichtungslager Auschwitz deportiert und dort mit hoher Wahrscheinlichkeit ermordet. Zwei Köchinnen des Gumpertz'schen Siechenhauses – Klara Strauß (geb. 1895) sowie Zilla Reiss (Reiß) (geb. 1905), letztere nach der Zwangsauflösung des Gumpertz'schen Siechenhauses Lehrschwester im jüdischen Krankenhaus Gagernstraße und danach tätig im Kinderhaus der Weiblichen Fürsorge[38] (Hans-Thoma-Straße) – befanden sich am 24. September 1942 zusammen mit den beiden jungen Gumpertz'schen Pflegerinnen Edith Appel (geb. 1914) und Anni Gold (geb. 1922) im Frankfurter Todestransport nach

---

35 Vgl. Bönisch, Edgar 2015: Bad Nauheimer jüdische Krankenschwestern, http://www.juedische-pflegegeschichte.de/bad-nauheimer-juedische-krankenschwestern.
36 Vgl. BA Koblenz Gedenkbuch; abweichendes Geburtsdatum 11.03.1883 nach ISG Ffm: Hausstandsbücher Gagernstraße 36, Teil 2 (Sign. 687), Bl. 326. Alfred und Mathilde Flora Schlesingers Sterbedaten sind unbekannt.
37 Theresienstadt wird häufig als ›Ghetto‹ oder ›Altersghetto‹ bezeichnet, ist aber keineswegs mit einem im Spätmittelalter mit dem Ziel der Abtrennung von den christlichen Wohnbezirken errichteten Ghetto wie etwa der Frankfurter Judengasse zu vergleichen. Wie der Historiker Wolfgang Benz ausdrücklich betont, war Theresienstadt »als Ghetto eine Station der ›Endlösung der Judenfrage‹ […]«. Vgl. zur Debatte um die zutreffendste Bezeichnung des Lagers Theresienstadt Benz 2013: 7–13 (Zitat S. 11); siehe auch Adler 2012 sowie Vojtech Blodigs Rezension zu Benz 2013 in: H-Soz-Kult, 23.02.2016, www.hsozkult.de/publicationreview/id/rezbuecher-21316 [01.11.2018].
38 Vgl. Mahnkopp 2018.

Kapitel 5

Abbildung 68: Rachel (Rina) Mingelgrün, ohne Jahr (um 1938).

Abbildung 69: Mathilde Flora Schlesinger (mit Medaillon), ohne Jahr (um 1910).

Raasiku bei Reval (Tallinn) in Estland; dort fielen alle vier Frauen vermutlich den Selektionen und Erschießungen in den Ostseedünen zum Opfer:

»Mit einem Sonderzug werden [bei] einer letzten Massendeportation aus Frankfurt 237 Juden nach Raasiku (heute Estland) deportiert. Darunter sind auch die Krankenschwestern, Ärzte, Heimleiterinnen und Angestellten der ehemaligen Jüdischen Gemeinde Frankfurt. [...] Nur sieben der Juden aus Frankfurt [...] haben den Zweiten Weltkrieg überlebt.«[39]

Rachel (Rina) Mingelgrün (geb. 1896),[40] aus dem galizischen Brzesko (heute Polen) stammend und unverheiratet, zählte vermutlich zum Stammpersonal des Gumpertz'schen Siechenhauses. In den NS-Akten als polnische Staatsangehörige geführt, wurde sie im Oktober 1938 mit weiteren polnischen Jüdinnen und Juden aus Nazideutschland in ihr

---

39 Zit. nach: Deportation von 237 Juden aus Frankfurt nach Raasiku, 24. September 1942. In: Zeitgeschichte in Hessen, http://www.lagis-hessen.de/de/subjects/idrec/sn/edb/id/2845 (Stand: 24.09.2018) [01.11.2018]. Vgl. auch Kingreen 1999: 357–402.
40 Sterbedatum unbekannt.

Herkunftsland abgeschoben,⁴¹ doch gelang ihr die Wiedereinreise. 1941 zog sie zusammen mit ihren Kolleginnen und Kollegen und den Bewohnerinnen und Bewohnern des NS-aufgelösten Siechenhauses in das letzte Frankfurter jüdische Krankenhaus Gagernstraße. Von Frankfurt wurde sie mit ihrer Gumpertz'schen Kollegin Cornelie Butwies (geb. 1895)⁴² am 11. Juni 1942 mit unbekanntem Ziel deportiert; möglicherweise wurde dieser Todestransport über Lublin in das Vernichtungslager Sobibor umgeleitet.

Im Januar 2018 stieß eine Nutzerin aus den USA auf der Suche nach ihrer in der Shoah verschollenen Familie auf unsere Website www.juedische-pflegegeschichte.de – und fand dort einen Eintrag zu ihrer Tante Rita Hamburger (geb. 1920),⁴³ einer jungen Mitarbeiterin des Gumpertz'schen Siechenhauses. Ihr verdanken wir die auf der folgenden Seite abgebildete seltene Fotografie. Geboren in Hörstein/Alzenau bei Aschaffenburg, entstammte Rita Hamburger dem bayerisch-unterfränkischen Landjudentum. Sie war die Tochter des Viehhändlers und Metzgers Julius Hamburger (geb. 1878)⁴⁴ und seiner Frau Selma geb. Hess (geb. 1884);⁴⁵ ihr älterer Bruder Max wurde 1914 geboren. Nach der Jüdischen Volksschule in Hörstein besuchte Rita eine Fortbildungsschule. Wie bei so vielen jüdischen Jugendlichen zerstörte der Nationalsozialismus auch ihre Ausbildungspläne: Wie gern hätte sie Schneiderin gelernt, doch fand sie als Jüdin keine Lehrstelle und musste sich als Hilfsarbeiterin sowie in Privathaushalten verdingen. Vermutlich wegen der NS-Verfolgung zog Rita Hamburger am 18. Juli 1938⁴⁶ nach Frankfurt am Main; die Stadt war ihr durch einen krankheitsbedingten Aufenthalt im Rothschild'schen Kinderhospital – direkt gegenüber dem Gumpertz'schen Siechenhaus –

---

41 Vgl. zur NS-»Polenaktion« den Artikel *Die Abschiebung polnischer Juden aus dem Deutschen Reich 1938/1939 und ihre Überlieferung* bei BA Koblenz: http://www.bundesarchiv.de/gedenkbuch/zwangsausweisung.html.de [01.11.2018].
42 Sterbedatum unbekannt.
43 ISG Ffm: Hausstandsbücher Gagernstraße 36, Teil 2 (Sign. 687), Bl. 123; Yad Vashem: Gedenkblatt für Rita Hamburger von ihrem Bruder Max Hamburger; BDJU: Hamburger, Rita: Meldekarte Stadt Alzenau (abweichendes Geburtsjahr 1919). Das Sterbedatum ist unbekannt.
44 Sterbedatum unbekannt.
45 Sterbedatum unbekannt.
46 Vgl. BDJU: Hamburger, Rita (Meldekarte der Stadt Alzenau).

Kapitel 5

Abbildung 70: Rita Hamburger (vorne, 2. v. links) mit Arbeitsteam, möglicherweise am Gumpertz'schen Hinterhaus, um 1938.

im Jahr 1935[47] bereits bekannt. Bis zur NS-Zwangsräumung im April 1941 arbeitete sie im Siechenhaus und danach im jüdischen Krankenhaus Gagernstraße. Rita Hamburger ›verschwand‹ bislang spurlos am 29. Mai 1942:[48] Sie wurde – möglicherweise zusammen mit ihren Eltern, die in der Schwanenstraße 7[49] im Frankfurter Ostend einquartiert waren – mit unbekanntem Ziel deportiert. Ihr Todesdatum wurde behördlich auf den 8. Mai 1945 festgesetzt.[50] Einzig ihr Bruder Max Hamburger, dessen

---

47 Postkarte von Max Hamburger an seine Schwester Rita, 02.10.1935, vgl. http://www.juedische-pflegegeschichte.de (Rubrik Recherche/Personen).
48 Vgl. HHStAW 518/ 13671: Entschädigungsakte Hamburger, Rita, sowie JM Ffm: Datenbank der aus Frankfurt a. M. deportierten jüdischen Bürgerinnen und Bürger.
49 Dabei handelte es sich sehr wahrscheinlich um ein größeres ›Ghettohaus‹ (NS-Jargon: »Judenhaus«): Die Datenbank des Jüdischen Museums Frankfurt a. M. verzeichnet 43 aus Frankfurt deportierte Bewohner/innen mit Anschrift Schwanenstraße 7. Rechtmäßiger Eigentümer des Gebäudes war bis zu seiner Ausplünderung, Vertreibung und Deportation Leiser Gromb (geb. 1889, vermutlich in Auschwitz ermordet), Kaufmann und Mitglied der Kaschrut-Kommission der Israelitischen Religionsgesellschaft.
50 Vgl. HHStAW 518/ 13671: Entschädigungsakte Hamburger, Rita, sowie JM Ffm: interne Datenbank der aus Frankfurt a. M. deportierten jüdischen Bürgerinnen und Bürger.

Tochter zum Projekt Jüdische Pflegegeschichte Kontakt aufnahm, konnte 1938 aus Nazideutschland flüchten.

Was die Gumpertz'schen Bewohner/innen betraf, handelte es sich während der NS-Zeit vorwiegend um alleinstehende oder von NS-verfolgten Angehörigen notgedrungen zurückgelassene gebrechliche, chronisch kranke und körperbehinderte Menschen, viele höheren Alters. Sie kamen aus Hessen,[51] Baden, Württemberg oder Bayern (Unterfranken) nach Frankfurt. Fluchtversuche aus Nazideutschland scheiterten häufig an den auf gesunde und leistungsfähige Migrantinnen und Migranten hin ausgerichteten restriktiven Einwanderungsregeln der Aufnahmeländer. Wie eine Keule traf diese ohnehin sozial benachteiligten Menschen die nationalsozialistische Ausplünderung: Mittels der von Innenminister Frick, Arbeitsminister Seldte und Finanzminister Graf Schwerin von Krosigk am 19. November 1938 – neun Tage nach dem NS-Reichspogrom – erlassenen ›Verordnung über die öffentliche Fürsorge für Juden‹ »hob der NS-Staat erstmals aus rassistischen Gründen die aus der Weimarer Republik stammende gesetzliche Fürsorgepflicht gegenüber einer Gruppe deutscher Staatsbürger auf. Die Verordnung schloß Juden aus der Versorgung durch die Öffentliche Wohlfahrt aus und verwies sie auf die Wohlfahrtsmittel jüdischer Institutionen«, weist Wolf Gruner in seinem Standardwerk detailliert nach.[52] Die Stadt Frankfurt am Main lud die Fürsorgeleistungen für vom NS-Staat als ›jüdisch‹ deklarierte Arme auf die Jüdische Gemeinde[53] ab. Zugleich verfolgte die NS-Stadtregierung die Strategie, kostengünstig an begehrte Grundstücke zu gelangen, ging sie doch in zynischer Manier davon aus, dass die Jüdische Gemeinde, um die Auflagen überhaupt erfüllen zu können, einen Teil ihres immobilen Vermögens veräußern musste. Dabei ließ es sich die Stadt zur Sicherung ihres vermeintlichen Anspruchs auf Erstattung der Fürsorgekosten offenbar nicht nehmen, Kaufgelder aus dem Erwerb der Grundstücke, die sie der Jüdischen Gemeinde schuldete, auf einem Sperrkonto bei der Stadtsparkasse ›einzufrieren‹.[54] Des Weiteren war nach den Recherchen

---

51 Hierzu Kingreen 1999a.
52 Gruner 2002: 167. Vgl. für Frankfurt a. M. Gohl 1997; Maierhof 2002; Karpf 2003a u. 2003b; Drummer/Zwilling 2015c; siehe auch Hennings 2008; Lavaud 2015.
53 Nach dem Novemberpogrom 1938 hatten die NS-Behörden die Zusammenlegung der Israelitischen Gemeinde und der Israelitischen Religionsgesellschaft erzwungen (vgl. Heuberger/Krohn 1988: 177).
54 Vgl. Stemmler 2017: 109.

Gunter Stemmlers insbesondere Stadtrat Bruno Müller[55] darin involviert, »jüdische Stiftungen mittels Pressionen und Rechtsbruch für die Wohlfahrtsleistungen an jüdische Bürger möglichst umfassend heranzuziehen«.[56] Die Absicht, die Stiftungen »zu städtischen Gunsten auszurauben, damit sie nicht der Reichsvereinigung [der Juden in Deutschland, B. S.] anheimfielen«,[57] verweist auf Zielkonflikte hinsichtlich der Bereicherung zwischen Städten und Gemeinden und dem NS-Staat resp. Reichssicherheitshauptamt und Gestapo, die die Reichsvereinigung der Juden seit 1939 kontrollierten. In welchem Ausmaß diese multifunktionale Ausplünderung bereits die 1938 zum Verkauf ihres Vorderhauses genötigte Gumpertz'sche Stiftung traf, lässt sich mangels Quellen nur vermuten.

Die antisemitische Gesetzgebung tilgte die ohnehin bescheidenen Finanzreserven jüdischer Arbeitsloser, Geringverdiener/innen und Sozialrentner/innen. Die Stadt Frankfurt hatte ihre Sozialleistungen an jüdische Bürger/innen erstmals 1936 reduziert. Weitere Kürzungen folgten, im Krieg noch verschärft durch drastische Lebensmittelrationierungen und wiederholte Durchsuchungen jüdischer Kinder-, Alten- und Pflegeheime, wo die Gestapo nach versteckten Essensvorräten für die Bewohner/innen fahndete. Eine Kollegin der Gumpertz'schen Oberin Rahel Seckbach – Frieda Amram (1885–1942), Oberin des Kinderheims der Weiblichen Fürsorge (Hans-Thoma-Straße) – wurde 1942 wegen ›Hamsterei‹ verhaftet und in das Frauen-KZ Ravensbrück deportiert.[58]

Nach der ›Arisierung‹ ihrer Besitztümer waren auch zuvor bessergestellte Pflegebedürftige in das Gumpertz'sche Siechenhaus eingezogen und nun abhängig von der jetzt durch die Jüdische Gemeinde zu leistenden Fürsorge. Über das Heim in den späten 1930er Jahren informiert uns Rabbiner Jakob Horovitz:

> »Das Hinterhaus, das vom Danziger Platz aus zugänglich ist[,] bietet […] etwa 35 unheilbar Kranken und Siechen ein Heim, wie man es sich besser nicht denken kann. Die Anstalt ist von Haus aus für die chronischen Kranken der

---

55 Vgl. zu Dr. Müllers beruflicher Biografie einführend Tüffers, Bettina 2006: *Der braune Magistrat: Bruno Müller*, ISG Ffm: http://www.ffmhist.de [01.11.2018].
56 Stemmler 2017: 108.
57 Ebd.: 133.
58 Von Ravensbrück wurde Oberin Amram nach Auschwitz deportiert und dort am 8. Oktober 1942 ermordet (BA Koblenz Gedenkbuch). Vgl. Einträge in Initiative Stolpersteine Ffm 2017 sowie bei Mahnkopp 2018; Jüdische Pflegegeschichte Ffm; Stolpersteine Ffm (Dok. 2013).

verschiedensten Lebensalter bestimmt. Kein Wunder aber, daß zur Zeit weit mehr als die Hälfte über 60 bzw. 70 Jahre alt ist. Vier von ihnen haben das 70. Lebensjahr längst überschritten. Eine Patientin durfte gar vor kurzem ihren 94. Geburtstag begehen.«[59]

Mit über neunzig Jahren ein hohes Alter erreicht hatte auch der 1934 aus Aschaffenburg eingetroffene Bewohner Markus Borgzinner (geb. 1843 in Detmold); er verstarb drei Jahre später im Siechenhaus und fand seine letzte Ruhestätte auf dem Jüdischen Friedhof Aschaffenburg.[60] Ebenfalls im Siechenhaus verstarb Anfang Februar 1938[61] der 65-jährige Viehhändler Salomon Goldschmidt, ehemals Vorsteher der jüdischen Gemeinde Hochstadt (Maintal, Hessen) und ein besonders »frommer Jehudi«; die orthodoxjüdische Familientradition setzte im Exil sein Enkel Alfredo Goldschmidt als Oberrabbiner von Kolumbien fort.

Mit Salomon Goldschmidt teilte Kaufmann Grünlaub (1855–1941)[62] den Beruf des Viehhändlers und die Herkunft aus dem konservativ-jüdischen Landjudentum. Vermutlich sind die beiden Gumpertz'schen Bewohner einander nie persönlich begegnet, da Grünlaub frühestens 1938 – dem Todesjahr Goldschmidts – in das Pflegeheim einzog.

Mit seiner Frau Hannchen geb. Nußbaum (1855–1931) hatte Kaufmann Grünlaub vier Töchter: Bertha (geb. 1884), Adelheid Bott (1886–1959), Regina (geb. 1890) und Lina Goldschmidt (geb. 1898[63]). Lina und ihr aus Pommern stammender Ehemann Sally (geb. 1893) übernahmen das elterliche Anwesen in Dittlofsroda. Als Kaufmann Grünlaub 1931 Witwer wurde, war er bestens versorgt und sah seine beiden Enkelinnen Klara (geb. 1930) und Johanna (geb. 1933) aufwachsen. Die auch in Dittlofsroda zunehmende nationalsozialistische Gewalt zerstörte sein soziales und

---

59 Horovitz 1938: 21.
60 Vgl. Eintrag bei BDJU (mit Abbildung des Grabsteins).
61 Vgl. Nachruf in: It, 17.02.1938, S. 11, online: Alemannia Judaica Hochstadt, http://www.alemannia-judaica.de/hochstadt_synagoge.htm [01.11.2018]. Hebräische Begriffe im Nachruf: Schiurim (hier: Toralesungen und -seminare); Hesped (Trauerrede als Teil der Begräbniszeremonie).
62 Geboren in Dittlofsroda (Wartmannsroth) bei Bad Kissingen (Unterfranken / Bayern), vgl. ISG Ffm: Hausstandsbücher Gagernstraße 36, Teil 2 (Sign. 687), Bl. 102.
63 Die Sterbedaten der am 15.09.1942 nach Theresienstadt deportierten und vermutlich in Auschwitz ermordeten Familie Goldschmidt sind unbekannt, vgl. *Stolpersteine Ffm: Dokumentation 2015*: 51; *Initiative Stolpersteine Ffm 2017*: 126.

> **Salomon Goldschmidt** ז״ל.
>
> Nach kurzem schweren Leiden verschied das frühere Vorstandsmitglied der Gemeinde Hochstadt, Krs. Hanau, Salomon G o l d s c h m i d t. Der Heimgegangene, der vor zwei Jahren nach Frankfurt übersiedelte, war ein von tiefer Frömmigkeit erfüllter Jehudi, der an vielen Schiurim mit Hingabe teilnahm und kaum einen Vortrag versäumte. Jahrzehntelang war Goldschmidt den umliegenden Landgemeinden seines früheren Wohnsitzes ein beratender, helfender und schützender Freund besonders in jüdischen Angelegenheiten. Dies brachte in einem ergreifenden Hesped in der Synagoge des Gumpertz'schen Siechenhauses — deren treuer Besucher der Verklärte war — Herr Provinzialrabbiner Dr. G r a d e n w i t z zum Ausdruck, der ihn als rechtschaffenen Mann und aufrechten Juden bezeichnete, der stets in stiller גמ״ח Erfüllung das Erhabenste und Beste erstrebte. Die Herren Rabb. W o l p e r t, Rabb. K o r n und Hermann S e c k b a c h schilderten ihn dann noch insbesondere in seiner Verbundenheit mit „seiner" Kehilloh Gumpertz und fanden hierbei innige Worte der Trauer. Möge sein זכות seiner gleichgesinnten Familie beistehen. תנצב״ה.

Abbildung 71: Nachruf auf Salomon Goldschmidt im Israelit, 17.02.1938.

nachbarschaftliches Umfeld, doch konnte er noch 1936 bei guter Gesundheit seinen 81. Geburtstag feiern.

Spätestens nach dem Novemberpogrom 1938 musste die Familie ihr Haus verkaufen und nach Frankfurt in die Ostendstraße 62/II ziehen. Kaufmann Grünlaub fand Aufnahme im Gumpertz'schen Siechenhaus und verstarb 1941[64] vermutlich noch vor der Zwangsräumung des Pflegeheimes im hohen Alter von 85 Jahren. Die Deportation seiner Angehörigen und Mitbewohner/innen und die ›Arisierung‹ seines Hab und Gut musste er nicht mehr miterleben.[65]

---

64 Obwohl Kaufmann Grünlaub bereits am 28. März 1941 verstarb, wurde er laut Hausstandsbuch Gagernstraße 36 (Teil 2, Sign. 687, Bl. 102) am Tag der Zwangsräumung (7. April 1941) vom Danziger Platz 15 (Siechenhaus) abgemeldet und am gleichen Tag im Krankenhaus Gagernstraße 36 angemeldet.
65 Vgl. *Stolpersteine Ffm, Dok. 2015*.

Abbildung 72: Kaufmann Grünlaub, Ehefrau Hannchen und ihre vier Töchter vor ihrem Haus in Dittlofsroda, ohne Jahr.

> **Dittlofsroda,** 19. Okt. Herr Kaufmann Grünlaub dahier, begeht am Samstag, den 24. Oktober, in seltener geistiger und körperlicher Frische seinen 81. Geburtstag. Trotz seines hohen Alters besucht er noch regelmäßig den G'ttesdienst und ist es ihm GsD. vergönnt, ohne Brille zu beten. Auch an den hohen Feiertagen war Herr Grünlaub ständig in der Synagoge und fastete sehr gut. Wir wünschen dem Jubilar weiter einen schönen Lebensabend.
> עמו״ש

Abbildung 73: Würdigung von Kaufmann Grünlaub zum 81. Geburtstag im Israelit, 22.10.1936.

Andere Gumpertz'sche Bewohner hatten in ihren Herkunftsorten Gewalt am eigenen Leib erlitten: 1938 fanden der Witwer Adolf Oberndörfer (1864–1942) aus Creglingen[66] und sein vermutlich an einer Herzmuskelschwäche leidender unverheirateter Sohn Salomon »Sally« (1901–1943) Zuflucht im Siechenhaus – ›Zuflucht‹ ist hier wörtlich zu verstehen, hat-

---
66 Main-Tauber-Kreis, Baden-Württemberg.

te doch Adolf Oberndörfer eine der ersten organisierten antisemitischen Gewalttaten im NS-Staat überlebt:[67] Der ›Creglinger Pogrom‹ vom 25. März 1933 mit zwei Todesopfern erregte so großes Aufsehen, dass er sogar literarisch Einzug in Lion Feuchtwangers bekannten Roman *Die Geschwister Oppenheim* (Amsterdam 1933) hielt.[68] Auch Vater und Sohn Oberndörfer bot die Kehilloh Gumpertz in finsteren Zeiten vorübergehend Schutz, Stärkung und religiösen Trost, obgleich die Gestapo das Heim mit hoher Wahrscheinlichkeit mehrfach durchsuchte, um nach ›Untergetauchten‹ zu fahnden.

Soweit es ihre Gesundheit zuließ, war auch die sozial engagierte Lehrerwitwe Gella Strauß geb. Wertheimer (1879–1942)[69] nach ihrem Einzug 1940 ein aktives Mitglied der Kehilloh Gumpertz. Sie kam aus Ladenburg und hatte dort den Israelitischen Frauenverein Gemilus Chessed, der sich um die Wohlfahrt und die rituelle Bestattung der weiblichen Gemeindemitglieder kümmerte, gegründet.[70]

An Moritz Löwenstein (1879–1943) aus Wieseck[71] hat sein ›Stolperstein-Pate‹ Pfarrer i. R. Horst Deumer erinnert: »Hier saß er immer im Rollstuhl vor seinem Haus und hat mit den Leuten Schwätzchen gehalten.«[72] Dieser

---

67 Ein Foto mit Adolf Oberndörfer, das die Folgen der brutalen Misshandlungen zeigt, liegt im Stadtarchiv Ludwigsburg (Sign.: El 902-16) vor, online abrufbar bei http://www.mit-der-reichsbahn-in-den-tod.de/juedischekinder.html [01.11.2018]. Das gegen den Haupttäter Fritz Klein wegen Körperverletzung mit Todesfolge eingeleitete Verfahren wurde 1935 eingestellt.

68 Vgl. Rüdenauer, Ulrich 2000: Nachrichten aus einer viel gelästerten Zeit. Wie das baden-württembergische Städtchen Creglingen in einen Historikerstreit geriet. In: literaturkritik.de 2 (2000) 10, Okt. http://literaturkritik.de/public/rezension.php?rez_id=1672 (updated 21.11.2016) [01.11.2018]. Siehe auch Behr, Hartwig/Rupp, Horst F. 1999: *Vom Leben und Sterben. Juden in Creglingen.* Würzburg; Rupp, Horst F. 2004: *Streit um das jüdische Museum.* Würzburg; Jüdisches Museum Creglingen: http://www.stiftung-jmc.de [01.11.2018].

69 Geboren in Billigheim (Neckar-Odenwald-Kreis, Baden-Württemberg), am 13.09.1942 vermutlich im Krankenhaus Gagernstraße verstorben (ISG Ffm: Hausstandsbücher Gagernstraße 36: Teil 2 (Sign. 687), Bl. 341).

70 Vgl. Alemannia Judaica Ladenburg, http://www.alemannia-judaica.de/ladenburg_synagoge.htm [01.11.2018].

71 Heute Stadtteil von Gießen (Hessen).

72 Zit. n. Mö: Emotion statt Routine: Stolpersteine zum dritten Mal verlegt. In: *Gießener Allgemeine*, 22.10.2009, http://www.giessener-allgemeine.de/Home/Stadt/Uebersicht/Emotion-statt-Routine-Stolpersteine-zum-dritten-Mal-verlegt-_arid,138467_regid,1_

Bewohner bereicherte mit seiner Kontakt- und Lebensfreude die Kehilloh Gumpertz. Auch Moritz Löwenstein wurde am 18. August 1942 von Frankfurt nach Theresienstadt verschleppt und dort 1943, kurz nach seinem 64. Geburtstag, ermordet.

Im gleichen Deportationszug befand sich außer Moritz Löwenstein, Adolf und Sally Oberndörfer, Siegmund Keller und weiteren Gumpertz'schen Bewohnern und Bewohnerinnen der junge Frankfurter Aron Geld (1920–1942). Er stammte aus einer frommen polnisch-jüdischen Familie. Da sein Bein gelähmt war, mussten ihn Eltern und Geschwister auf ihrer Flucht in das britische Mandatsgebiet Palästina, wo strikte Einreisebedingungen galten, zurücklassen. Nach seiner Aufnahme um 1934 im Siechenhaus war der etwa 14-jährige Schüler der Jüngste, das ›Nesthäkchen‹, der mehrheitlich wesentlich älteren Bewohnerschaft. Die Kehilloh Gumpertz wurde Arons neue Familie und begleitete mit Freude seine Ausbildung zum Chasan (Kantor und Vorbeter in der Synagoge). In Theresienstadt ist die Stimme des begabten jungen Chasan Aron Geld am 12. April 1942 für immer verstummt.

## Ein Jewish Place wird vernichtet

Unter der vom NS-Staat gezielt forcierten rassistisch-antisemitischen Verfolgung wuchsen auch im Gumpertz'schen Hinterhaus Unruhe und Fluktuation. So mehrten sich als Folge der ›Arisierungen‹, Verhaftungen und Vertreibungen im Zuge des Novemberpogroms 1938 die Einweisungen von hilflos zurückgebliebenen und finanziell ausgeplünderten Pflegebedürftigen. Verfügte doch das Gumpertz'sche Siechenhaus in Frankfurt und den Nachbarregionen weiterhin über das ›Alleinstellungsmerkmal‹ einer professionellen Langzeitbetreuung von jüdischen Kranken mit chronischen Leiden und Behinderungen. Im März 1939 verlor das Heim nach 35 Jahren seinen Verwalter und Chasan Hermann Seckbach, welcher im Zuge des Novemberpogroms 1938 nach England flüchten musste. Nach Auskunft[73] von Ruth Seckbach, die ihren Vater ins Exil begleitete, vertrieben ihn die NS-Behörden wegen des im Gumpertz'schen Siechenhaus tätigen

---

puid,1_pageid,113.html; siehe auch Alemannia Judaica Wieseck, http://www.alemannia-judaica.de/wieseck_synagoge.htm [letzter Aufruf beider Websites am 01.11.2018].
73  HHStAW 518/ 59144: Entschädigungsakte Seckbach, Hirsch Hermann.

nichtjüdischen weiblichen Personals von seinem Posten: Bei Verstößen gegen Paragraph 3 des »Gesetzes zum Schutze des deutschen Blutes und der deutschen Ehre«[74] – hierunter fiel auch das Verbot der Anstellung ›arischer‹ Bediensteter unter 45 Jahren in einem ›jüdischen‹ Haushalt – drohte Gefängnis oder Lagerhaft. Eine KZ-Internierung Hermann Seckbachs nach dem Novemberpogrom 1938 ist bislang nicht belegt, wurde ihm aber angedroht, sofern er Deutschland nicht verlasse.[75] Verleumdungen, Schikanen und Drohungen hatten die Gesundheit des fast Sechzigjährigen ruiniert. Hermann Seckbachs »Bau der Liebe«[76] für die Ärmsten der Armen war in die Hände der Menschenfeinde gefallen. Nach seiner Ankunft in England fand er nicht mehr die Kraft, ein neues jüdisches Pflegeheim aufzubauen. Seine Frau Rahel blieb dem Haus als Oberin und Verwalterin erhalten, da sie die Gepflegten nicht zurücklassen wollte. Möglicherweise sollte sie Ehemann und Tochter später ins Exil folgen, was u. a. der Beginn des Zweiten Weltkriegs am 1. September 1939 verhinderte.

Wie das Gumpertz'sche Siechenhaus war die gesamte Jüdische Wohlfahrt nach dem Novemberpogrom 1938 zunehmend in das Visier von NS-Behörden, aber auch der Gestapo geraten.[77] Strategien der Frankfurter Behörden, die jüdischen Selbsthilfeeinrichtungen der NS-Volkswohlfahrt (NSV) zu unterstellen, scheiterten an SS und Gestapo, die – mit begehrlichen Blicken auf das Vermögen der (noch) finanzstarken Frankfurter Jüdischen Gemeinde – auf die formale Selbständigkeit der Jüdischen Wohlfahrt pochten. Hier schlug die Stunde des Liquidators und gebürtigen Frankfurters Ernst Holland (geb. 1898[78]): 1940 beauftragte ihn die Stadtverwaltung – offiziell im Einvernehmen mit der Dienststelle der Gestapo Frankfurt[79] – mit der Überwachung der Geschäftstätigkeit der Jüdischen Wohlfahrt.

Dass die Frankfurter Gestapo hinsichtlich der Aufsicht über die Jüdische Wohlfahrt letztlich die Oberhand behielt, zeigt u. a. »die rasche Ablösung zweier versierter Fürsorgebeamter und die Einsetzung des er-

---

74 Bestandteil der »Nürnberger Rassengesetze« vom 15.09.1935, verabschiedet im Anschluss an das »Reichsbürgergesetz«.
75 Vgl. Bericht von Ruth Seckbach, HHStAW 518/ 31850: Seckbach, Hirsch Hermann. Eine KZ-Haft ist dennoch nicht auszuschließen (siehe u. a. Maierhof 2002).
76 Seckbach 1917.
77 Vgl. Karpf 2003c, siehe auch Maierhof 1999.
78 Gilt seit etwa 1944 als verschollen.
79 Vgl. zum »Judenreferat« der Frankfurter Gestapo Eichler 1999.

## »Familie« und »Schicksalsgemeinschaft« – die Kehilloh Gumpertz in der NS-Zeit

Abbildung 74: Ernst Holland (vermutlich 1936).

gebenen SS-Sturmführers, Parteigenossen und Karrierebeamten Ernst Holland«.[80] Die Frankfurter Gestapo ignorierte Oberbürgermeister Krebs' Einwände und setzte ihren Gefolgsmann am 31. Mai 1940 als »Beauftragter für die Überwachung der jüdischen Wohlfahrtseinrichtungen zu Frankfurt a. M.« durch – eine im NS-Staat einmalige Funktion. Bis Herbst 1943 nistete sich Holland im Hermesweg 6 ein – dem Sitz der Jüdischen Wohlfahrt. Im Auftrag der Gestapo war er »für alle in Frankfurt verbliebenen Juden und die jüdischen Wohlfahrtseinrichtungen zuständig. Er war in die Verwertung des Vermögens und der Auflösung von Wohnungen der zur Deportation bestimmten Frankfurter Juden einbezogen, vermittelte Arbeitsplätze im geschlossenen Arbeitseinsatz, verwaltete und verwertete die jüdischen Krankenhäuser, Altenheime und sonstigen Immobilien.«[81]

Dabei beließ es der Gestapo-Beamte nicht bei bürokratischen Zwangsmaßnahmen: »Holland, stets in SS-Uniform, war unter den Frankfurter Juden gefürchtet. Nach Zeugenaussagen soll er ihm nicht genehme Personen geschlagen und deren Deportation beschleunigt haben.«[82] Obendrein bereicherte er sich – möglicherweise in Tateinheit mit seiner Ehefrau Lina – an den Besitztümern seiner deportierten Opfer.[83]

---

80 Becht 2005; siehe auch ders. 1999. Der gelernte Kaufmann Holland war 1930 arbeitslos geworden und noch im gleichen Jahr NSDAP und SS beigetreten. Nach dem NS-Machtantritt wurde der als ›Alter Kämpfer‹ Eingestufte in Sonderlehrgängen zum Verwaltungsbeamten geschult und in der städtischen Fürsorgeverwaltung untergebracht.
81 Becht 2005; siehe auch ders. 2013.
82 Becht 2005.
83 Im Herbst 1943 verweigerte die Stadtverwaltung dem ihr von Beginn an nicht genehmen Beamten – nach Vollzug seines Auftrags, die Frankfurter jüdische Fürsorge und Pflege zu zerschlagen – die von der Gestapo beantragte uk.-Stellung (Rückstellung vom Wehrdienst wegen ›Unabkömmlichkeit‹). Holland wurde zu einer SS-Sanitätseinheit in Stettin abkommandiert; er gilt als verschollen.

In den ersten der drei »Judenverträge«[84] am 3. April 1939, den die Stadt Frankfurt der Jüdischen Gemeinde mit dem Ziel der Aneignung ihrer Liegenschaften aufzwang, waren das zu diesem Zeitpunkt noch selbständige Gumpertz´sche Siechenhaus und die Minka von Goldschmidt Rothschild Stiftung nicht involviert. Anderthalb Jahre später, am 28. September 1940, wurde auch dieser Verein in die Reichsvereinigung der Juden in Deutschland eingegliedert. Als die Kommandantur Frankfurt am Main neue Räume für die Einrichtung ihrer Frontleitstelle suchte, hatte Gestapo-Beauftragter Holland denn auch sofort eine Lösung parat: das Gumpertz'sche Siechenhaus am Danziger Platz 15 ›freizumachen‹, wie es im NS-Jargon hieß.[85] Es war Ernst Holland, der am 7. April 1941[86] die Zwangsverlegung der 46 betagten, chronisch kranken und teils schwerbehinderten Gumpertz'schen Bewohner/innen mit ihrer Oberin Rahel Seckbach und weiterem Personal aus dem Hinterhaus in das jüdische Krankenhaus Gagernstraße anordnete und den Zeitraum für die Räumung auf nur 24 Stunden[87] festlegte. Im April und Juni 1941 vollzog Holland mit der Zwangsräumung der benachbarten Rothschild'schen Hospitäler die endgültige Zerstörung des Jewish Space der Pflege auf dem Röderberg. Am 10. Juni 1942 musste die Reichsvereinigung der Juden in Deutschland, vertreten durch den Angestellten Arthur Kauffmann (geb. 1887),[88] die »Restliegenschaft Gumpertz'sches Siechenhaus« für 155.440 RM (»Verkehrswert«: 158.000,- RM) an die Stadt Frankfurt veräußern;[89] über den gesamten Verkaufserlös verfügte zuletzt die Gestapo. Die Reichsvereinigung der Juden in Deutschland hatte auf Anweisung und Druck des Reichssicherheitshauptamtes die Vermögen der jüdischen Institutionen ›abzuwickeln‹ – ohne Zugriff auf die Guthaben: 1943 beschlagnahmte die Geheime Staatspolizei, Staatspolizeileitstelle Frankfurt a. M., »das gesamte

---

84 Vgl. Andernacht/Sterling 1963 sowie einführend Karpf 2003c.
85 ISG Ffm: Magistratsakten Sign. 8.958. Vermutlich war das Hinterhaus auch wegen seiner kriegsstrategisch günstigen Nähe zum Ostbahnhof als Objekt militärischer Zwecke begehrt.
86 Laut ISG Ffm: Hausstandsbücher Gagernstraße 36 (Krankenhaus der Israelitischen Gemeinde), Teil 2 (Sign. 687).
87 Angabe nach: HHStAW 518 / 59139: Entschädigungsakte Seckbach, Rahel.
88 Am 15.09.1942 nach Theresienstadt und am 23.01.1943 nach Auschwitz deportiert (BA Koblenz Gedenkbuch), vermutlich in Auschwitz ermordet.
89 ISG Ffm: Gutachterausschuss für Grundstücksbewertung, Danziger Platz 15 (1942), Sign. 172: Nr. 88/1942 des Urkundenverzeichnisses der Stadt Frankfurt a. M., Liegenschaftsverwaltung.

Vermögen der Bezirksstelle Hessen/Hessen-Nassau der Reichsvereinigung der Juden in Deutschland. Die Verwaltung des Gesamtvermögens übernahm das Finanzamt Frankfurt-Außenbezirk.«[90]

Das ›arisierte‹ Gumpertz'sche Hinterhaus hatte die Stadt längst vor dem Vertragsabschluss 1942 belegt. Seit dem 1. Oktober 1941 war dort eine Lehrküche der Luftwaffe eingerichtet, zudem war eine Nutzung »zu Krankenhauszwecken« geplant. 1944 trafen Bomben das Gebäude. Die alliierten Luftangriffe[91] des 4. Oktober 1943 hatten laut NS-Lagebericht bereits das Röderbergheim (vormaliges Vorderhaus) schwer beschädigt:

> »Im oberen Teil durch Feuer stark zerstört. Die Kranken waren teils im Keller, teils in den unteren Stockwerken. In einem Krankensaal ist die Decke heruntergebrochen, hat einige Kranke mit Schutt bedeckt, jedoch nicht verletzt. Es sind alle Kranken geborgen worden, und zwar ohne irgendwelche Verletzungen. Etwa 20 Kranke sind in das Haupthospital [Hospital zum Heiligen Geist, B.S.] übernommen worden, die anderen in das Hilfskrankenhaus Linnéschule.«[92]

Nach der vollständigen Evakuierung wurden alle ›chronisch Kranken‹ des Röderbergheims in das Hospital zum Heiligen Geist (Lange Straße), die ›Siechen‹ in das Waldkrankenhaus Köppern bei Friedrichsdorf (Taunus) verlegt, wo sich bislang ihre Spuren verlieren.[93] Im Jahr 1944 stellte wahrscheinlich auch das im Röderbergheim untergebrachte Brauer'sche Forschungsinstitut seine Tätigkeit ein.

## Rahel Seckbach und der verlorene Jewish Place: Frankfurt – Theresienstadt – Manchester

Für Rahel Seckbach bedeutete die Vernichtung des Jewish Place Gumpertz'sches Siechenhaus zugleich die Zerstörung ihres gesamten Lebenswerks, das von jüdischer Religiosität und sozialem Engagement geprägt war. Mehr als drei Jahrzehnte lang hatte sie dem Pflegebetrieb vorgestanden und

---

90 Meinl/Zwilling 2004: 468.
91 Vgl. den Ausstellungsband Fleiter 2013.
92 Zit. nach: ISG Ffm: Magistratsakten Sign. 3.812, Bll. 103-104.
93 Vgl. Seemann 2017a: 36–38; siehe auch Matron 2013.

Abbildung 75: Ausweis von Rahel Seckbach, 19.11.1940.

für die Kehilloh Gumpertz gesorgt. Fortan trug Oberin Rahel Seckbach, mit Anfang 60 bereits dem Rentenalter nahe, nach der Gestapo-Vertreibung ihres Ehepartners und engsten Kollegen 1939 allein die Verantwortung. Bis zuletzt kämpfte sie für die Erhaltung und Rettung des Jewish Place.

Familiäre Unterstützung fand Rahel (Spiero) Seckbach bei ihren aufgrund der NS-Verfolgung in das Hinterhaus eingezogenen Schwestern Minna[94] (geb. 1878) und Ida Spiero[95] (geb. 1886). Minna Spiero, von Beruf Haushaltungs- und Gewerbelehrerin, war seit 1938 als Wirtschaftsleiterin des Siechenhauses angestellt. Ida Spiero gehörte von 1916 bis 1942 (NS-Zwangsauflösung) zum Lehrkörper der Israelitischen Volksschule. Des Öfteren kam auch ihre dritte Schwester Rosa Spiero (1885–1977), bis zu ihrer Flucht im März 1941 nach New York Oberschwester am jüdischen Krankenhaus Gagernstraße, in das Siechenhaus.[96] Oberin Rahel tat alles,

---

94 HHStAW 518/ 40112: Entschädigungsakte Spiero, Minna (im englischen Exil verstorben, Sterbedatum unbekannt).
95 HHStAW 518/ 42111: Entschädigungsakte Spiero, Ida (vermutlich 1944 in Auschwitz ermordet).
96 CAHJP: Schreiben v. Isidor Marx, Newark, New Jersey 25.06.1959, JRSO Hessen 227.

um die Bewohnerinnen und Bewohner gegen den Naziterror zu schützen. Sie verteidigte die Kehilloh Gumpertz auch gegen die Gestapo und ihre Nachstellungen, bis sie sich zuletzt den Vollstreckern der Zwangsräumung um Ernst Holland beugen musste.

Der 7. April 1941 war ein Montag. Lediglich 24 Stunden Zeit gewährten die NS-Behörden der Oberin und ihrem Team, das Hinterhaus zu räumen und die Verlegung der teils bettlägerigen 46 Gepflegten zu organisieren. Ziel war das als Sammellager vor der Deportation missbrauchte letzte Frankfurter jüdische Krankenhaus in der Gagernstraße 36 – Rahel Seckbachs frühere Wirkungsstätte. Die Klinik war bereits völlig überbelegt[97] und für eine qualifizierte Langzeitpflege nicht ausgestattet; die aus ihrem Heim vertriebenen Gumpertz'schen Bewohner/innen wurden in einer eilends eingerichteten ›Siechen-Abteilung‹ untergebracht. Als Leiterin dieser Siechen-Abteilung musste sich Oberin Rahel auch in der Hospizpflege bewähren: Viele ihrer Gepflegten erlagen den Strapazen des brutal erzwungenen Ortswechsels, andere nahmen sich aus Verzweiflung das Leben.[98] Die Überlebenden wurden am 18. August 1942 nach Theresienstadt deportiert – gemeinsam mit der als ›Transportleiterin‹ eingesetzten Oberin Rahel, ihren Schwestern Minna und Ida sowie weiteren Angestellten und Bewohnerinnen und Bewohnern aus den zwangsgeräumten Frankfurter jüdischen Alten- und Pflegeheimen:[99]

»In zweierlei Hinsicht wurde die Organisationsroutine vom NS-Regime geändert. Die für die Deportation nach Theresienstadt vorgesehenen Juden mussten zuvor zwangsweise einen ›Heimeinkaufsvertrag‹[100] abschließen, der die Übertragung ihres gesamten Vermögens an die Reichsvereinigung der Juden in Deutschland vorsah und als fiktive Gegenleistung die lebenslange Nutzung eines Heimplatzes in Theresienstadt vorsah. Das von der Reichsvereinigung eingesammelte Vermögen wurde am Ende von der Gestapo beschlagnahmt. Die andere Änderung betraf die Organisation des Transports selbst. Sammellager für die alten und häufig ge-

---

97  1941 waren im Krankenhaus Gagernstraße 373 Patientinnen und Patienten sowie ca. 130 Angestellte und 49 als ›Lehrschwestern‹ bezeichnete Pflegende untergebracht, 1942 fast 400 Patientinnen und Patienten sowie über 100 Angestellte und 37 Lehrschwestern (vgl. Steppe 1997: 245f.).
98  Vgl. zu in den Suizid getriebenen jüdischen Frankfurterinnen und Frankfurter Diamant 1983 (mit Namensverzeichnis der Grabstätten); Drummer/Zwilling 2015d.
99  Vgl. Kingreen 1999b: 375–377.
100  Vgl. Andernacht/Sterling 1963: 529–530; siehe auch ISG Ffm: Dokument: Heimeinkaufsvertrag für Theresienstadt (Marie Pfungst), 10.9.1942, http://www.ffm-hist.de [01.11.2018].

brechlichen Menschen wurden nun verschiedene Altersheime, von wo aus sie mit LKWs zur Großmarkthalle und vom dortigen Gleisanschluss aus mit Personenzügen nach Theresienstadt abtransportiert wurden.«[101]

Die Augenzeugin Tilly Cahn beschrieb in ihrem Tagebuch:[102]

»[…] eine herzzerreißende Tragödie, all die alten, zum großen Teil hinfälligen Menschen, 3fach angezogen, 1 Koffer, 1 Brotbeutel. […] Sonntag Nachmittag ab 4 Uhr wurden die alten Menschen auf Last- oder Leiterwagen gesetzt, successive, und teils nach der Sammelstelle Hermesweg, teils Altersheim Rechneigraben gebracht, mit ihrem Gepäck […]. Dort schliefen sie 2 Nächte, wohl sehr eng, auf Matratzen und fand die Abfertigung durch die Gestapo statt. […] Jetzt Dienstag 18. August, zwischen 5–6 Uhr p.m. fährt der Zug nach Theresienstadt wohl ab. Es ist mir furchtbar und läßt mich nicht los […]. Aus der Siechenabteilung des Krankenhauses sind schwer Leidende mitgekommen.«

Von den bei der siebten Deportation am 18. August 1942 nach Theresienstadt verschleppten 1.022 jüdischen Frankfurterinnen und Frankfurtern sollten nur 17 die Befreiung erleben.[103]

Auch im Lager bewies Rahel Seckbach durch fortgesetzte »Selbstbehauptung im Chaos«[104] soziale Widerständigkeit.[105] Die katastrophalen sanitären Bedingungen – Hunger, Kälte, medizinische Unterversorgung,

---

101 Zit. n. Karpf, Ernst 2004: Judendeportationen von August 1942 bis März 1945, ISG Ffm: http://www.ffmhist.de [01.11.2018].

102 Eintrag am Sonntag, 16.08.1942, zit. n. Cahn, Peter 1999: Tagebuchaufzeichnungen und Briefe von Max L. Cahn und Tilly Cahn aus den Jahren 1933–1943. In: Archiv für Frankfurts Geschichte und Kunst 65. Im Auftrag d. Frankfurter Vereins für Geschichte und Landeskunde in Verb. mit d. Institut für Stadtgeschichte, hg. v. Dieter Rebentisch. Frankfurt a. M.: 182–221 (hier 218–219). Als Ehefrau des Frankfurter jüdischen Rechtsanwalts und Notars Max Ludwig Cahn war die Nichtjüdin Tilly Cahn ebenfalls von der NS-Verfolgung betroffen.

103 Vgl. Kingreen 1999b: 389. Siehe auch Andernacht/Sterling 1963; Karpf, Ernst 2004: Deportationen von Juden aus Frankfurt 1941–1945 (tabellarischer Überblick), ISG Ffm: http://www.ffmhist.de [01.11.2018].

104 Zit. n. Maierhof 2002.

105 Zur sozialen und kulturellen Selbstbehauptung im Lager gehörten auch geheime kleine Synagogen, die Häftlinge unter großer Gefahr errichteten. Ob anfangs auch Rahel Seckbach gemeinsam mit noch lebenden Mitgliedern der früheren Kehilloh Gumpertz dort betete? Vgl. zu diesen versteckten Jewish Places in Theresienstadt Gruber, Samuel D. 2018: The »Secret« Synagogues of the Terezin Ghetto, 06.08.2018, https://samgrubersjewishartmonuments.blogspot.com/2018/08/the-secret-synagogues-of-terezin-ghetto.html [01.11.2018].

Heimeinkaufvertrag H Nr. IV 319.
Zwischen der Reichsvereinigung der Juden in Deutschland und ▇▇▇▇
▇▇▇▇, Kennort: Frankfurt/M, Kennummer: 02260, Anschrift: Eschenhelmerlandstr. 21,
wird folgender Heimeinkaufvertrag geschlossen.
1. a) ▇▇▇▇ erkennt folgendes an:
   Da der Reichsvereinigung die Aufbringung der Mittel für die Gesamtheit der gemeinschaftlich (in Theresienstadt) unterzubringenden, auch der hilfsbedürftigen Personen obliegt, ist es Pflicht aller für die Gemeinschaftsunterbringung bestimmten Personen, die über Vermögen verfügen, durch den von ihnen an die Reichsvereinigung zu entrichtenden Einkaufbetrag nicht nur die Kosten ihrer eigenen Unterbringung zu decken, sondern darüber hinaus soweit als möglich auch die Mittel zur Versorgung der Hilfsbedürftigen aufzubringen.
   b) ▇▇▇▇ kauft sich vom 15. 9. 42 ab in die Gemeinschaftsunterbringung mit einem Betrag von 56 658,17 RM (in Worten
   Sechsundfünfzigtausendsechshundertachtundfünfzig RM und 17) ein.
2. Der Einkaufbetrag wird wie folgt entrichtet:
   a) in bar: RM
   b) durch die hiermit vollzogene Abtretung von Barguthaben und Wertpapierdepots bei der ▇▇▇▇ sowie Guthaben bei der ▇▇▇▇ in Frankfurt/M gemäß der abgegebenen Heimeinkauf-Vermögenserklärung.
3. a) Mit Abschluß des Vertrages wird die Verpflichtung übernommen, dem Vertragspartner auf Lebenszeit Heimunterkunft und Verpflegung zu gewähren, die Wäsche waschen zu lassen, ihn erforderlichenfalls ärztlich und mit Arzneimitteln zu betreuen und für notwendigen Krankenhausaufenthalt zu sorgen.
   b) Das Recht der anderweitigen Unterbringung bleibt vorbehalten.
   c) Aus einer Veränderung der gegenwärtigen Unterbringungsform kann der Vertragspartner keine Ansprüche herleiten.
4. Bei Eintritt einer körperlichen oder geistigen Erkrankung des Vertragspartners sowie eines sonstigen Zustandes, der das dauernde Verbleiben in der Gemeinschaftsunterbringung ausschließt und eine anderweitige Unterbringung geboten erscheinen läßt, ist die Reichsvereinigung berechtigt, die erforderlichen Maßnahmen zu treffen. Entsprechendes gilt bei wiederholten groben Verstößen gegen die Ordnung der Gemeinschaftsunterbringung.
5. a) Der Einkaufbetrag geht mit der Leistung in das Eigentum der Reichsvereinigung über.
   b) Ein Rechtsanspruch auf Rückzahlung dieses Betrages besteht, auch beim Tode des Vertragspartners oder bei einer Aufhebung des Vertrages aus sonstigen Gründen, nicht.

Abbildung 76: Beispiel für einen ›Heimeinkaufsvertrag‹ für das ›Altersghetto‹ Theresienstadt (personenbezogene Daten geschwärzt).

›Schlafen‹ in Strohsäcken auf feuchtem Boden – sind von Überlebenden wie der Krankenschwester Resi Weglein eindringlich beschrieben worden, ebenso der rohe Umgang mit mobilitätseingeschränkten und bettlägerigen Menschen.[106] Oberin Rahel musste trotz aller Bemühungen mit-

---

106 Vgl. Weglein 1988; Adler 2012.

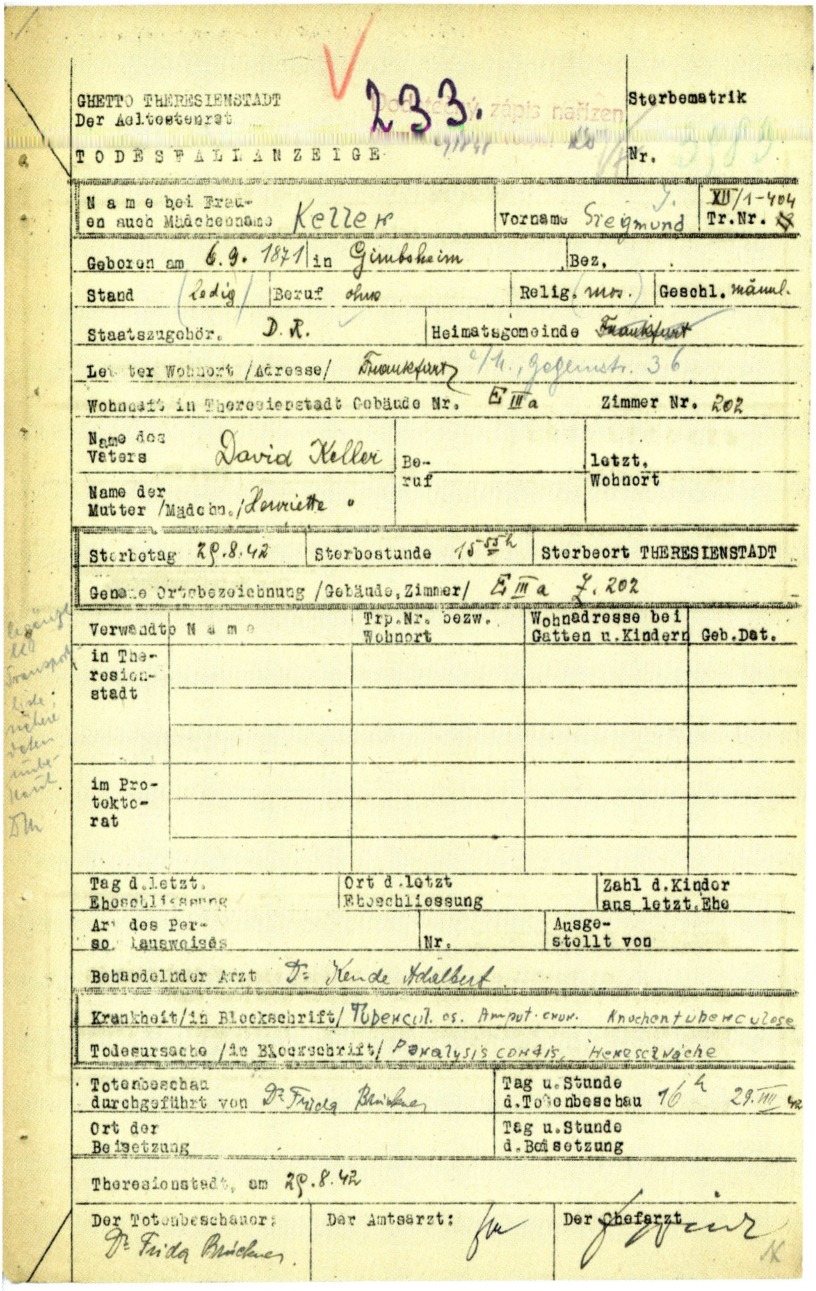

GHETTO THERESIENSTADT
Der Aeltestenrat
TODESFALLANZEIGE

233.

Sterbematrik Nr.

Name bei Frauen auch Mädchenname: Keller
Vorname: Siegmund I.
Tr.Nr.: XII/1-404

Geboren am: 6.9.1871 in Gimbsheim Bez.
Stand: ledig Beruf: ohne Relig.: mos. Geschl.: männl.
Staatszugehör.: D.R. Heimatsgemeinde: Frankfurt
Letzter Wohnort /Adresse/: Frankfurt a/M., Gagernstr. 36
Wohnhaft in Theresienstadt Gebäude Nr.: E IIIa Zimmer Nr.: 202
Name des Vaters: David Keller Beruf letzt. Wohnort
Name der Mutter /Mädchn./: Henriette "

Sterbetag: 29.8.42 Sterbestunde: 15[55] h Sterbeort: THERESIENSTADT
Genaue Ortsbezeichnung /Gebäude, Zimmer/: E IIIa Z. 202

| Verwandte | Name | Trp.Nr. bezw. Wohnort | Wohnadresse bei Gatten u. Kindern | Geb.Dat. |
|---|---|---|---|---|
| in Theresienstadt | | | | |
| im Protektorat | | | | |

Tag d. letzt. Eheschliessung / Ort d. letzt. Eheschliessung / Zahl d. Kinder aus letzt. Ehe
Art des Persoausweises / Nr. / Ausgestellt von
Behandelnder Arzt: Dr. Kende Adalbert
Krankheit /in Blockschrift/: Tubercul. os. Amput. chron. Knochentuberculose
Todesursache /in Blockschrift/: Paralysis cordis, Herzschwäche
Totenbeschau durchgeführt von: Dr. Frida Brückner
Tag u. Stunde d. Totenbeschau: 16 h 29.VIII. 42
Ort der Beisetzung / Tag u. Stunde d. Beisetzung
Theresienstadt, am 29.8.42
Der Totenbeschauer: Dr. Frida Brückner
Der Amtsarzt:
Der Chefarzt:

Abbildung 77: Todesfallanzeige für Siegmund Keller, Ghetto Theresienstadt, 29.08.1942.

ansehen, wie ihre gebrechlichen und zum Teil hochbetagten Schützlinge elend zugrunde gingen. Der mörderischen Lagerhaft erlegen war bereits am 29. August 1942, kurz vor seinem 71. Geburtstag, mit Siegmund Keller ein Gumpertz'scher Langzeitbewohner und Mitbegründer der Kehilloh Gumpertz. Laut Todesfallanzeige litt er unter Tuberkulose und Knochentuberkulose; als offizielle Todesursache wurde ›Herzlähmung‹ eingetragen.

Rahel Seckbach selbst war insgesamt zweieinhalb Jahre in Theresienstadt inhaftiert. Die nie nachlassende Sorge um kranke Mithäftlinge hatte sie für einige Zeit selbst am Leben erhalten. Jetzt geriet sie zunehmend an das Ende ihrer Kräfte. Im Krankendienst hatte sie sich einen Bruch des rechten Handgelenks zugezogen, der schief zusammenwuchs. Da sie als Zwangsarbeiterin ausfiel, strich die KZ-Verwaltung ihre Lebensmittelzulagen. Nicht verwinden konnte sie die Deportation ihrer geliebten jüngsten Schwester Ida im Oktober 1944 nach Auschwitz. Auch für Rahel und die ihr noch verbliebene Schwester Minna rückte ein Todestransport in immer bedrohlichere Nähe. Doch wurde den beiden Frauen ganz unverhofft Rettung zuteil:[107] Am 5. Februar 1945 verließen sie Theresienstadt mit einem von Himmler aus taktischen Gründen zugelassenen Rettungszug in Richtung Schweiz – dem einzigen, da Hitler weitere Transporte persönlich untersagte.[108] Zwei Tage später traf der Zug mit 1.200 Überlebenden, zumeist älteren Menschen, in St. Gallen ein.[109]

Das Lager hatte Rahel Seckbach knapp überlebt, doch trug sie bleibende körperliche und seelische Schäden davon. Im Februar 1946 war sie soweit hergestellt, dass sie die Schweiz gemeinsam mit Minna verlassen und endlich zu Ehemann und Tochter nach England ausreisen konnte. In ihrer

---

107 Namentlich aufgeführt in: Befreite aus Theresienstadt. Zweite Liste der in der Schweiz Eingetroffenen. Juden aus Deutschland und Österreich. In: AUFBAU 11 (1945) 8, 23.02.1945, https://archive.org/details/aufbau; siehe auch Einträge in USHMM Database.
108 Vgl. zu den Umständen und Details der Rettungsaktion Flügge 2004; Adler 2012.
109 Vgl. Metzger/Gunzenreiner 2015; siehe auch Krummenacher-Schöll, Jörg 2005: *Flüchtiges Glück. Die Flüchtlinge im Grenzkanton St. Gallen zur Zeit des Nationalsozialismus.* Vorw. v. Kathrin Hilber. Zürich; ders. o.J. [2006]: *Rettungshafen Ostschweiz. Die Flüchtlingsströme am Bodensee zum Ende des Zweiten Weltkriegs,* https://static.nzz.ch/files/1/1/2/kru_1.18479112.pdf; Ausstellung »Flüchtlinge im Hadwig«, 2015, https://www.phsg.ch/dienstleistung/fachstellen/fachstelle-demokratiebildung-und-menschenrechte (mit Artikel, Interview, Handreichung) letzter Aufruf beider Websites am 01.11.2018].

kleinen Wohnung versorgte und pflegte Ruth Seckbach ihre Eltern und ihre Tante; der Exilalltag der durch die NS-Verfolgung gezeichneten Familie blieb von Krankheit und Armut geprägt. Von Blackburn (Lancashire) zogen sie in das frühere Textilzentrum Manchester, wo ihnen in der Not die dortige orthodox-jüdische Gemeinde beistand, die sich engagiert um ihre aus Nazideutschland vertriebenen Glaubensgenossinnen und -genossen kümmerte. Dort ist Rahel Seckbach am 4. September 1949 mit 72 Jahren im Victoria Memorial Jewish Hospital verstorben.

Die Todesanzeige in der Exilzeitschrift *Aufbau* zeichneten außer Rahels Witwer Hermann und ihrer Tochter Ruth die Geschwister Minna, Oskar und Rosa; Ida gehört zu den Ermordeten der Shoah. Hermann Seckbach überlebte seine Frau um zwei Jahre und erlag am 14. Dezember 1951 einem Krebsleiden. Im fernen Santiago verstarb 1953 Rahels einziger Bruder Oskar Leon Spiero (geb. 1880), zuletzt für die Botschaft der Bundesrepublik Deutschland Kanzler und Vizekonsul in Chile. Minna Spiero, die weiterhin bei ihrer Nichte Ruth lebte, verstarb 1961 in Manchester. Rosa Spieros kämpferisches Leben endete 1977 im New Yorker Exil, wo sie bis ins hohe Alter als Krankenschwester gearbeitet hatte. Und Ruth Seckbach? Nach der aufopfernden Familienpflege war sie zusammengebrochen und ernsthaft erkrankt, genas nur langsam. Wie ihre Tante Ida wurde sie Lehrerin und unterrichtete an einer Privatschule. Und sie fand im Exil ihren neuen Jewish Place: Ganz in der Familientradition verwurzelt, war Ruth Seckbach bis zu ihrem Tod im Jahr 2002[110] ein geachtetes Mitglied der charedischen[111] (streng orthodoxen) jüdischen Gemeinde (Adass Jeshurun) zu Manchester. Da sie unverheiratet und wie ihre drei Tanten und ihr Onkel kinderlos blieb, ist dieser Zweig der Familie Spiero aus Prostken ohne Nachkommen geblieben.

Für Oberin Rahel Seckbach verfasste Leopold Neuhaus, ehemaliger Mithäftling und bis zu seiner Auswanderung 1946 erster Rabbiner der Frankfurter jüdischen Nachkriegsgemeinde, einen bewegenden Nachruf:

---

110 Angabe von Ruth Seckbachs Sterbejahr nach Harris, S. 2002: Hachnosas Sefer Torah in Manchester [Nachruf]. In: The Dei'ah Vedibur – Information & Insight, 16.10.2002, http://www.chareidi.org/archives5763/lech/amnchstr.htm [01.11.2018].

111 Von ›Charedi‹ (Plural: Charedim), hebräisch: ›Furcht‹ im Sinne von Gottesfurcht.

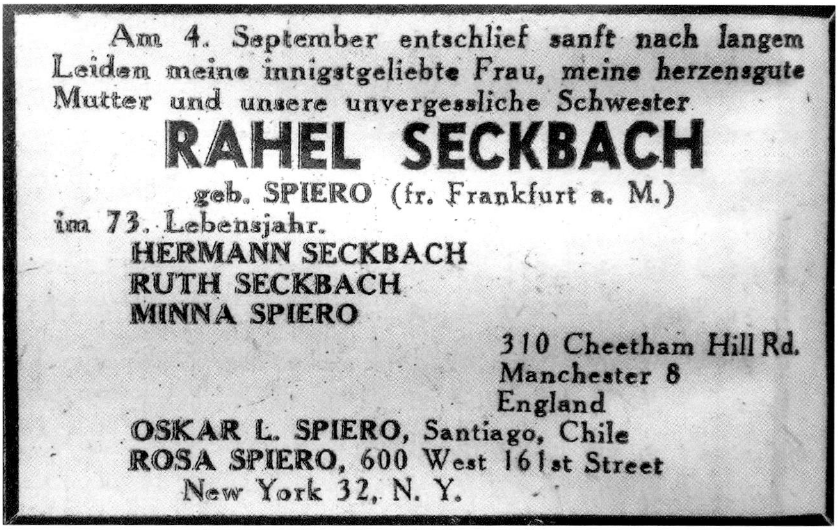

> Am 4. September entschlief sanft nach langem
> Leiden meine innigstgeliebte Frau, meine herzensgute
> Mutter und unsere unvergessliche Schwester
>
> **RAHEL SECKBACH**
> geb. SPIERO (fr. Frankfurt a. M.)
> im 73. Lebensjahr.
> HERMANN SECKBACH
> RUTH SECKBACH
> MINNA SPIERO
> 310 Cheetham Hill Rd.
> Manchester 8
> England
> OSKAR L. SPIERO, Santiago, Chile
> ROSA SPIERO, 600 West 161st Street
> New York 32, N. Y.

Abbildung 78: Todesanzeige für Rahel Seckbach vom Witwer Hermann Seckbach, der Tochter Ruth Seckbach und Rahels Geschwistern Minna, Rosa und Oskar L. Spiero.

»Was diese wunderbare Frau als langjährige Leiterin des Jüdischen Siechenheims in Frankfurt a. M. geleistet hat, ist allen Frankfurtern [der jüdischen Gemeinde, B.S.] bekannt. Sie hat die Aermsten der Armen, die hilflosen Siechen, die jahrelang ans Bett gefesselt waren, so betreut, dass sie ein Engel in Menschengestalt genannt werden kann. […] Das ging so weit, dass sie sogar den Unmenschen der Gestapo Hochachtung abgerungen hat.«[112]

Die Erinnerung an Rahel und Hermann Seckbachs ›Menschenwerk‹, die Kehilloh Gumpertz, war lange Zeit ausgelöscht. Als ein einzigartiges Projekt eines Jewish Place sollte sie ihren Platz im sozial- und stadthistorischen Gedächtnis finden. »Die Geschichte, die abgebrochen und nur noch in Spuren zu fassen ist, kann für eine nachkommende Generation von großer Bedeutung sein […].«[113]

---
112 Neuhaus 1949.
113 So schreibt die Kulturwissenschaftlerin Aleida Assmann (dies. 1996: 16, siehe auch Assmann 2014).

Sechstes Kapitel

# Der Röderbergweg 62–64 nach dem Zweiten Weltkrieg

Edgar Bönisch

Nach der gewaltsamen Verdrängung der jüdischen Bewohnerinnen und Bewohner in der NS-Zeit entwickelte sich nach dem Zweiten Weltkrieg im ehemaligen Gumpertz'schen Siechenhaus eine neue Kultur. Neue Orte und Räume, auch jüdische, entstanden. Handwerkerinnen und Handwerker, Verlagsmitarbeiterinnen und -mitarbeiter, Künstlerinnen und Künstler prägten das Leben im Haus am Röderbergweg 62–64.

Das hier gezeigte Foto ist das für uns früheste verfügbare Nachkriegsfoto des ehemaligen Gumpertz'schen Siechenhauses, es stammt aus den 1960er Jahren.

Abbildung 79: Am Röderbergweg, ca. 1960.

Die Besitzerin des Bildes, die selbst als Jugendliche auf dem Foto zu sehen ist, erzählte uns, dass die Menschen Zuschauer eines Radrennens waren. Andere Betrachter der Fotografie wussten, dass wohl die Radler, aus dem Ostpark kommend, jeden Moment um die Ecke biegen mussten.

Im Hintergrund sieht man links ein Gebäude, bei dem es sich um die Anfänge der Bebauung durch die Arbeiterwohlfahrt (AWO) handelt. Dieses Nachbargrundstück des ehemaligen Siechenhauses gehörte zuvor lange der Familie Lindheimer, wie es bereits im ersten Kapitel des Buches beschrieben wurde. 1956 errichtete die AWO hier das August-Stunz-Zentrum, ein Alten- und Pflegeheim. Rechts im Hintergrund, eher verschwommen, ist das Vorderhaus des Gumpertz'schen Siechenhauses zu sehen. Es handelt sich um das einzige Foto, das wir besitzen, welches den Haupteingang des Gebäudes zeigt. So unscharf wie unser Wissen über das Haus zu Anfang der Recherchen war, ist auch das Bild des Hauses auf der Fotografie.

In diesem Kapitel wollen wir auf der Grundlage von persönlichen Erinnerungen von Gesprächspartnerinnen und -partnern das Leben im Siechenhaus nach der Befreiung durch die Alliierten erzählen. Maurice Halbwachs (1877–1945), der französische Soziologe und Philosoph,[1] definiert eine solche Erinnerung als »kollektives Gedächtnis« einer Gruppe, in unserem Fall der Gruppe von Menschen, die nach dem Krieg im ehemaligen Gumpertz'schen Siechenhaus gewohnt haben. Die, die wir hierzu befragten, waren überrascht über unser Interesse, doch ihr so angeregtes »kollektives Gedächtnis« begann schnell sich zu erinnern. Und sie erzählten aus ihrer Jugendzeit, von dem Haus als einer Schutzzone für Geflohene und Vertriebene oder als generösem, großen Raum, in dem Kreativität wirken konnte.

In chronologischer Reihe sollen Blicke in das inzwischen verschwundene Haus geworfen werden, fokussierend auf die späten 1940er Jahre, in denen das Haus saniert und wieder bewohnt wurde, schauen wir weiter in die 1950er Jahre, in denen das Haus von Handwerkerinnen und Handwerkern sowie Geschäftsleuten geprägt war. Und es sollen die 1960er Jahre betrachtet werden, als eine avantgardistische Kunstszene entstand. Ein letzter Fokus liegt dann auf den 1970er Jahren mit seinen Kinderläden im Röderbergweg 62–64, bevor das Haus um 1980 abgerissen wurde.

---

1 Maurice Halbwachs wurde 1945 in Buchenwald ermordet, https://de.wikipedia.org/wiki/Maurice_Halbwachs [5.10.2018].

Die Eigentumsverhältnisse waren komplex, deshalb müssen wir zurückblicken. Einige der aus den Lagern zurückkehrenden Frankfurter Jüdinnen und Juden feierten gemeinsam mit den wenigen, die in Frankfurt überlebt hatten, am 1. April 1945 einen ersten Jüdischen Gottesdienst.[2] Eine neue Frankfurter Jüdische Gemeinde begann sich zu bilden. Außer den Frankfurterinnen und Frankfurtern gab es in der Stadt die sogenannten Displaced Persons (DPs), »Überlebende und Flüchtlinge aus Osteuropa«,[3] von denen sich viele in Komitees organisierten, wie z. B. dem »Komitee der befreiten Juden, Zeilsheim bei Frankfurt am Main«. Die Frankfurter Jüdische Gemeinde und die Komitees fusionierten im Sommer 1949 zur Frankfurter Jüdischen Gemeinde.[4]

Der Bürgermeister Frankfurts, der ehemalige Journalist Wilhelm Hollbach, veranlasste frühzeitig, dass den Juden in Frankfurt mehrere Gebäude zur Verfügung gestellt wurden. Zu diesem Zweck beschlagnahmte das Frankfurter Bauamt am 28. April 1945 den ehemaligen Kindergarten der Oppenheim'schen Stiftung im Baumweg 5–7, die Jüdische Gemeinde richtete hier ihr Büro ein. Bald kam das ehemalige jüdische Krankenhaus in der Gagernstr. 36 hinzu, das in Teilen intakt war, obwohl man sich dies kaum vorstellen kann, wenn man das folgende Foto auf der Folgeseite sieht (Abbildung 82).

Abbildung 80:
Baumweg 5–7, ehemaliger Kindergarten der Oppenheim'schen Stiftung, nach dem Krieg Büro der Jüdischen Gemeinde.

---

2 Vgl.: Karpf 2003e: unpag.
3 Vgl.: Jüdisches Museum Berlin 2015.
4 Vgl. Tauber 2008: 131 und Tobias 2011.

Kapitel 6

Abbildung 81: Luftaufnahme des Krankenhauses der Israelitischen Gemeinde, unzerstört.

Abbildung 82: Das durch Bomben teilweise zerstörte Gebäude des ehemaligen Krankenhauses der Israelitischen Gemeinde, 1945.

Den Vorsitz der jungen Jüdischen Gemeinde Frankfurt übernahm am 1. April 1945 August Adelsberger als Beauftragter der örtlichen Militärregierung.[5] Ihn löste in dieser Funktion am 9. Juli 1945 Dr. Leopold Neuhaus ab,[6] der eine Woche zuvor aus dem Ghetto Theresienstadt zurückgekehrt war und vor dem Krieg der letzte Rabbiner in Frankfurt war. Im darauffolgenden Jahr emigrierte Rabbiner Neuhaus in die USA, und Rechtsanwalt Max L. Cahn[7] übernahm den Gemeindevorsitz.

Es begann eine Zeit der juristischen Auseinandersetzungen. Für die Verwaltung der Liegenschaften »ungeklärter jüdischer Besitztümer« war zunächst die Vermögenskontrollbehörde zuständig, eine Einrichtung der amerikanischen Militärverwaltung.[8] Als »Ämter für Vermögenskontrolle« wurde die Behörde am 1. April 1946 dem Hessischen Minister der Finanzen unterstellt.

Anspruch auf diese ungeklärten Besitztümer erhoben sowohl Max L. Cahn für die Frankfurter Jüdische Gemeinde als auch die im November 1947 gegründete jüdische Organisation Jewish Restitution Successor Organization (JRSO), deren Aufgabe es war, das jüdische Vermögen, welches nicht zugeordnet werden konnte, für das Wohl der gesamten jüdischen Gemeinschaft und des geplanten Staates Israel zu verwalten und zu nutzen.

Max L. Cahn sah den ununterbrochenen Fortbestand der ehemaligen Frankfurter Jüdischen Gemeinden. Für ihn bildeten das jetzige Gemeindemitglied Karl Oppenheimer, ein ehemaliger Vertrauensmann der Reichsvereinigung der Juden in Deutschland, und die wenigen Überlebenden der ehemaligen Gemeinden in Frankfurt die legitime Nachfolgegemeinde.[9] Daraus leiteten Cahn und weitere Rechtsanwälte einen eigenen Rechtsanspruch der Gemeinde auf die Frankfurter jüdischen Liegenschaften ab.

Die JRSO hingegen bezog sich auf eine im Judentum weit verbreitete Meinung, dass auf Grund der Verbrechen, die in Deutschland an den Juden verübt worden waren, Juden den »deutschen Boden« meiden sollten, und die »Mörder« die Juden nicht auch noch beerben sollten, indem jüdischer Besitz in deutsches Eigentum überging.[10]

---

5  Vgl. Tauber 2008: 24.
6  Vgl. ebd.: 33.
7  Vgl. ebd.: 38.
8  Vgl. Meinl/Zwilling 2004.
9  Für weitere Informationen siehe Tauber 2008: 39–73.
10 Vgl. Tauber 2008: 39.

Kapitel 6

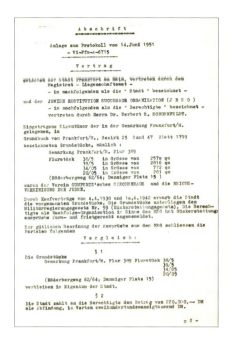

Abbildung 83: Vertrag zwischen Stadt Frankfurt und JRSO, die Stadt bezahlt 220.000,- DM für die Liegenschaften Röderbergweg 62–64 und Danziger Platz 15.

So standen die Interessen der JRSO gegen die der Frankfurter Gemeinde. Als im November 1947 das Rückerstattungsgesetz in Kraft trat (USREG, US-Militärgesetz Nr. 59), reichten beide Parteien auf der Basis dieses Gesetzes die jeweils gleiche Maximalforderung nach Rückgabe sämtlicher ehemaliger Frankfurter jüdischen Besitztümer ein. Gerichtsort war Bad Nauheim mit dem Zentralmeldeamt für Rückerstattung, dort begann ein jahrelanges Tauziehen um die Besitzrechte.[11] Allerdings gab es auch direkte Vereinbarungen zwischen den Kontrahenten, eine davon betraf die Liegenschaften im Röderbergweg 62–64 und den Danziger Platz 15. Da die JRSO die Gemeinde in Frankfurt auch finanziell unterstützte, verzichtete die Gemeinde auf die genannten Grundstücke, wodurch die JRSO in der Lage war, sie an die Stadt Frankfurt am Main für 220.000 DM weiterzuverkaufen, wie aus den obenstehenden Verträgen zu ersehen ist.[12]

---

11  Vgl. ebd.: 149f.
12  HHStAW, Signatur: 519 V VG 3102 1744_004.

Zu einer abschließenden Regelung zwischen JRSO und Jüdischer Gemeinde kam es im Mai 1954, beide Parteien erkannten den strittigen Anspruch an und teilten das Vermögen einvernehmlich. In den Besitz der Jüdischen Gemeinde Frankfurt am Main kamen so der Komplex der Westendsynagoge, das Gemeindehaus im Baumweg 5–7, das ehemalige Krankenhaus in der Gagernstraße 34–36, das Philantropin in der Hebelstraße 15–19 und die ehemalige Volksschule im Röderbergweg 29.[13]

Eine Klärung der bundesweiten Rechtsverhältnisse brachte am 29. Oktober 1954 der Spruch der CORA (Court of Restitution Appeals) in Nürnberg. Die Jewish Restitution Successor Organization erhielt das ausschließliche Recht auf Rückerstattung »erbenlosen« persönlichen und institutionellen Vermögens.

Das Leben in den Häusern im Röderbergweg 62–64 und Danziger Platz 15 hatte bereits vor diesen rechtlichen Regelungen, im Januar 1948, wieder begonnen. Als Treuhänder hatte die Jüdische Gemeinde Heinz Herbert Karry bestellt. Er sollte das von der US-Militärregierung verwaltete Gebäude restaurieren und die Vermietung organisieren. Heinz Herbert Karry[14] (1920–1981) war der Sohn eines Färbermeisters, der während der NS-Zeit in Theresienstadt interniert wurde, er selbst musste wegen seiner jüdischen Herkunft Zwangsarbeit leisten.[15] Nach Kriegsende arbeitete er ehrenamtlich mit August Adelsberger, dem Beauftragten der örtlichen Militärregierung für jüdische Angelegenheiten, für die Gemeinde.[16] Bekannt wurde er später als Spitzenpolitiker der FDP und Wirtschaftsminister in Hessen. Er starb durch einen Mordanschlag am 11. Mai 1981 in seinem Haus in Frankfurt. Der oder die Mörder sind bis heute unbekannt.

Neben der Liegenschaft des ehemaligen Gumpertz'schen Siechenhauses hatte Karry die Treuhandschaft über insgesamt ca. 38[17] Liegenschaften übernommen. In der Erinnerung seines Sohnes Ronald waren es allerdings wesentlich mehr: »Soviel ich weiß, das müssen nach dem Krieg mehrere hundert Liegenschaften gewesen sein, also alle, die ehemalig in jüdischem Eigentum und enteignet waren, und von denen man zum damaligen Zeit-

---

13  Vgl. Tauber 2008: 153.
14  Munzinger Archiv: Heinz Herbert Karry.
15  Vgl. ebd.
16  Tauber 2008: 24.
17  HHStAW, Signatur: 519 V VG 3102 1744_002.

Kapitel 6

Abbildung 84: Röderbergweg 62-64, das ehemalige Vorderhaus des Gumpertz'schen Siechenhauses vom Röderbergweg aus gesehen, o. J., ca. 1970er Jahre.

punkt nicht wusste, was ist mit den ehemaligen Eigentümern?«[18] Diese Einschätzung schließt entsprechend privates jüdisches Eigentum ein.
Die treuhänderische Verwaltung im Auftrag der jüdischen Gemeinde von ehemaligem Gemeindeeigentum bedeutete, dass die Gebäude vorerst weiter im Besitz der Stadt Frankfurt blieben, de facto jedoch von der Jüdischen Gemeinde genutzt wurden.

Über die Liegenschaft Röderbergweg 62–64, das ehemalige Gumpertz'sche Siechenhaus, berichtete Heinz Herbert Karry später:

»Die Liegenschaft Röderberweg 62/64 und Danzigerplatz 15 wurde von mir vom 8.1.1948 bis zum 31.7.1951 treuhänderisch verwaltet. Bei Übernahme der Liegenschaften fand ich im Danzigerplatz 15 ein total zerstörtes und im Röderbergweg 62/64 ein teilweise bombengeschädigtes Anwesen vor, das indessen infolge nicht ausreichender Maßnahmen der vor der Inkontrollnahme zuständigen Bucheigentümer fast restlos ausgeplündert worden war. Mietverhältnisse bestanden bei Beginn der Treuhänderschaft keine, und die Liegenschaft warf keinerlei Erträgnisse ab.«[19]

---

18  Karry 2016: Interview.
19  HHStAW, Signatur: 519 V VG 3102 1744_020.

Der Röderbergweg 62–64 nach dem Zweiten Weltkrieg

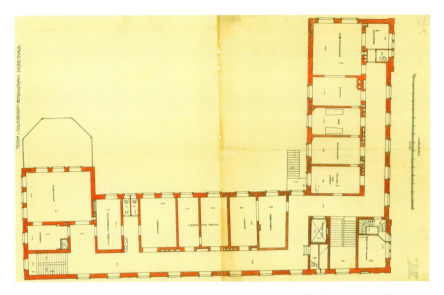

Abbildung 85: Grundriss des Gumpertz'schen Siechenhauses, Vorderhaus, der Röderbergweg befindet sich rechts, undatiert (geschätzt 1905).

Heinz Herbert Karrys Konzept war es, in Abstimmung mit der Jüdischen Gemeinde und den städtischen Behörden und der Vermögenskontrollbehörde Überschüsse aus unterschiedlichen vermieteten Liegenschaften zu erzielen, um das »interessanteste Objekt, Röderbergweg 62/64« wieder instand zu setzten,[20] so begann er die Arbeit am Haus, und die ersten Mieterinnen und Mieter konnten einziehen.

## Handwerkerinnen, Handwerker und Geschäftsleute im Haus

Die 1950er Jahre wie auch die folgenden Jahrzehnte lassen sich nicht allein auf Basis der Aktenlage rekonstruieren. Hier halfen uns Zeitzeuginnen und Zeitzeugen.[21] Sie berichteten uns, dass es in den ersten Jahren nach dem

---

20 Ebd.

21 Wir bedanken uns bei den Interviewpartnerinnen und -partnern Ronald Karry, der von 1950 bis 1957 im Haus wohnte, bei Helke und Thomas Bayrle, die seit 1955 im Hinterhaus und seit 1957 im Vorderhaus lebten und bis in die 1970er Jahre Kon-

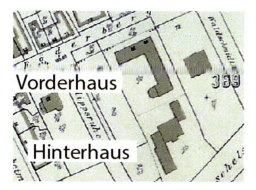

Abbildung 86: 1950 Stadtplan. Der Plan zeigt die Gebäude Röderbergweg 62–64 (Vorderhaus) und Danziger Platz 15 (Hinterhaus).

Abbildung 87: Bulli-Bock Flaschenanhänger, der im Haus gepresst wurde.

Krieg im Haus schon auch zum Fürchten war. Das Hinterhaus, Danziger Straße 15, war zerstört, und das Vorderhaus, Röderbergweg 62–64, teilweise zerstört und ausgeplündert. Die neuen Mieterinnen und Mieter ab 1948 sanierten ihre Wohnungen aus eigener Kraft und mit Zuschüssen der Stadt Frankfurt. Dennoch blieben viele Ecken noch lange unheimlich, es gab einen »Riesenaufzug«, der in »Trümmern lag«, vermutlich der frühere Bettenaufzug. Furchterregend war ein unterirdischer Verbindungsgang zwischen Vorder- und Hinterhaus: »Ich bin einmal oder zweimal durch diesen Gang durch, und das war schon leicht unheimlich«.[22] Später wurden hier Toiletten eingebaut, wodurch der Ort, nass und kalt, mit Algen an den Wänden, nicht angenehmer wurde. Auch an die nähere Umgebung im Frankfurter Ostend erinnern sich die Befragten als einer »harten Gegend«, in Wohnwagen campierten Flüchtlinge eng an eng, ein Nährboden für Misstrauen, welches zu mancher Schlägerei führte, in der Erinnerung blieb eine »bedrohliche« Atmosphäre.[23]

Gleichzeit war der Röderbergweg eine Straße »zum sich drauf schlafen legen«, so ruhig ging es dort zu, »einmal am Tag ist da ein Auto gefahren. Dann

---

takte dorthin hatten. Majer Szanckover gab uns wichtige Informationen, er wohnte gegenüber dem Gumpertz'schen Siechenhaus. Er und die Familie Sonnenschein wussten viel über die letzten Jahre im Haus zu berichten. Wir bedanken uns bei den Zeitzeugen, die uns über die Synagoge in der ehemaligen Israelitischen Volksschule nach dem Zweiten Weltkrieg berichteten.

22 Bayrle 2015: Interview.
23 Ebd.

kam der Eis-Günther einmal in der Woche vorbei, mit Elektrolastwagen, die gab es ja damals schon, Elektro-Lkw mit Vollgummireifen, Vorkriegsmodelle, […] hauptsächlich wegen der Bäckerei [und lieferte Stangeneis, E. B.]«,[24] so die Erinnerung von ehemaligen Mieterinnen und Mietern. Ich vermute, dass sich die Geräuschkulisse beim Betreten des Hauses schlagartig veränderte: Aus der Bäckerei im Untergeschoss waren sicherlich das Klappern von Backgeschirr, das Mahlen von Maschinen und das Aufschlagen von Teig zu hören, und der Duft von Hefe, Sauerteig und Süßem wie auch frisch Gebackenem muss in der Luft gelegen haben. Die Druckerei war bestimmt noch deutlicher zu hören, der rhythmische Papierbogen-Einzug und das Niederfallen der Druckstöcke müsste eine deutliche Geräuschkulisse erzeugt haben, der Geruch nach Druckerfarbe stach wohl in die Nase. Großer Lärm kam sicherlich aus einer Kunststofffirma, für die Biermarke Bulli-Bock presste man dort mit »irrsinnig schweren Maschinen«[25] Anhänger zur Werbung und zur Zierde der Bierflaschen. Einen solchen Anhänger konnten wir noch finden und hier abbilden (Abbildung 87).

Auch im Hinterhaus, der Danziger Straße 15, herrschte definitiv Lärm, so Thomas Bayrle. Unter der Wohnung der Familie Bayrle, die 1955 eingezogen war, liefen Tag und Nacht die Maschinen einer Schreinerei, sirrende Sägeblätter, die bei Volllast kreischten, knallende Hämmer müssen deutlich vernehmbar gewesen sein. Tagsüber hörte man oft das Schaufeln und die Schubkarren von Familie Bayrle, sie entrümpelten über ein Jahr lang das Haus, das als »total zerstört«[26] galt, sie haben, so die Erinnerung, »Hunderte, wenn nicht Tausende Schubkarren« voller Schutt herausgefahren.[27]

Die Mieterinnen und Mieter erinnern sich an die Bäckereibesitzerin, eine etwa 70 Jahre alte Dame, von der man munkelte, dass sie ihr Wochenende mit einem Fliegenpilzkuchen ausklingen ließ. Oder sie denken an die gegenseitige Hilfe: Die Bäckerei hatte einen großen Bedarf an Zeitungspapier, um die Backbleche auszulegen und sie vor dem Anbacken des Kuchens zu schützen. Einen Teil dafür erhielten sie von Hausbewohnerinnen und -bewohnern. Im Ausgleich gab es frischen Blechkuchen, der gerne »gemampft« wurde. Für die Produkte der Kunststoffpresserei, die Bulli-Bock-Anhänger, hatten die Kinder

---

24 Karry 2016: Interview.
25 Ebd.
26 HHStAW, Signatur: 519 V VG 3102 1744_020.
27 Bayrle 2015: Interview.

ihre Verwendung, da es die Anhänger in »tausend verschiedenen Farben und Motiven«[28] gab, sammelten die Kinder sie mit Begeisterung und tauschten sie untereinander.

Politisch engagierte Mieterinnen und Mieter waren die Vereinigung Verfolgter des Nationalsozialismus (VVN), die mit ihrem Röderberg-Verlag seit dem 1. Mai 1950 im Haus arbeiteten.[29] Vermutlich kannte der Verwalter Heinz Herbert Karry einige von ihnen »aus dem Lager«[30] und hat sie ins Haus gebracht. Hier gaben sie die Zeitung *Die Tat* heraus,[31] in der sie Entschädigung für NS-Verfolgte forderten, der Widerstandkämpfer gedachten und den »Wiedereinsatz« von Nazis in Staat und Wirtschaft anprangerten,[32] z.B. den Wiedereinsatz des Mitverfassers der Nürnberger Rassegesetze Hans Globke, der zu dieser Zeit als Staatssekretär von Bundeskanzler Konrad Adenauer[33] tätig war.

Programmatisch bekannten sich die Redakteurinnen und Redakteure in einigen Büchern des Röderberg-Verlags zum Schwur der kommunistischen Widerstandskämpfer vom 19. April 1945 in Buchenwald,[34] worin sie die Verfolgung der Schuldigen des Nazismus und dessen Vernichtung, und den Aufbau einer neuen friedlichen Welt forderten.[35] Buchthemen des Verlags waren unter anderen die Dokumentation der SS oder Zeitzeugenberichte des regionalen Widerstands.[36] Wann genau der Verlag aus dem Röderbergweg 62–64 auszog, ist unklar.

Je mehr der Verlag die antifaschistische Linie der DDR vertrat und die BRD sich zunehmend westlicher ausrichtete, desto stärker geriet der Röderberg-Verlag in die finanzielle Abhängigkeit der DDR und ab 1968 in die Abhängigkeit der DKP.[37] Die finanziellen Schwierigkeiten wuchsen,[38] und 1983 fusionierte

---

28  Ebd.
29  HHStAW, Signatur: 519 V VG 3102 1744.
30  Karry 2016: Interview.
31  Körner 2016. Körner schreibt fälschlicherweise »Röderbergstraße«.
32  Vgl. ebd.: 145.
33  Vgl. Schneider 1997: 36.
34  Vgl. Leser 2009.
35  Knigge 1998: 95.
36  Weitere, zum Teil sehr wichtige Bücher, waren 1957 »Macht ohne Moral – Eine Dokumentation über die SS«. Die Reihe »Bibliothek des Widerstandes«, 30 Bände von Zeitzeugen über regionale Geschichte des Widerstandes. Oder »Der deutsche antifaschistische Wiederstand 1933–1945« von Peter Altmann.
37  Vgl. Leser 2009: 5.
38  Vgl. ebd.: 11.

*Die Tat* mit der linken Wochenzeitung *Deutsche Volkszeitung*. Der Röderberg-Verlag selbst fusionierte 1987 mit dem Verlag Pahl-Rugenstein, Bonn, und trat seit 1989 als Verlag nicht mehr in Erscheinung.[39] Nach einer Neugründung der Zeitung ging sie mit anderen Blättern in die heute aktuelle Wochenzeitung *Der Freitag* über.[40]

Zu Anfang der 1950er Jahre herrschte in Frankfurt, wie in ganz Deutschland, große Wohnungsnot, entsprechend dicht belegt war das Haus. Allein im Kellergeschoss, welches »gut bewohnbar, da sehr hell« war, lebte die Hausmeisterfamilie mit zwei Töchtern[41] neben einem Schumacher, der dort auch seine kleine Werkstatt hatte.[42] Daneben gab es einen Kellerraum der Familie Karry, der wiederum neben einer weiteren Wohnung lag, hier lebte ein Gerichtsangestellter mit Familie.[43]

Weitere Mieterinnen und Mieter des Hauses treten in den aufgezeichneten Erinnerungen der Bewohnerinnen und Bewohner nur schemenhaft auf. Ein Prokurist für Export/Import, der zuvor Marineoffizier war. Ein Geschäftsführer eines weiteren Import- und Exportgeschäftes für Obst und Gemüse – »waggonweise ging das«[44] – mit Frau und Tochter. In einer ehemaligen Portierswohnung auf halber Stockwerkhöhe neben dem erwähnten Aufzug lebte ein Brauereidirektor mit Frau und zwei Söhnen. Und es gab die Familie der Schwester von Frau Karry. Ihr Mann war Botaniker, der aus aller Welt Pflanzen und Samen mitbrachte, und es entstand ein beeindruckender, großer Steingarten hinter dem Haus.[45] Damit setzte er, ohne es zu wissen, eine Gartentradition fort, da bereits im 19. Jahrhundert Sommerhäuser mit Englischen Gärten die Weinberge der Gegend verdrängt hatten. Auch Mieterinnen und Mieter des Hinterhauses am Danziger Platz 15 erinnern sich an den dortigen »traumhaften« Garten, mit großen Rabatten Iris, großen gefüllten rosa Rosen, hochwachsenden Bäumen, »es war ein wilder Garten«.[46]

Da unsere Interviewpartner eine Wohnung im ersten Stock besonders ausführlich beschreiben konnten, soll auch hier besonders Bezug auf die-

---

39 Vgl. ebd.: 12.
40 Vgl. https://de.wikipedia.org/wiki/Deutsche_Volkszeitung_(1953%E2%80%931989) [23. Juli 2017] und http://www.zeitung.de/medien/der-freitag/ [23. Juli 2017].
41 Karry 2016: Interview.
42 Ebd.
43 Ebd.
44 Ebd.
45 Ebd.
46 Bayrle 2015: Interview.

se Wohnung genommen werden, beispielgebend für die Atmosphäre im Haus. Die Familie Karry wohnte seit etwa 1950 in dieser Wohnung und in der Erinnerung waren die Decken schätzungsweise vier Meter hoch, es gab eine große verglaste Veranda, ein Wohnzimmer, Küche, Diele, Bad, Elternschlafzimmer, Kinderzimmer und ein Zimmer für das Kindermädchen. Auf dem Flur gab es ausreichend Platz, um »mit einem Tretauto [zu fahren], man konnte also praktisch durch die Wohnung eine Rennstrecke führen«.[47] Gute Freunde der Kinder waren die Nachbarsjungen im gegenüberliegenden Hausflügel. Deren Familie, Verfolgte aus Rumänien, waren Fruchthändler in der Frankfurter Großmarkthalle, sie haben wohl besonders Zitronen für ganz Hessen importiert, so Bayrle. Die Söhne kamen abends mit Elektrokarren von der Arbeit: »Um nicht laufen zu müssen, sind sie von der Großmarkthalle mit den Dingern nach Hause gefahren und haben sie dann im Hof abgestellt.«[48] Die Nachbarskinder spielten Fußball miteinander oder übten Kugelstoßen mit Steinen. Der Maler Bayrle hat den »Großmarktjungs« Totenköpfe auf die Motorräder gemalt: »Für fünf Mark einen Totenkopf.«[49] Gern erinnert sich Bayrle an die Ausflüge mit seinen Freunden in die Großmarkthalle mit riesigen Mengen von Gemüse und Obst, welches per Hand auf kleinere Wagen geladen wurde, und dass die Halle rund um die Uhr geöffnet war, man jederzeit etwas zu essen bekam. »Alles wilde Stände, und alle haben sie irgendetwas zu Essen gemacht.«[50]

Karry fand besonders schön, dass Feste gefeiert wurden, so manches Grillfest wurde im Garten veranstaltet. 1952, zur Krönung Elisabeth II,[51] gab es den ersten Fernseher im Röderbergweg 62–64. Vater Karry lud jeden ein, den er gut kannte, 40 oder 50 Leute kamen. »Dann wurden aus allen Matratzen, allen vorhandenen Betten und Sofas und Kissen im Wohnzimmer Tribünen gebaut, das war ja riesengroß.« Getoppt wurde die Veranstaltung durch die 1954 folgende Fußballweltmeisterschaft. Mindestens 50 ausschließlich männliche Zuschauer und Fans tobten in Karrys Glasveranda, der Hof war vollgeparkt mit Autos, die Leute waren »außer Rand und Band«.[52]

---

47  Karry 2016: Interview.
48  Ebd.
49  Bayrle 2015: Interview.
50  Ebd.
51  Karry 2016: Interview.
52  Ebd.

Das allerschönste Erlebnis für Ronald Karry war allerdings eine Faschingsparty, die sein Vater unter einem chinesischen Motto im riesigen Wohnzimmer veranstaltete. »Das muss man sich mal vorstellen, in den 50er Jahren, da wusste keiner, wo China überhaupt liegt, das war völlig unbekannt.« Der Maler Alf Bayrle, Thomas Bayrles Vater, »hatte die mit Papier verkleideten Wände mit Drachen und anderen chinesischen Motiven bemalt, die so echt wirkten, dass sich einige Besucher gegruselt haben«.[53]

Eingangs des Textes wurde die verlassene Straße vor dem Haus erwähnt. Doch war dies wohl nicht überall in der Nachbarschaft so. Den Röderbergweg bergauf standen viele Wohnwagen, ein Eindruck davon ist auf den Abbildungen auf der folgenden Seite festgehalten.

Oberhalb des Hauses Röderbergweg 62–64 gab es einen breiten Graben, eine Art Panzergraben, die sogenannte »Wolfsschlucht«, dort standen die Wagen von Zirkusformat und dazugehörige Zugmaschinen in Dreierreihen. Sie reichten bis hin zum Ostbahnhof. Es wurde damals von »Zigeunern« gesprochen. Thomas Bayrle malte seine ersten Bilder von dem »vollgestopften« Gelände. 1953 richtete die Stadt die Wohngemeinschaft Bonameser Weg ein, vermutlich sind einige der Wagenbesitzer dorthin gezogen.

Auch die Häuser gegenüber dem ehemaligen Gumpertz'schen Siechenhaus waren inzwischen wieder bewohnt. Majer Szanckower, heute der Verwalter der jüdischen Friedhöfe in Frankfurt, kam 1957 als 9-Jähriger aus dem DP-Lager Föhrenwald nach Frankfurt. In den neu gebauten Häusern Waldschmidtstraße 129 und 131, gegenüber dem Röderbergweg 62–64, auf dem Areal des ehemaligen Rothschild'schen Hospitals,[54] wohnten »damals ausschließlich Juden aus Föhrenwald«,[55] erinnert sich Szanckower. Bei seinen Erinnerungen an das ehemalige Gumpertz'sche Siechenhaus denkt Szanckower besonders an den »riesen Garten«[56] des ehemaligen Siechenhauses, in welchem die Anwohner öfter Feste feierten. Im Haus selbst kannte er seinen Freund Donatus. Donatus Bölkow, genannt Rosenhütchen, wohnte im Zwischengeschoss neben der Druckerei. Er hat für die Theatergruppe, die Szanckower mit anderen im Jugendzentrum[57] der Jüdischen Gemeinde gegründet hatte, die Kulissen gemalt.

---

53 Ebd.
54 Die Waldschmidtstraße 129–131 war der Standort des früheren Rothschild'schen Hospitals (damals Röderbergweg 93/97).
55 Ostend//Ostanfang Ausstellung 2011: Majer Szanckower, Zeitungsausschnitte.
56 Ebd.
57 Szanckower 2016: Interview.

Kapitel 6

Abbildung 88: Wohnwagen im Röderbergweg 96, 1953.

Abbildung 89: Wohnwagen im Röderbergweg 97, 1953.

Majer Szanckower erinnert sich auch an die Ruine des Jüdischen Waisenhauses, ebenfalls gegenüber dem ehemaligen Gumpertz'schen Siechenhaus gelegen. Es war eines von vielen Trümmergrundstücken, bewachsen mit Brombeersträuchern, dort spielten die jüdischen Kinder oft. Auf dem Gelände standen zwei Wohnwagen, in denen eine jüdische Schaustellerfamilie lebte. In den Ruinen des Waisenhauses gab es an den Mauern alte Marmortafeln mit eingravierten Namen von Stifterfamilien. Und Majer Szanckower konnte uns berichten, dass solche Marmortafeln auch auf dem heutigen Alten Jüdischen Friedhof aufbewahrt werden. Zwischen diesen Tafeln fanden wir zu unserer Überraschung auch eine große Marmortafel, die an die Eröffnung des Neubaus des Gumpertz'schen Siechenhauses im Jahr 1907 erinnert, sie ist im Kapitel 4 als Abbildung 54 zu sehen.

## Eine avantgardistische Kunstszene entwickelt sich

In den 1960er Jahren linderte das bundesdeutsche Wirtschaftswunder die Wohnungsnot drastisch. Algerienkrieg und Kubakrise waren Vorboten der Studentenbewegung. Das Fernsehen begann dem Radio Konkurrenz zu machen. Im Kulturleben banden Happening-Künstler und Fluxus-Bewegung das Publikum mit ein und verknüpften so Kunst und Alltagsleben.

Auf der Straße am Röderberg war es in den 1960er Jahren vermutlich genauso einsam wie zu Anfang beschrieben. Im Haus lebten weiterhin viele der bisher erwähnten Personen. Die Bäckerei gab es noch, die Druckerei ebenfalls, und auch der Röderberg-Verlag residierte noch hier. Geräusche und Gerüche, die ich vermute, dürften ebenfalls die gleichen gewesen sein: gleichmäßiges Klacken von Druckmaschinen, lautes Zischen der Kunststoffpressen, frisches duftendes Gebackenes.

Neue Mieterinnen und Mieter waren dazugekommen, ein Fechtmeister im Hinterhaus oder auch ein Ingenieur, der an der Planung der U-Bahn beteiligt war, er kam aus Persien in Begleitung seiner Mutter, sie wohnten im oberen Stockwerk des Vorderhauses. In dieser riesengroßen Wohnung hatte die Mutter des Ingenieurs ein Zelt aufgebaut und sich mit Teppichen umgeben. Ihre Nachbarn erinnern sich an sie, die Pfeife rauchte und Zigarren qualmte.[58]

---

58  Bayrle 2015: Interview.

Kapitel 6

Abbildung 90: Helke und Thomas Bayrle, Interview 5. August 2015.

Die Veränderungen der Zeit sehen wir beispielhaft, indem wir zurückkommen auf die große Wohnung mit Glasveranda im ersten Stock, die schon öfter erwähnte Wohnung der Familie Karry. Karrys wohnten dort von 1950 bis 1957, ihr Leben in der Wohnung wurde bereits beschrieben, danach bezog Familie Bayrle die Wohnung. Alf Bayrle, Thomas Bayerles Vaters, war Kunstmaler. In den 1920er Jahren lebte er in Frankreich und war mit Maurice Ravel, Colette und anderen Künstlerinnen und Künstlern befreundet; zu Pablo Picasso, Jean Cocteau und Henri Matisse hatte er Kontakte. Als Expeditionszeichner ging er 1934–35 auf Einladung des Frankfurter Völkerkundlers Leo Frobenius nach Äthiopien, begleitet von seiner Frau, der promovierten Kunsthistorikerin Elisabeth Weiss. Nach Lebensabschnitten in Berlin und in Oberndorf im hessischen Spessart, bezogen sie 1955 eine Wohnung am Danziger Platz 15, dem Hinterhaus des Anwesens am Röderbergweg. Dort war es teils romantisch, teils unausstehlich, so die Erinnerung: »Die Großoma war noch da, der Vater arbeitete in einem Winkel Tag und Nacht, es gab einen Garten, und alles war sehr eng, doch letztlich waren die Wohnverhältnisse, besonders wegen des Lärms aus dem unte-

Abbildung 91: Alf Bayrle: Äthiopien, Konso.

ren Stockwerk der Schreinerei, nicht haltbar.«[59] Nach der Entrümpelung der Wohnung von Kriegsschutt und dem quälenden Maschinenkrach der Schreinerei im Hinterhaus, ergab sich die Gelegenheit, die Wohnung Karry im ersten Stock im Vorderhaus zu übernehmen.

Beim ersten Besuch der Familie Bayrle in der neuen Wohnung beeindruckte deren schiere Größe von geschätzten 250–260 qm. Heinz Herbert Karry begrüßte die Familie, die sich aufgereiht hatte wie die Trapp-Familie,[60] Vater, Mutter und die drei Kinder. Und er startete zur Begrüßung die Musikbox, »das war nicht eine Musikbox, sondern das war ein Musikschrank, es sang Rosemary Clooney: Botch-a-me my Baby«, bemerkt Thomas Bayrle. Eine Erinnerung betraf auch eine Sammlung von Löwen- und Fischspeeren, die Bayrles von ihrer Afrika-Expedition mitgebracht hatten.[61] Sie dekorierten die Fensternischen in der großen Veranda. Und sie dienten den Kindern der Familien, gemeinsam mit großen Schilden aus Nilpferdhaut und imposanten Rundmessern, als exotisches Spielzeug. Der Verbleib der Speere, den wir versuchten zu entdecken, endete jedoch im Verkaufskatalog eines Auktionators, weiter konnten wir ihn nicht ermitteln. Die Kontakte zu den Frankfurter Völkerkundlern und zur Familie Frobenius brachte der Malerfamilie auch den regelmäßigen Besuch der alten Frau Frobenius; zu Weihnachten unterstützte sie die Familie mit einer Gans und ließ so eine Weile die Kälte in der kaum heizbaren Riesenwohnung vergessen.[62]

---

59  Ebd.
60  »Trapp Familie« war ein deutscher Heimatfilm in den 1950er Jahren. In der Familie Trapp gab es sieben Kinder, die auch als Chor auftraten und dabei der Größe nach geordnet waren.
61  Bayrle 2015: Interview.
62  Ebd.

Kapitel 6

## Die Künstlerszene im Röderbergweg 62–64

Thomas Bayrle lebt auch heute noch gemeinsam mit seiner Frau, der Videokünstlerin Helke Bayrle, in Frankfurt. Er war u. a. Mitbegründer der Gulliver-Presse, einer Reihe von Künstlerbüchern, wirkte als Professor an der Städelschule und nahm mehrfach an der documenta in Kassel teil. Das Paar lernte sich 1958 kennen und bezog 1962 im Kohlenkeller des Hauses Röderbergweg 62–64 eine gemeinsame Wohnung. Etwa 1965 zog Vater Alf Bayrle vom Röderbergweg weg nach Bonn, und die freigewordene Wohnung wurde zur Künstlerwohnung, Siebdruckerei und zum Atelier von Sohn Thomas Bayrle und Frau Helke.[63]

Ab 1957 habe sich das Anwesen im Röderbergweg »in einer positiven Weise« immer weiter »verwildert, es hat sich richtig viel angesiedelt, was zwischen Kunst, Literatur und Experiment lag«,[64] erinnert sich Thomas Bayrle, womit er besonders die ehemalige Wohnung der Familie Bayrle meint. Zunächst belegte die Wohnung Peter Zollna, Maler, Grafiker und Fotograf, später vor allem bekannt als Fotograf von Jazzmusikerinnen und -musikern. Rolf Kissel arbeitete hier zeitweise, er war Maler und Bildhauer, später Träger der Goetheplakette des Hessischen Ministeriums für Wissenschaften und Kunst. Häufiger Besucher in Haus und Wohnung war Bazon Brock, Mitglied der Fluxus-Bewegung, heute emeritierter Professor für Ästhetik und Kunstvermittlung. Eines seiner Events war damals in einem vergoldeten und silbern tapezierten Schrank kopfzustehen und gleichzeitig aus seinen Gedichten und Texten zu rezitieren. Er habe halbe Stunden auf dem Kopf stehen können.[65]

Die entstehende Frankfurter Künstlerszene sei zwar nicht mit der in Düsseldorf[66] vergleichbar, sie sei ganz dünn gewesen, doch äußerst aktiv, erinnert sich Bayrle. Düsseldorf war eine Stadt der bildenden Kunst, Frankfurt stärker im Intellektuellen, bei den Printmedien und den Verlagen, was z. B. Bayrles Gulliver-Presse zeigte.[67]

---

63  Ebd.
64  Ebd.
65  Ebd.
66  Für die Düsseldorfer Kunstszene sei hier stellvertretend Joseph Beuys genannt.
67  Vgl. Bayrle 2015: Interview.

## Adam Seide

Abbildung 92: Plakat zu einer Ausstellung von Peter Roehr im Röderbergweg 64, 1967.

Adam Seide wurde einer der zentralen Künstler im Röderbergweg 62–64. Er übernahm von Peter Zollna die Wohnung im ersten Stock. Seide war »ein Mensch, der tatsächlich nur er selbst war, der hatte sein dunkles Jäckchen und schon damals seinen geschorenen Kopf, was damals niemand hatte, und war ein sehr intellektueller Typ«,[68] so Thomas Bayrle.

Ein Beispiel seiner künstlerischen Arbeit war ein Auftritt in einer Kirche in der Nähe von Oberursel, dort hat er vier Stunden lang Beckett vorgelesen, allerdings vor leeren Bänken, d. h. vor ca. fünf Leuten.

Die Räume im Röderbergweg 62–64 nutzte Adam Seide auch als Ausstellungsräume. Peter Roehr, der 1968 als 23-jähriger gestorbene Frankfurter Künstler, war einer der Präsentierenden, er hatte Mitte der 1960er Jahre zwei Ausstellungen im Haus.

Zur Frankfurter Buchmesse veranstaltete Adam Seide große Feste, gesponsert durch Verlage. Besonders denkwürdig war nach den Erzählungen ein Fest mit den »Provos«, sie waren als eine der ersten alternativen Gruppen ins holländische Parlament gewählt worden. Diese Gruppe um Jan Krämer hatte als Gastgeschenk »fünfzig Fässer Genever[69] mitgebracht«,[70] und sie setzten die schon traditionellen großen Feste im Haus fort. Nachdem allerdings jemand die Farbeimer in Thomas Bayrles Siebdruckerei entdeckt und begonnen hatte, sie durch die Gegend zu werfen, kam es fast zu Schlägereien, während es im Hof zu chaotischen

---

68 Bayrle 2015: Interview.
69 Genever = holländischer Wacholderschnaps.
70 Bayrle 2015: Interview.

Abbildung 93: Erster öffentlicher Aushang der Provo-Gruppe in Amsterdam, 8. Mai 1966.

Szenen mit angetrunkenen Autofahrern kam. Es war wohl zum Fürchten,[71] so Helke Bayrle.

Adam Seide trat als Künstler, aber auch als Literat in Erscheinung. Uns beeindruckte besonders sein Roman *Rebecca oder Ein Haus für Jungfrauen jüdischen Glaubens besserer Stände in Frankfurt am Main.* Aus den Perspektiven einer Mieterin, eines Malers, des Tagebuchs eines SS-Mannes und der Sicht des Erzählers wird die Geschichte des Hauses im Röderbergweg 62–64 dargestellt. Seide lässt die Vergangenheit wieder aufleben.[72] Über die Künstlerszene im Haus dichtet Seide am Schluss seines Buches:

»Als ich das Haus gekannt habe, wurde manchmal in den Sälen […] Fußball oder Tischtennis gespielt, so weitläufig waren sie. Als ich das Haus gekannt habe, […] haben Künstler in dem Haus gearbeitet und Kinder gespielt. Dort hatte Peter Zollna sein Atelier, da hat der Nicolai seine gewaltigen Plastiken gearbeitet, dort stand Rolf Kissel an der Kreissäge, da hat Wolfgang Klee seine dunklen Bilder gemalt, dort hat der Donatus Bölkow zart etwas Duftiges hingetuscht, dort jener und da jene.«[73]

---

71  Ebd.
72  Seide 1987: Klappentext.
73  Ebd.: 226.

Abbildung 94: Fotografie auf dem Titelbild von Seides Roman *Rebecca*: Abriss des ehemaligen Gumpertz'schen Siechenhauses.

Die künstlerische Zusammenarbeit von Bayrle und Seide trug ebenfalls Früchte, 1967 bedruckte Thomas Bayrle Kunststoff mit Mustern, ließ ihn zu Regenmänteln verarbeiten und bot diese in einem Kaufhaus zum Verkauf. Es sollte Kunst für alle im Alltag hergestellt werden. Adam Seide hatte das Werk mitinitiiert.[74]

Abbildung 95: Mantel – blau, 1967 Siebdruck auf Kunststoff 101 x 126 x 6 cm Erworben 121996 Inv. Nr. 1997/79 MMK Museum für Moderne Kunst Frankfurt am Main.

---

74 Bayrle 2015: Interview.

Kapitel 6

Abbildung 96: Filmszene aus Rosa von Praunheim, »Erste Szene, Carla kommt von draußen durch das Gitter«. Blick auf den ehemaligen Steingarten des Hauses Röderbergweg 62–64.

## Rosa von Praunheims erster Kurzfilm

Dieser besondere Ort für Künstlerinnen und Künstler zog auch weitere Kreative an. Rosa von Praunheim drehte 1967 im Haus seinen allerersten Kurzfilm *Rosa von Praunheim*. Gedreht wurde in den Räumen von »Rosenhütchen«, Donatus Bölkow, der damals Kunststudent in Offenbach war.

Von Praunheim schreibt in seinem Tagebuch:

»19.10.67 Frankfurt am Main. Abends zu Rosenhut. […] Ich erzählte, was ich machen will. Fanden mich toll. Wollen mit allen technischen Mitteln privat drehen. Material von Cutterin […]. Ich war begeistert und musste mich auf eine Story festlegen. Mutter Helga Klostermann mit drei Töchtern, als Dienstmädchen Carla. Rief Helga Klostermann an, die war ablehnend. Ich so traurig, war sehr bestürzt. 23.10.67 Zu Klostermanns, mit zwei Mädchen geprobt, vor allen Dingen Gymnastik und Tanzen. Abends Probeaufnahmen mit Kameramann, tolle Kamera. 1.11.67 Erste richtige Aufnahmen mit 16 mm. Erste Szene, Carla kommt von draußen durch das Gitter. Zweite Szene auf dem Boden. Wir zogen die Kamera an die Decke. Carla mit Stiefeln und Einkaufsnetz als Dienstmädchen. Dann die Küchenszene von oben, wie Carla in der Müllküche hantiert. Alles sehr kalt, sehr aufregend, aber sehr harmonisch.«[75]

Soweit das Zitat von Rosa von Praunheim. Mit Spannung sah ich mir den Film an, natürlich auch in der Hoffnung, etwas vom Innenleben des alten Hauses zu sehen, was dann auch tatsächlich der Fall war. Carla, die Schauspielerin Carla Aulaulu, kommt in einer Filmszene aus dem ehemaligen »Steingarten«, den der Onkel von Ronald Karry angelegt hatte, ins Haus. Weiter sieht man dann einen schwarzweiß gemusterten, vermutlich originalen Fußboden in Donatus Bölkows Wohnung. Dort waren früher wohl ärztliche und sanitäre Einrichtungen des Gumpertz'schen Siechenhauses untergebracht.

Kritiken ordneten den Film der kulturphilosophischen Richtung des Dilettantismus zu, wobei der »geniale Dilettant« den Bezugspunkt bildet.[76]

Abbildung 97: Filmszene aus »Von Rosa von Praunheim«. Blick in die Wohnung von Donatus Bölkow im Haus Röderbergweg 62–64.

---

75   Praunheim 2009: 68f.
76   Kuhlbrodt o. J.

Kapitel 6

Abbildung 98: Röderbergweg 62–64, 1975.

Die Rezeption urteilte mit »indiskutabel« (Frankfurter Allgemeine Zeitung) oder »Zumutung« (Mannheimer Morgen).[77] In einer Filmrezension betont der Kritiker Dietrich Kuhlbrodt, dass der Film nicht so sehr durch Analyse verstanden werden kann, eher durch die Aufdeckung der Lebensweise um den Film, »der Film will gelebt und miterlebt« werden. D. h., dass der Film – und wie er entstand – etwas über die Lebensweise im Haus erzählt. Rosa von Praunheim hatte demnach in der Malklasse der Offenbacher Kunsthochschule einen »korpulenten Mann mit roten Haaren« getroffen, Donatus Bölkow, genannt Rosenhütchen,[78] in dessen Wohnung im Röderbergweg der Film gedreht wurde. Die Schauspielerin Carla Aulaulu wurde später Praunheims Frau, sie war eher klein und war im Film die Dienerin der »Zwei-Meter-Frauen« der Familie Klostermann. Das Leben im Haus zeigt sich voller Kreativität, Spontaneität und Energie.

---

77 Ebd.
78 Scheinbar erklärt sich der Spitzname »Rosenhütchen« aus den roten Haaren des Donatus Bölkow.

Abbildung 99: Szene um die Besetzung für den Kinderladen Kinderkollektiv Röderbergweg.

## Die Kinderläden

Helke und Thomas Bayrle lebten inzwischen nicht mehr im Röderbergweg.[79] Helke Bayrle erzählt uns von einem der letzten Kapitel des Hauses, sie gründete dort[80] mit anderen Frauen 1970 einen Kinderladen. Entstanden war dieser, da es im Freundeskreis mehrere kleine Kinder gab und die Mütter sich in der Betreuung gegenseitig helfen wollten, damit jede Mutter abwechselnd freie Zeit bekam, was damals nicht üblich war. Es habe dafür keine ideologischen Grundgedanken gegeben, sondern die Situation der zu versorgenden Kinder sei ausschlaggebend gewesen.[81] Als Adam Seide aus der Wohnung im Röderbergweg ausgezogen war, wurden auch dessen Wohnräume für den Kinderladen genutzt.

Ehepaar Sonnenschein berichtet aus einer weiteren Initiative[82] am selben Ort: Anders als in den öffentlichen Kindergärten sollten den Kindern neue »Spielräume« eröffnet werden, um sich freier und kreativer im Kollektiv entwickeln zu können. Neben den Eltern übernahmen »Bezugspersonen« aus allen Berufssparten die Betreuung der Kinder. Die Kleinfamilie sollte

---

79  Bayrle 2015: Interview.
80  Ebd.
81  Ebd.
82  Vgl. Sonnenschein 2017: Interview.

geöffnet werden. Hierbei bezogen sie sich auf die Werke von Melanie Klein, Anna Freud, Wera Schmidt und Studien zur Kibbuz-Erziehung. Die Bezeichnung »Kinderladen« wurde aus Berlin übernommen, wo viele Paare und vor allem alleinerziehende Mütter aus der Studentenbewegung die vielen leerstehenden Läden von Kleingewerbetreibenden zur Einrichtung ihrer Kinder- und Elternkollektive nutzten. Die Soziologin und Pädagogin Monika Seifert,[83] Tochter von Alexander Mitscherlich, hatte schon 1967 in Frankfurt auf der Eschersheimer Landstraße mit Gleichgesinnten den ersten Kinderladen gegründet, aus dem sich die Freie Schule entwickelte, die noch heute existiert. Auf dem Höhepunkt der Studentenbewegung wurden 1968 weitere Kinderläden gegründet, in Frankfurt u. a. in der Leerbachstraße, der Böhmerstraße, der Finkenhofstraße und das Kinderhaus Bockenheimer Landstraße. Eltern aus den Westendkinderläden, die in Abbruch- und besetzten Häusern unzureichend untergebracht waren, schmiedeten »konspirativ« den Plan, die von der Stadt verwalteten Räumlichkeiten im Röderbergweg zu besetzen. Dass dieses Gelände mit den großzügigen Räumlichkeiten ehemals ein jüdisches Alters- und Pflegeheim war, war den Akteuren teilweise bekannt, spielte jedoch in den weiteren Überlegungen keine Rolle. Doch die Besetzung lief schief; die Polizei hatte Wind von der Sache bekommen und war schon vor Ort, als die »Besetzergruppe« ankam.

Die Eltern mit ihren Kindern und Sympathisanten wollten es vor Ort auf keine Auseinandersetzung ankommen lassen und zogen sofort zum Römer. Eine Delegation der Eltern wurde sogar von Oberbürgermeister Möller persönlich empfangen, sie fanden ein offenes Ohr für ihr Anliegen, und das Liegenschaftsamt wurde umgehend angewiesen, einen ordentlichen Mietvertrag abzuschließen – Miete 1 DM/qm! Das Kinderkollektiv Röderbergweg wurde gegründet und arrangierte sich bei der Aufteilung der Räume mit dem bereits dort vorwiegend in den Wintermonaten anwesenden »Bayrle Kinderladen«. In der Parterre-Wohnung war zu dem Zeitpunkt noch das Requisitenlager des Fritz-Remond-Theaters, in dem die Kinder oft stöbern durften. Die Künstlergruppe *Der Egoist* hatte im ersten Stock noch einige Räume, von denen künstlerische Anregungen für die Kinder ausgingen. Der Duft der Bäckerei aus dem Souterrain lockte die Kinder an, und sie durften oft »mithelfen«. »Eine glückliche Zeit für

---

83  Vgl. Aden-Grossmann 2014.

unsere Kinder bis zur Einschulung. Noch heute schwärmen sie bei ihren Treffen von ihren Abenteuern auf diesem wunderbaren Gelände.«[84]

## Die Arbeiterwohlfahrt (AWO) auf dem Grundstück des ehemaligen Gumpertz'schen Siechenhauses

Parallel zu den beschriebenen Entwicklungen auf den Grundstücken Röderbergweg 62–64 und Danziger Platz 15 hatte die Arbeiterwohlfahrt (AWO) bereits im September 1956 auf dem Nachbargelände das August-Stunz-Zentrum, ein Alten- und Pflegeheim,[85] eröffnet. Um 1980 wurde das Vorderhaus des ehemaligen Gumpertz'schen Siechenhauses abgerissen, und ein Erweiterungsbau des Alten- und Pflegeheims der AWO fand seinen Platz auf dem Gelände, die Einweihung war im Jahr 1983.[86] Das Gelände Danziger Platz 15 wurde von der evangelischen Kirche mit einem Kindergarten bebaut.

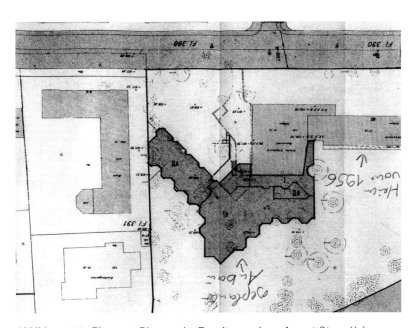

Abbildung 100: Eine erste Planung des Erweiterungsbaus August-Stunz-Heim, ca. 1980: Das ehemalige Gumpertz'sche Siechenhaus (links) wäre erhalten geblieben. Röderbergweg am oberen Bildrand.

---

84 Sonnenschein 2017: Interview.
85 AWO Kreisverband Frankfurt am Main.
86 Geschichtswerkstatt der AWO Frankfurt am Main 2006: 27f.

Kapitel 6

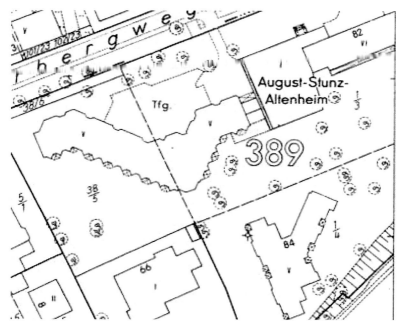

Abbildung 101: Realisierter Plan, das alte Gebäude musste weichen.

Geblieben sind von früher viele der alten Bäume. Thomas Bayrle war einige Male noch hier, um einen Kranken im Pflegeheim zu besuchen. Bei jedem Besuch stieg er die Treppen hinauf zum Krankenzimmer, und gleichzeitig sah er die alten Bäume, »die alten Bäume sind nämlich noch da, die haben sie gelassen«.[87]

---

87   Bayrle 2015: Interview.

# Siebtes Kapitel

# »Was hätte aus diesem Haus noch alles werden können...« – neu entdeckte Orte der Erinnerung an das Gumpertz'sche Siechenhaus

Edgar Bönisch und Birgit Seemann

Bis heute liegt der »lange Schatten der Vergangenheit«[1] (Aleida Assmann) über Annäherung und Gedenken an NS-vernichtete Frankfurter Jewish Places und Spaces, die einst Teil dieser Stadt waren. Nach der Shoah erinnerte sich kaum noch jemand an das Gumpertz'sche Siechenhaus und seine Bewohnerinnen und Bewohner, Krankenschwestern, Angestellten, Ärzte, Stifterinnen, Förder/innen, Vorstandsmitglieder und Präsidenten. Es war der aus Hannover stammende Schriftsteller Adam Seide[2] (1929–2004), welcher 1987 mit seinem Briefroman *Rebecca* dem ehemaligen Gumpertz'schen Vorderhaus, wo er selbst gewohnt und gearbeitet hatte, ein literarisches Denkmal setzte:

> »Was hätte aus diesem Haus noch alles werden können, was hätte man nicht noch alles mit ihm anfangen können, wenn es nicht abgerissen worden wäre. Nun ist alles viel zu spät. Und mir bleibt nichts anderes mehr übrig, als Sie zu bitten, des abgerissenen Hauses eine Minute, eine Sekunde zu gedenken.«[3]

---

1 Vgl. Assmann 2014.
2 Vgl. Riebsamen, Hans 2004: Ein Dichter – immer in Schwarz: Adam Seide war aus Frankfurt und Bornheim nicht wegzudenken / Mit 74 Jahren gestorben. In: *FAZ (Rhein-Main)*, http://www.faz.net/aktuell/rhein-main/kultur/ein-dichter-immer-in-schwarz-adam-seide-war-aus-frankfurt-und-bornheim-nicht-wegzudenken-mit-74-jahren-gestorben-1159353.html, 03.05.2004 [01.11.2018].
3 Seide 1987: 226.

Kapitel 7

Im Wiederanschluss an Adam Seides Projekt, ›Verschüttetes‹ wieder ›freizuschaufeln‹, hat unser Forschungsteam Jüdische Pflegegeschichte[4] Erinnerungsorte mit Bezügen zum Jewish Place Gumpertz'sches Siechenhau‹ neu entdeckt oder sogar selbst errichtet – Denkmäler, Grabstätten, Straßen, Plätze und Stolpersteine, die Anstöße zu pflegehistorischen Erkundungen und Routen durch Frankfurt am Main geben könnten.[5]

## Einweihungstafel und Grabmäler – Frankfurter Jüdische Friedhöfe

Dem Verwalter der Frankfurter jüdischen Friedhöfe,[6] Majer Szanckower, verdanken wir die Kenntnis, dass das Gumpertz'sche Siechenhaus nicht restlos ›verschwunden‹ ist. Sein Hinweis leitete uns im Bereich des Eingangsportals des Jüdischen Friedhofs Rat-Beil-Straße zu einem seltenen pflegehistorischen Fund: der verschollen geglaubten Stiftertafel des 1907 offiziell eröffneten Vorderhauses. Auf welchen Wegen sie dorthin gelangte und wie sie die NS-Zeit überstand, lässt sich wohl nicht mehr klären.

Eine angemessene fotografische Präsentation der stark verwitterten Tafel ist erst nach umfangreicher Restaurierung möglich, doch lässt sich ihre Inschrift noch entziffern:

»Dem Andenken ihrer vielgeliebten Tochter Minka von Goldschmidt-Rothschild ist dieses Haus geweiht von Freifrau Mathilde von Rothschild 1907.«[7]

Abbildung 102: Stiftertafel von 1907 zur Einweihung des Gumpertz'schen ›Vorderhauses‹, Standort: Eingangsportal des Jüdischen Friedhofs Rat-Beil-Straße (siehe größer: Abbildung 54).

---

4 Vgl. http://www.juedische-pflegegeschichte.de.
5 Ansätze bieten u. a. ISG Ffm: http://www.frankfurt1933-1945.de (Rubrik: ›Gedenken‹) [01.11.2018]; Jüdische Orte Ffm; Jüdisches Leben Ffm; JM Ffm. Siehe auch Müller-Urban, Kristiane / Urban, Eberhard 2017: *Frankfurt zu Fuß. Die schönsten Sehenswürdigkeiten zu Fuß entdecken.* 7. aktualis. u. erw. Aufl. Frankfurt a. M.
6 Vgl. http://www.jg-ffm.de/de/religioeses-leben/juedische-friedhoefe [01.11.2018].
7 Siehe auch Kapitel 4, Abbildung 154.

»Was hätte aus diesem Haus noch alles werden können...«

Abbildung 103: Grabstätte für Mathilde von Rothschild.

Unweit der Tafel erheben sich auf dem Friedhof Rat-Beil-Straße die Grabmäler der Bankiers- und Stifter/innenfamilie von Rothschild. Dort hat auch Mathilde von Rothschild ihre letzte Ruhestätte gefunden.

Die persönliche Bescheidenheit der Gründerin des Gumpertz'schen Siechenhauses muss sprichwörtlich gewesen sein: Wohl auf Betty Gumpertz' eigenen Wunsch hin findet sich nach ihrem Tod im Jahr 1909 kein Nachruf in den Medien. Umso mehr scheint es angezeigt, auch diese Stifterin und ihre Familie wieder in Erinnerung zu rufen. Betty Gumpertz' Grabmal auf dem Jüdischen Friedhof Rat-Beil-Straße mit der Inschrift »Hier ruht in Frieden«

Abbildung 104: Grabsteine von Betty und Leopold Gumpertz (rechts), im Vordergrund die Grabstele für Heinrich Gumpertz.

Abbildung 105: Inschrift des Grabes von Betty Gumpertz.

ist solide und schlicht gehalten. Ihr zur Rechten ruht Leopold Gumpertz; die beiden moosbewachsenen Grabsteine der Eheleute stehen eng beieinander und scheinen sich fast zu berühren. Direkt davor erhebt sich die Grabstele ihres 1871 mit erst sechs Jahren verstorbenen Sohnes Heinrich; die abgebrochene Stele symbolisiert das vor dem Erwachsenenalter jäh beendete Leben.

Unweit der Rat-Beil-Straße und des Frankfurter Hauptfriedhofs liegt der Neue jüdische Friedhof Eckenheimer Landstraße: Dort sind einige der zahlreichen Grabmäler[8] für jüdische Frankfurterinnen und Frankfurter, die sich unter der nationalsozialistischen Verfolgung das Leben nahmen, auch Bewohnerinnen und Bewohnern des Gumpertz'schen Siechenhauses gewidmet: Julie Bernhard – Jeannette Ephrosi – Meier (Maier) Goldbach (mit 90 Jahren) – Peppi Götz – Eugenie Kohlmann – Jenny Ofen – Hedwig Oppenheimer – Leopold Stern. Einzig Ella Rosenthals Grabmal entdeckten wir auf dem Jüdischen Friedhof Rat-Beil-Straße in den Grabreihen der Israelitischen Religionsgesellschaft.

Abbildung 106: Grabstein von Meier Goldbach.

Abbildung 107: Grabstein von Hedwig Oppenheimer.

---

8 Laut Drummer/Zwilling 2015d handelt es sich um 839 Grabmäler; siehe auch Namensverzeichnis bei Diamant 1983.

## Straßen und Plätze

Während in Frankfurt am Main[9] bislang keine Straße an Betty Gumpertz erinnert, ist nach dem Gumpertz'schen Mitinitiator und Mitstifter Raphael Ettlinger – Vorsitzender der während des NS-Novemberpogroms 1938 zerstörten gemeinde-orthodoxen Börneplatzsynagoge – im Stadtteil Bornheim die Ettlingerstraße benannt.

An Mathilde von Rothschild erinnern in Oberrad, einem am südlichen Mainufer gelegenen Frankfurter Stadtteil, die Mathildenstraße und der Mathildenplatz.[10]

Abbildung 108: Ettlingerstraße in Frankfurt-Bornheim, benannt nach Raphael Ettlinger, Mitbegründer des Gumpertz'schen Siechenhauses.

Abbildung 109: Mathildenstraße im Frankfurter Stadtteil Oberrad, benannt nach Mathilde von Rothschild.

Abbildung 110: Mathildenplatz im Frankfurter Stadtteil Oberrad, benannt nach Mathilde von Rothschild.

---

9 Vgl. Wikipedia: Listen der Straßennamen von Frankfurt am Main, https://de.wikipedia.org/wiki/Liste_der_Stra%C3%9Fennamen_von_Frankfurt_am_Main [01.11.2018].
10 Vgl. Kasper/Schubert 2013: 100.

Kapitel 7

Abbildung 111: Rothschildallee vor der Frankfurt University of Applied Sciences im Frankfurter Nordend.

Nach der Bankiersdynastie Rothschild ist im Stadtteil Nordend die Rothschildallee benannt, überdies namentlich verewigt in dem Roman-Mehrteiler *Das Haus in der Rothschildallee, Die Kinder der Rothschildallee, Heimkehr in die Rothschildallee* und *Neubeginn in der Rothschildallee* der (nicht mit Stefan Zweig verwandten) Frankfurter jüdischen Bestsellerautorin Stefanie Zweig.

Von dem inzwischen stark befahrenen Alleenring mündet die Rothschildallee direkt in die Nibelungenallee, dem Standort der Frankfurt University of Applied Sciences. Zuvor kreuzt sie sich mit der Friedberger Landstraße.

Abbildung 112: Tafeln im Hallgarten-Hof, benannt nach Charles L. Hallgarten, Campus der Frankfurt University of Applied Sciences.

## Charles-Hallgarten-Hof – Frankfurt University of Applied Sciences

Frei zugänglich, von der Gleimstraße aus zu erreichen, liegt auf dem Campus der Frankfurt University of Applied Sciences der ›Hallgarten-Hof‹,[11] im Jahr 2010 feierlich eingeweiht zum Andenken an Charles L. Hallgarten (1838–1908), deutsch-amerikanisch-jüdischer Bankier, Philanthrop, Sozialreformer, »Wegbereiter einer professionellen Sozialen Arbeit«[12] – und der zweite Präsident des Gumpertz'schen Siechenhauses.

»Das Elend, insbesondere auch das Elend der Kinder, das Hallgarten beim Aufsuchen der Armen erlebt, macht ihn zum Sozialpolitiker«,[13] schreibt Ulrich Stascheit, Mitinitiator des Hallgarten-Hofs. So trägt im

---

11 Vgl. zur Errichtung und Bedeutung des Denkmals Stascheit 2014 (mit weiteren Abbildungen).
12 Ebd.: 547.
13 Ebd.: 555.

Stadtteil Bornheim eine vor dem Ersten Weltkrieg eröffnete Förderschule[14] den Namen dieses engagierten jüdischen Frankfurters, welcher sich zu Lebzeiten unablässig für die Belange der gesellschaftlich Schwächeren und Benachteiligten einsetzte[15] und ein enger Mitstreiter der bekannten Sozialreformerin, Frauenrechtlerin und Schriftstellerin Bertha Pappenheim[16] (1859–1936) war.

Durch das östliche Nordend verläuft außerdem die Hallgartenstraße.

Abbildung 113: Hallgartenstraße im Frankfurter Stadtteil Nordend, benannt nach Charles L. Hallgarten.

---

14 Vgl. http://charles-hallgarten-schule.de [01.11.2018].
15 Nachzulesen in der biografischen Würdigung von Jens Friedemann, Arno Lustiger, Hans-Otto Schembs und Ulrich Stascheit mit einem Vorwort von Klaus Töpfer in seiner Eigenschaft als früherer CDU-Bundesminister für Raumordnung, Bauwesen und Städtebau (vgl. Lustiger 2003).
16 Vgl. einführend Maierhof, Gudrun 2017: Die »vielen Leben« der Bertha Pappenheim – Von »Anna O.« zur Schriftstellerin, Frauenrechtlerin und Sozialreformerin. In: Brockhoff/Kern 2017: 148–162.

## ›Stolpersteine‹ für Hedwig Flora Hausmann und das Ehepaar Wronker

Hedwig Flora Hausmann[17] (1862–1942) hat das Gumpertz'sche Siechenhaus großzügig unterstützt: Zusammen mit ihrem jüngeren Bruder, dem Arzt Dr. Franz Hausmann[18] (1870–1924), – beide gebürtige Frankfurter – gründete sie 1908 die nach ihren Eltern benannte Isaac Jacob und Charlotte Hausmann geb. Emden-Stiftung[19] mit einem Anfangskapital von 40.000,- Mark. Die Stiftung diente der Errichtung und Unterhaltung von Freibetten und machte damit die Aufnahme weiterer bedürftiger Langzeitkranker in das Pflegeheim erst möglich.

Das unverheiratete und kinderlose Geschwisterpaar Hausmann bewohnte gemeinsam das Elternhaus in der Mainzer Landstraße 32; im Erdgeschoss befand sich die Arztpraxis des 1924 mit erst 54 Jahren verstorbenen Dr. Hausmann.

Unter der NS-Verfolgung konnte sich die alleinstehende und kranke Hedwig Hausmann weiterhin auf getreue Unterstützerinnen verlassen: »Die eine ist eine langjährige Hausgenossin, die mich pflegt und auf Ausgängen begleitet, die zweite ist das Hausmädchen, welches die sonstigen Arbeiten im Haus versieht.«[20] Wie alle jüdischen Bürgerinnen und Bürger von NS-staatlicher Ausplünderung betroffen, befürchtete sie den Verlust dieser Alltagshilfe. Ge-

Abbildung 114: Hedwig Hausmann (rechts im Bild).

---

17 Vgl. zu ihrer Biografie Stolpersteine Ffm, Dok. 2013: 103–104 sowie den Eintrag bei Jüdische Pflegegeschichte (Rubrik ›Recherche‹).
18 Vgl. zur Biografie den Eintrag bei Jüdische Pflegegeschichte (Rubrik ›Recherche‹).
19 Vgl. GumpRechenschaftsbericht 1909: 9.
20 Zit. n. Stolpersteine Ffm, Dok. 2013: 103.

genüber den NS-Behörden erwähnte sie zudem einen »großen Schäferhund als Wachhund, für den sie aufkommen musste«.[21] Hedwig Hausmann fand zuletzt Aufnahme im jüdischen Krankenhaus Gagernstraße. Am 15. September 1942 wurde sie nach Theresienstadt deportiert. Das Lager überlebte die fast Achtzigjährige nur bis zum 18. November 1942. Auch unter der NS-Verfolgung blieb Hedwig Hausmann ihrer Nächstenliebe treu und gab damit ein eindrucksvolles Beispiel sozialer Widerständigkeit: Nur wenige Wochen vor ihrer eigenen Deportation bestellte sie in das Krankenhaus Gagernstraße »den ihr bekannten Notar Walter Stern, dem sie am 27. August 1942 ihren letzten Willen mitteilte, der viele Legate an bedürftige Menschen, an Freunde der Familie, an ihre Haushälterin und deren Nichte enthielt«.[22]

Die Beerdigungsstätte der Familie Hausmann befindet sich auf dem Friedhof Rat-Beil-Straße. Für die in Theresienstadt ermordete Hedwig Hausmann wurde am Grabstein nachträglich eine Erinnerungstafel angebracht.

Seit dem 21. Juni 2013 erinnert in der Mainzer Landstraße 32 ein ›Stolperstein‹[23] an Hedwig Hausmann. Drei weitere ›Stolpersteine‹ verlegte der Künstler Gunter Demnig am 13. November 2017 in der Einkaufsmeile Zeil

Abbildung 115: Grabstätte der Familie Hausmann auf dem Jüdischen Friedhof Rat-Beil-Straße.

---

21 Zit. n. ebd.
22 Zit. n. ebd.
23 Initiiert von der Lokalhistorikerin Renate Ullrich (siehe auch dies. 2012: *Von der Straße nach Mainz zur Mainzer Landstraße*. Frankfurt a. M. [Selbstverlag]).

Abbildung 116 (links): ›Stolperstein‹ für Hedwig Hausmann, Mainzer Landstraße 32.
Abbildung 117 (rechts): ›Stolpersteine‹ für Ida und Hermann Wronker und das Warenhaus Wronker, Zeil 85–93.

für Ida und Hermann Wronker[24] und deren 1934 ›arisiertes‹ Lebenswerk: das Warenhaus Wronker. Das in Auschwitz ermordete Unternehmerehepaar engagierte sich viele Jahre lang im Vorstand des Gumpertz'schen Siechenhauses (vgl. Kap. 4); seine umfangreichen Verdienste um Frankfurts Gemeinwohl sind in der heutigen Stadtöffentlichkeit wenig bekannt.

Wer in die parallel zur Zeil verlaufende schmale Seitenstraße Holzgraben einbiegt, macht eine erstaunliche Entdeckung: Dort ist die hintere Fassade des Gebäudekomplexes Wronker trotz alliierter Luftangriffe auf das nationalsozialistische Frankfurt und der anhaltend regen Bautätigkeit im Stadtgebiet noch in großen Teilen erhalten. Durch die 1934 NS-behördlich erzwungene Schließung (›Arisierung‹) der Frankfurter Filiale der Warenhauskette Wronker verloren 480 Angestellte ihren Arbeitsplatz.[25]

Abbildung 118: Hinterfassade der Frankfurter Filiale der Warenhauskette Wronker, Holzgraben 6–8.

---

24 Vgl. Drummer/Zwilling 2015a. Die ›Stolpersteine‹ stifteten Heike Drummer und Alfons Maria Arns.
25 Vgl. Nietzel, Benno 2012: *Handeln und Überleben. Jüdische Unternehmer aus Frankfurt am Main 1924–1964.* Göttingen, Oakville/Conn.: 71.

Kapitel 7

## Gedenkort Großmarkthalle im Ostend

Die siebte Deportation aus Frankfurt am Main am 18. August 1942 traf etwa tausend alte und gebrechliche Menschen, die in das Ghetto, Sammel- und Durchgangslager Theresienstadt verschleppt wurden. Darunter befanden sich, begleitet von der als ›Transportleiterin‹ eingesetzten Oberin Rahel Seckbach sowie Personal aus den zwangsgeräumten jüdischen Alters- und Pflegeheimen, auch Bewohnerinnen und Bewohner des Gumpertz'schen Siechenhauses (vgl. Kap. 5): Sehr wahrscheinlich wurden sie, viele hochbetagt und bettlägerig, auf LKWs ›verladen‹ und von der ›Alten- und Siechenabteilung‹ des jüdischen Krankenhauses Gagernstraße (NS-Sammellager) zur Frankfurter Großmarkthalle im Ostend transportiert. Bis zur Abfahrt des Zuges mussten sie viele Stunden in den Kellerräumen ausharren.

Vom Güterbahnhof der Großmarkthalle wurden seit Oktober 1941 jüdische Bürgerinnen und Bürger aus Frankfurt am Main und dem Regierungsbezirk Wiesbaden in die Todeslager deportiert.[26] »Man raubte ihnen die letzte Habe und misshandelte sie in den Kellern der Halle. Dann wurden sie wie Vieh in Güterwaggons geladen. Die Ziele der Transporte waren Orte der Vernichtung«,[27] informiert der Text auf der 1997 am Verwaltungsbau der Großmarkthalle (Rückertstraße 6) angebrachten Gedenktafel.[28]

Im November 2015 wurde an der ehemaligen Frankfurter Großmarkthalle eine Gedenkstätte[29] eingeweiht. Da dieser größere Erinnerungsort zum Teil auf dem Gelände der Europäischen Zentralbank liegt,[30] kann er in Abstimmung mit dem Jüdischen Museum Frankfurt am Main nur unter Auflagen[31] besichtigt werden.

---

26 Vgl. Kingreen 2016.
27 Zit. n. ISG Ffm: http://www.frankfurt1933-1945.de (Rubrik ›Gedenken‹: Gedenktafel für die Deportationen aus der Großmarkthalle, updated 28.10.2015).
28 Die Gedenktafel ist bislang nicht frei zugänglich, vgl. ebd.
29 Vgl. Gross/Semmelroth 2016.
30 Dieser Standort gilt als exterritorial, ist also den Landesgesetzen (hier der Bundesrepublik Deutschland) nicht unterworfen.
31 Vgl. JM Ffm: https://www.juedischesmuseum.de/besuchen/grossmarkthalle-frankfurt [01.11.2018].

»Was hätte aus diesem Haus noch alles werden können...«

Abbildung 119: Gedenktafel am Verwaltungsbau der Großmarkthalle, 2009.

Abbildung 120: Erinnerungsstätte: Gleisfeld des früheren Bahnhofs der Großmarkthalle mit eingelassenen Zitaten zur Geschichte der von hier erfolgten Deportationen, 2015.

Kapitel 7

# Erinnerung an einen jüdischen Pflegeort: eine Gedenktafel für das Gumpertz'sche Siechenhaus am August-Stunz-Zentrum (Senioren- und Pflegeheim)

Abbildung 121: August-Stunz-Zentrum der Frankfurter Arbeiterwohlfahrt im Röderbergweg.

Im Sommer 2015 wurde auf Initiative des Forschungsteams Jüdische Pflegegeschichte auf dem früheren Grundstück des 1941 ›arisierten‹ Gumpertz'schen Siechenhauses im Röderbergweg eine Gedenktafel eingeweiht. Die Initiative unterstützten nachhaltig der Verein zur Förderung der historischen Pflegeforschung e.V. (www.verein-pflegegeschichte.de), die Frankfurter Arbeiterwohlfahrt (AWO) mit Geschichtswerkstatt sowie Vertreter/innen der Stadt Frankfurt am Main. Bei der Tafelenthüllung fanden sich zahlreiche Gäste ein. Frei zugänglich, ist das Denkmal im Eingangsbereich des August-Stunz-Zentrums,[32] Röderbergweg 82, einem Senioren- und Pflegeheim der AWO, zu besichtigen. Die kleine Erinnerungsstätte fand und findet auch unter den Bewohnerinnen und Bewohnern viele Interessierte.

---

32 Benannt nach dem Sozialdemokraten und Widerstandskämpfer August Stunz (1903–1955).

»Was hätte aus diesem Haus noch alles werden können...«

Abbildung 122: Gedenktafel für das Gumpertz'sche Siechenhaus im Eingangsbereich des August-Stunz-Zentrums der Arbeiterwohlfahrt Frankfurt am Main im Röderbergweg (mit Findling vom ehemaligen Grundstück Röderbergweg 62–64).

Die Tafel mit dem Konterfei der Mit-Stifterin Minka von Goldschmidt-Rothschild dient der Erinnerung an die Enteignung, Zwangsräumung und Vernichtung eines Frankfurter Jewish Place, der auf einzigartige Weise jüdische Kultur und Pflege vereinte. Nach der Shoah fiel der Gumpertz'sche Makom dem Vergessen anheim. Ohne Kenntnis der zerstörten jüdischen Tradition lebte am gleichen Ort die Pflege wieder auf und institutionalisierte sich völlig neu: In dem heutigen August-Stunz-Zentrum[33] der Arbeiterwohlfahrt leben ebenfalls Menschen mit altersbedingten Gebrechen, chronischen Erkrankungen und Behinderungen, doch handelt es sich um eine nichtjüdische Einrichtung. Angeschlossen ist eine Spezialabteilung für Patientinnen und Patienten »mit schweren und schwersten neurologischen Schädigungen in der Phase F (z. B. nach Schädel-Hirnverletzungen, Unfallopfer, Wachkoma-/Schlaganfall)«;[34] die Fenster ihrer Pflegezimmer gewähren den Ausblick in eine grüne Gartenlandschaft.

## Die Website ›Jüdische Pflegegeschichte‹ – ein »virtuelles Denkmal«

Das Forschungsprojekt *Jüdische Pflegegeschichte / Jewish Nursing History – Biographien und Institutionen in Frankfurt am Main* ist an der Frankfurt University of Applied Sciences, Nibelungenplatz 1, angesiedelt. Inhaltlich bietet das Projekt mit der bundesweit einzigen Website zur Sozialgeschichte der deutsch-jüdischen Krankenpflege – www.juedische-pflegegeschichte. de – einen reichhaltigen Fundus für familienbiografisch und wissenschaftlich Forschende wie auch für allgemein an jüdischer Sozial- und Kulturgeschichte und Frankfurter Stadtgeschichte Interessierte.

Die Beschäftigung mit der jüdischen Pflegegeschichte eröffnet ein vielseitiges Forschungsfeld: Biografie-, Sozial- und Kulturgeschichte der im Pflegeberuf Tätigen, Institutionen- und Gebäudegeschichte von Kliniken und Pflegeeinrichtungen, Berufsvereinigungen und Stiftungen, ideengeschichtliche Grundlagen (wie Religion, politischer Kontext) und ihre Konkretisierung in Pflegekonzepten. Pflegegeschichte ist zugleich ein Bereich der Frauen- und Geschlechterforschung: Vor allem in Frankfurt am Main war nicht nur die Krankenpflege, sondern auch die Gründung jüdischer Krankenhäuser und Pflegeinstitutionen eine weibliche Domäne. Innerhalb

---

33 Vgl. zur Geschichte des Hauses und seiner Umgebung Eckhardt 2006 u. Eckhardt u. a. 2006; siehe auch August-Stunz-Zentrum Ffm sowie zur Geschichtswerkstatt der AWO: http://www.awo-frankfurt.com/die-awo/geschichtswerkstatt.html [01.11.2018].

34 Zit. n. http://www.awo-frankfurt.com/dienste-angebote/senioren/vollstationaere-pflege/august-stunz-zentrum/phase-f.html [01.11.2018].

der jahrhundertelang verfolgten und im Nationalsozialismus fast vernichteten jüdischen Minderheit in Deutschland wird insbesondere die Berufsgruppe der Pflegenden gewürdigt; ergänzend werden Biografien von Ärzten, Stifterinnen und Architekten jüdischer Pflegeinstitutionen recherchiert. Aus dieser Perspektive versteht sich das Projekt als ein »virtuelles Denkmal«,[35] das sich über www.juedische-pflegegeschichte.de mit teils ins Englische übersetzten Artikeln international abrufen lässt und auch durch Hinweise von Nachkommen und Nutzerinnen und Nutzern stetig weiter wächst. Dort hat auch das Gumpertz'sche Siechenhaus seinen Erinnerungsort gefunden.

Abbildung 123: Startseite der Website ›Jüdische Pflegegeschichte/Jewish Nursing History‹ mit Abbildung der Frankfurter jüdischen Krankenschwester Thea Levinsohn-Wolf (Screenshot).

---

35  Zit. n. Seemann/Bönisch 2012.

Kapitel 7

Abbildung 124: Karte auf der Website ›Jüdische Pflegegeschichte/Jewish Nursing History‹ (Screenshot).

Abbildung 125: Bildergalerie auf der Website ›Jüdische Pflegegeschichte/Jewish Nursing History‹ (Screenshot).

Abbildung 126: Beitrag Karl Falkenstein auf der Website ›Jüdische Pflegegeschichte/ Jewish Nursing History‹ (Screenshot).

# Verzeichnis der Quellen, Literatur und Links[1]

## Ungedruckte Quellen

Historisches Museum Frankfurt

Ostend//Ostanfang Ausstellung 2011: Eine Ausstellung des Historischen Museums Frankfurt, Stadtlabor. Bibliothek der Alten: Majer Szanckower, Zeitungsausschnitte.

ISG Ffm: Institut für Stadtgeschichte Frankfurt am Main

Ahnentafeln: S4i-13

Bauaufsicht (BA): Sign. 17.739-17.741: Ostendstraße 75: Tiefbau-Amt, Hausbewässerung (1889ff.)

Gutachterausschuss für Grundstücksbewertung: Sign. 172: Danziger Platz 15 (1942)

Gutachterausschuss für Grundstücksbewertung: Sign. 2.141

Grundbücher – Stadt Nr. 137: Eintrag Nr. 265 aus dem Jahr 1861 im Transkripionsbuch für die Jahre 1847–1962

Hausstandsbücher: Gagernstraße 36: Teil 1 (Sign. 686), Teil 2 (Sign. 687)

Hausstandsbücher: Rhönstr. 47–55 (Sign. 186/742)

Heiliggeisthospital: Sign. 5.221: (Schriftwechsel mit) Herrn Prof. Dr. Brauer (Forschungsinstitut für Arbeitsgestaltung, für Altern und Aufbrauch e.V.) (1944–1946)

Konzessionsakten: Sign. 4.670: Betreiber: Alfred Jost, Diät- und Diabetikerkoch 1) Kantinenwirtschaft in der Unterkunft der Feldjägerbereitschaft, Röderbergweg 62 [u.a.] (1934–1949)

Magistratsakten: Sign. 8.756: Fürsorgewesen: Siechenheime

Magistratsakten: Sign. 8.957: Städtische Krankenanstalten: Ermietung des Gumpertz'schen [sic] Siechenhauses zur Unterbringung von Kranken und Weiterverpachtung an die Feldjägerei (1930–1938)

Magistratsakten: Sign. 8.958: Städtische Krankenanstalten: Ermietung des Gumpertz'schen Siechenhauses jetzt Röderbergheim zur Unterbringung von Kranken (1939–1942)

Magistratsakten: Sign. 8.978: Forschungsinstitut für Arbeitsgestaltung, für Altern und

---

[1] Letzter Aufruf aller Links am 01.11.2018.

Aufbrauch e.V., Wiesbaden (1936–1942)

Magistratsakten: Sign. T/ 3.028 (Tiefbau- und Hochbauamt, 1904, 1916)

Magistratsakten: Sign. V/ 538 Freiherrlich-Wilhelm-Carl-von-Rothschild'sche Stiftung für wohltätige und gemeinnützige Zwecke

Magistratsakten: Sign. V/ 353: Erweiterung der Krankenhausfürsorge, Behebung der Bettennot und Ermietung des Gumpertz'schen Siechenhauses (1925–1934)

Magistratsakten: Sign. V/ 453

Magistratsakten: Sign. V/ 563: Mathilde von Rothschild'sches Kinderhospital

Magistratsakten: Sign. V/ 717: Hermann-Weil-Spenden, u. a. für das Gumpertz'sche Siechenhaus (1923)

Magistrat: Nachträge: Sign. 19 u. Sign. 110

Nachlassakten Gumpertz, Hertz Lazarus, Handelsmann: Sign. 138 (1856)

Nachlassakten Gumpertz, Esther, geb. Elsaß, Witwe des Handelsmanns Herz Lazarus Gumpertz: Sign. 144 (1859)

Nachlassakten Osterrieth: Sign. 1871/460

Personal- und Meldeunterlagen, ›Nullkartei‹

Sammlung Ortsgeschichte / S3N: Sign. 5.150: Gumpertzsches [sic] Siechenhaus

Sammlung Ortsgeschichte / S3N: Sign. 5.154: Israelitische Waisenanstalt, 3824, 3828, 4942 Israelitische Volksschule

Nachlass Anton Wagner: S1-413/24: Luise Wagner: Aus dem Leben Ihrer Urgroßeltern

Nachlass Anton Wagner: S1-413/24: Luise Wagner: An Mathilde Wagner

Stadtplan: S8-Stpl/1792: Hochester, Walwert

Stadtvermessungsamt: Nr. 436, Eintrag Nr. 34, Gewann II, im Flurbuch (Frankfurter Gemarkung), ohne Datum

Stiftungsabteilung: Sign. 146: Minka von Goldschmidt-Rothschild-Stiftung (1939–1940)

Stiftungsabteilung: Sign. 157: Verein Gumpertz´sches Siechenhaus

Stiftungsabteilung: Sign. 400: Mathilde von Rothschild'sches Kinderhospital

Stiftungsabteilung: Sign. 500: Versorgungsanstalt für Israeliten

Wohlfahrtsamt: Sign. 877: Magistrat, Waisen- und Armen-Amt Frankfurt a. M. (1893–1928)

## HHStAW: Hessisches Hauptstaatsarchiv Wiesbaden

Bestand 518 Nr. 10038: Entschädigungsakte Cahn, Carl (Neffe von Betty Gumpertz)

Bestand 518 Nr. 13671: Entschädigungsakte Hamburger, Rita

Bestand 518 Nr. 40112: Entschädigungsakte Spiero, Minna

Bestand 518 Nr. 42111: Entschädigungsakte Spiero, Ida

Bestand 518 Nr. 53914: Entschädigungsakte Gauer, Frieda

Bestand 518 Nr. 59139: Entschädigungsakte Seckbach, Rahel geb. Spiero

Bestand 518 Nr. 59144: Entschädigungsakte Seckbach, Hirsch Hermann

Bestand 518 Nr. 65420: Entschädigungsakte Spiero, Rosalie

Bestand 518 Nr. 75113: Entschädigungsakte Fleischer, Franziska

Bestand 519V Nr. 3102-1744: Vermögenskontrollakte


LAV NRW (Judenmatrikel Lippstadt): Landesarchiv Nordrhein-Westfalen, Abt. Ostwestfalen-Lippe (Detmold):

Register der Juden und Dissidenten im Regierungsbezirk Arnsberg, Lippstadt: P 5, Nr. 256: Nr. 154 (rechte Seite, letzter Eintrag): Geburtseintrag zu Thekla Mandel zu 1867


Staatsarchiv Freiburg: Landesarchiv Baden-Württemberg: Abteilung Staatsarchiv Freiburg:

Bestand F 196/1 Nr. 5886: Personalakte (Entschädigungsakte) Isaacsohn, Thekla


Stadtarchiv Holzminden:

Meldeunterlagen zu Thekla Isaacsohn und Familie (per Emails v. Dr. Matthias Seeliger und dem Lokalhistoriker Klaus Kieckbusch)


Stadtarchiv Linz am Rhein:

Biografische Daten zu Thekla Isaacsohn und Familie (per Email v. Andrea Rönz)


The Central Archives for the History of the Jewish People Jerusalem (CAHJP)

JRSO Hessen Gemeindeeigentum: http://cahjp.huji.ac.il/webfm_send/783

JRSO/Hes 227 Frankfurt/M.: Gumpertz'sches Siechenhaus, Röderbergweg 62-64 [Vorderhaus, B.S.]: Bauakte

## Deutsches Architekturmuseum Frankfurt am Main (DAM Ffm.)

Sammlung Max Cetto (vgl. http://www.dam online.de/uploads/archiv/Cetto.pdf)

## Gedruckte Quellen und Periodika Frankfurter Universitätsbibliothek

UB JCS Ffm: Universitätsbibliothek Johann Christian Senckenberg, Frankfurt am Main

Judaica: http://sammlungen.ub.uni-frankfurt.de/judaica/nav/index/all

Judaica CM: Judaica, Compact Memory: http://sammlungen.ub.uni-frankfurt.de/cm/nav/index/all

Frankfurter Adressbücher: http://sammlungen.ub.uni-frankfurt.de/periodika/nav/classification/8688176

Mahlau's Frankfurter Adressbuch 1898, http://sammlungen.ub.uni-frankfurt.de/periodika/periodical/titleinfo/8680577

Jahresbericht Signatur Zsq 2791

Jahres-Bericht der Verwaltungs-Commission der Georgine Sara von Rothschild'schen Stiftung. Frankfurt a. M. (Druck von C. Adelmann): 1878(1879)–1884(1885); 1888(1889); 1891(1892)–1897(1898); 1899(1900)–1900(1901).

Weinbau um und in Frankfurt a. M., Sammelmappe, Fr. Nachr. 190, 11. Juli 1901 und Sammelmappe, 126, 1 Juni 02

## Jüdische Zeitungen/Periodika

AZdJ: Allgemeine Zeitung des Judentums, online: UB JCS Ffm: Judaica CM

FrIF: Frankfurter Israelitisches Familienblatt (Neue Jüdische Presse), online: UB JCS Ffm: Judaica CM

IdR: Im deutschen Reich. Zeitschrift des Centralvereins Deutscher Staatsbürger Jüdischen Glaubens, online: UB JCS Ffm: Judaica CM

IsrGbl Ffm: Gemeindeblatt der Israelitischen Gemeinde Frankfurt am Main / Frankfurter Israelitisches Gemeindeblatt, online: UB JCS Ffm: Judaica CM

It: Der Israelit. Ein Centralorgan für das orthodoxe Judentum, online: UB JCS Ffm: Judaica CM

JA: Jüdische Allgemeine

JR: Jüdische Rundschau

## Handbücher und Lexika

BGFJ 1978: Bibliographie zur Geschichte der Frankfurter Juden. 1781–1945. Hg.: Kommission zur Erforschung der Geschichte der Frankfurter Juden. Bearb. v. Hans-Otto Schembs mit Verwendung der Vorarbeiten v. Ernst Loewy u. Rosel Andernacht, Frankfurt a. M. 1978

BHR 2004ff.: Das Biographische Handbuch der Rabbiner. Hg.. v. Michael Brocke u. Julius Carlebach. München: Saur. – Teil 1: Die Rabbiner der Emanzipationszeit in den deutschen, böhmischen und großpolnischen Ländern, 1781–1871. Bearb. v. Carsten Wilke. München 2004: Saur, 2 Bände. – Teil 2: Die Rabbiner im Deutschen Reich, 1871–1945. Bearb. v. Katrin N. Jansen, unter Mitwirkung v. Jörg H. Fehrs u. Valentina Wiedner. München 2009: Saur, 2 Bände. – Online-Ausgabe: http://www.steinheim-institut.de/wiki/index.php/Biographisches_Handbuch_der_Rabbiner_%28BHR%29

EJGK 2011ff.: Enzyklopädie jüdischer Geschichte und Kultur. Im Auftrag der Sächsischen Akademie der Wissenschaften zu Leipzig hg. v. Dan Diner. [Mehrbändiges Werk]. Stuttgart, Weimar: Metzler

JüdLex 1987: Jüdisches Lexikon. Ein enzyklopädisches Handbuch des jüdischen Wissens in vier Bänden. Begründet v. Georg Herlitz u. Bruno Kirschner. Unter Mitarb. v. über 250 jüdischen Gelehrten u. Schriftstellern u. unter red. Mithilfe von Ismar Elbogen [u. a.]. Nachdr. d. 1. Aufl. Berlin, Jüdischer Verlag, 1927. Frankfurt a. M. 1987

NeuJüdLex 2000: Neues Lexikon des Judentums. Hg. v. Julius H. Schoeps. Überarb. Neuausg. Gütersloh 2000

## Interviews

Anonym: 2016: Interview 16. Juni

Bayrle, Helke/Bayrle Thomas 2015: Interview 05. August

Karry, Ronald 2016: Interview 12. Januar

Sonnenschein 2017: Interview 11. Mai

Szanckower, Majer 2016: Interview 14. März

## Periodika

DAMALS. Das Magazin für Geschichte und Kultur Schwerpunktheft 08/2006: Die Rothschilds. Der sensationelle Aufstieg einer europäischen Bankiersdynastie

FAZ: Frankfurter Allgemeine Zeitung

FGA: Frankfurter Gemeinde-Anzeiger

FN: Frankfurter Nachrichten

FNN: Frankfurter Neueste Nachrichten

FNP: Frankfurter Neue Presse

FR: Frankfurter Rundschau

FZ: Frankfurter Zeitung

## Literatur

Aden-Grossmann, Wilma 2014: Monika Seifert. Pädagogin der antiautoritären Erziehung, eine Biographie. Frankfurt a. M.

Adler, H.G. 2012: Theresienstadt 1941–1945. Das Antlitz einer Zwangsgemeinschaft. Mit e. Nachwort v. Jeremy Adler. 2. Aufl., Reprint der Ausg. Tübingen 1960. Darmstadt.

Ärztlicher Verein, Frankfurt am Main (Hg.) 1897: Jahresbericht über die Verwaltung des Medizinalwesens, die Krankenanstalten und die öffentlichen Gesundheitsverhältnisse der Stadt Frankfurt am Main. Bd. 40 [für das Jahr 1896]. Frankfurt a. M. https://ia802708.us.archive.org/20/items/jahresberichtbe01veregoog/jahresberichtbe01veregoog.pdf, (S. 438 [S. 156]).

Ahrens, Christoph 2017: Vor 330 Jahren war ganz Europa ein eisiges Reich, https://www.welt.de/geschichte/article162733495/Vor-330-Jahren-war-ganz-Europa-ein-eisiges-Reich.html.

Andernacht, Dietrich/Sterling, Eleonore (Bearb.) 1963: Dokumente zur Geschichte der Frankfurter Juden 1933–1945. Hg.: Kommission zur Erforschung der Geschichte der Frankfurter Juden. Frankfurt a. M.

Anonym. 1887: Frankfurt a. M., 29. Juni [Bericht über jüdische Pflegeinstitutionen im Röderbergweg]. In: It XXVIII (04.07.1887) 51, S. 921–922: 921, online: UB JCS Ffm, http://sammlungen.ub.uni-frankfurt.de/cm/periodical/titleinfo/2449748.

Anonym. 1903: Minka Goldschmidt's Beerdigung. In: FNN, 04.05.1903.

Anonym. 1932: Gumpertz'sches Siechenhaus [40jähriges Jubiläum]. In: IsrGbl Ffm 11 (1932) 2, S. 43, online: UB JCS Ffm, Judaica, CM.

Anonym 1936: Gumpertz'sches Siechenhaus. In: Jt, 20.05.1936, Nr. 21, S. 14f.

Arnsberg, Paul 1974: Neunhundert Jahre Muttergemeinde in Israel, Frankfurt am Main. 1074–1974. Chronik der Rabbiner. Frankfurt a. M.

Arnsberg, Paul 1983: Die Geschichte der Frankfurter Juden seit der Französischen Revolution. Hg. v. Kuratorium für Jüdische Geschichte e.V., Frankfurt am Main. Bearb. u. vollendet durch Hans-Otto Schembs. Darmstadt – Band 1: Der Gang der Ereignisse; Band 2: Struktur und Aktivitäten der Frankfurter Juden von 1789 bis zu deren Vernichtung in der nationalsozialistischen Ära. Handbuch; Band 3: Biographisches Lexikon der Juden in den Bereichen: Wissenschaft, Kultur, Bildung, Öffentlichkeitsarbeit in Frankfurt am Main.

Arnsberg, Paul 2002: Chronik der Rabbiner in Frankfurt am Main. 2., v. Hans-Otto Schembs durchges. und erw. Aufl. Frankfurt a. M.

Aspey, Melanie 2006: Die Rothschilds und die Judengasse: Neue Dokumente aus dem Rothschild-Archiv zur Geschichte der Familie. In: Backhaus, Fritz [u. a.] (Hg.) 2006: 131–142.

Assmann, Aleida 1996: Erinnerungsorte und Gedächtnislandschaften. In: Loewy, Hanno/Moltmann, Bernhard (Hg.) 1996: Erlebnis – Gedächtnis – Sinn. Authentische und konstruierte Erinnerung. Frankfurt a. M., New York: 13–29.

Assmann, Aleida 2014: Der lange Schatten der Vergangenheit. Erinnerungskultur und Geschichtspolitik. München.

AWO Kreisverband Frankfurt am Main o.J.: Der Mensch steht im Mittelpunkt, http://www.awo-frankfurt.com/die-awo/johanna-kirchner-stiftung/60-jahre-johanna-kirchner-stiftung.html.

Backhaus, Fritz 2012: Mayer Amschel Rothschild. Ein biografisches Porträt. Freiburg i. Br. [u. a.].

Backhaus, Fritz/Engel, Gisela/Liberles, Robert/Schlüter, Margarete (Hg.) 2006: Die Frankfurter Judengasse. Jüdisches Leben in der Frühen Neuzeit. Frankfurt a. M.

Backhaus, Fritz/Gross, Raphael/Weissberg, Liliane (Hg.) 2013: Juden. Geld. Eine Vorstellung. [Ausstellungskatalog des Jüdischen Museums Frankfurt a. M.]. Frankfurt a. M., New York.

Backhaus, Fritz/Gross, Raphael/Kößling, Sabine/Wenzel, Mirjam (Hg.) 2016: Die Frankfurter Judengasse. Katalog zur Dauerausstellung des Jüdischen Museums Frankfurt. Geschichte, Politik, Kultur. München.

Bar Ezer, Markus Abraham o.J.: Die Feuersäule. Zum Andenken an meine Mutter Amalie Stutzmann, Gott habe sie selig. O.O. Eigenverlag.

Bartal, Israel 2010: Geschichte der Juden im östlichen Europa 1772–1881. Göttingen.

Bauer, James/Nagel, Sandra (Hg.) 2016: Jeanne Mandello. Views of the world. Perspectives of an exiled German Jewish photographer, 1928–1996 / Die Welt im Blick. Perspektiven einer deutsch-jüdischen Fotografin im Exil, 1928–1996. Vorw. v. Ute Eskildsen. Texte v. Sandra Nagel u. Marion Beckers. Salzburg.

Bauer, Thomas/Drummer, Heike/Krämer, Leoni 1992: Vom »stede arzt« zum Stadtgesundheitsamt. Die Geschichte des öffentlichen Gesundheitswesens in Frankfurt am Main. Hg. v. Stadtgesundheitsamt Frankfurt am Main. Frankfurt a. M.

Becht, Lutz 1999: »Die Wohlfahrtseinrichtungen sind aufgelöst worden...«. Vom »städtischen Beauftragten bei der Jüdischen Wohlfahrtspflege« zum »Beauftragten der Geheimen Staatspolizei ...« 1938 bis 1943. In: Kingreen (Hg.) 1999: 211–236.

Becht, Lutz 2005: Der Beauftragte der Geheimen Staatspolizei für die jüdische Wohlfahrtspflege Ernst Holland, http://www.ffmhist.de, updated 2005.

Becht, Lutz 2013: »Judenwohnungen« – Rassistische Krisenbewältigung im Luftkrieg. In: Fleiter (Hg.) 2013: 173–188.

Becht, Lutz 2016: Frankfurt wird Großstadt – Auf dem Weg in die Moderne. In Evelyn Brockhoff (Hg.): Von der Steinzeit bis in die Gegenwart. Frankfurt a. M.

Benz, Wolfgang 2013: Theresienstadt. Eine Geschichte von Täuschung und Vernichtung. München.

Benz, Wolfgang 2016: Antisemitismus. Präsenz und Tradition eines Ressentiments. Schwalbach/Ts.

Benz, Wolfgang (Hg.) 2008–2015: Handbuch des Antisemitismus. Judenfeindschaft in Geschichte und Gegenwart. Im Auftrag d. Zentrums für Antisemitismusforschung d. Technischen Universität Berlin hg. v. Wolfgang Benz in Zsarb. mit Werner Bergmann [u. a.]. Berlin, Boston/Mass., 8 Bände.

Bönisch, Edgar 2009: Die Geschichte des Vereins für jüdische Krankenpflegerinnen zu Frankfurt am Main. 1893 bis 1940, http://www.juedische-pflegegeschichte.de/die-geschichte-des-vereins-fuer-juedische-krankenpflegerinnen-zu-frankfurt-am-main.

Bönisch, Edgar/Seemann, Birgit 2017: Judentum und Krankenpflege. In: Hähner-Rombach, Sylvelyn (Hg.): Quellen zur Geschichte der Krankenpflege. Mit Einführungen und Kommentaren. Unter Mitarbeit v. Christoph Schweikardt. 4., überarbeitete und erweiterte Auflage. Frankfurt a. M.: 33–65.

Börchers, Sabine 2017: Aufklärung – Vorsorge – Schutz: 100 Jahre Gesundheitsamt der Stadt Frankfurt. Frankfurt a. M.

Borgmeier, Raimund 2009: Der englische Garten, eine frühe Manifestation der Romantik. In: Gießener Universitätsblätter 42: 39–50.

Bothe, Friedrich 1923: Geschichte der Stadt Frankfurt am Main. 2. Aufl. Frankfurt a. M.

Brauch, Julia/Lipphardt, Anna/Nocke, Alexandra (Hg.) 2016: Jewish Topographies. Visions of Space, Traditions of Place. Abingdon, New York

Breuer, Mordechai 1995: Die Frankfurter Rothschilds und die Spaltung der Jüdischen Gemeinde. In: LBI Information (1995) Nr. 5/6: 170–178.

Brocke, Michael/Heitmann, Margret/Lordick, Harald (Hg.) 2000: Zur Geschichte und Kultur der Juden in Ost- und Westpreußen. Hildesheim [u. a.].

Brocke, Michael/Jobst, Paul (Hg.) 2011: Gotteserkenntnis und Menschenbild. Schriften zur jüdischen Sozialethik. Köln [u. a.]

Brocke, Michael/Jobst, Paul (Hg.) 2015: Nächstenliebe und Barmherzigkeit. Schriften zur jüdischen Sozialethik. Köln [u. a.].

Brockhoff, Evelyn 2016: Cetto, Max (Ludwig Carl). In: dies. (Hg.) 2016: 95–96.

Brockhoff, Evelyn (Hg) 2016: Akteure des Neuen Frankfurt. Biografien aus Architektur, Politik, Kultur. Frankfurt a. M.

Brockhoff, Evelyn 2016: Frankfurt am Main ändert sein Gesicht – Vom Klassizismus zum Historismus. In: dies. (Hg.): Von der Steinzeit bis in die Gegenwart. Frankfurt a. M.

Brockhoff, Evelyn/Merk, Heidrun (Hg.) 2014: Frankfurter Parkgeschichten. Frankfurt a. M.

Brockhoff, Evelyn/Kern, Ursula (Hg.) 2017: Frankfurter Frauengeschichte(n). Frankfurt a. M.

Busekist, Astrid von: Der Eruv. In: Gisela Dachs (Hg.), Jüdischer Almanach der Leo Baeck Institute: Grenzen. Berlin 2015: 13–24.

Canisius, Claus 2015: Mosaische Spurensuche. In: ders.: Eine Reise nach Jerusalem. Vorträge in England, Irland, Deutschland, Israel (2010–2012–2013–2014). Hirschberg a.d. Bergstraße (Selbstverlag): 301–329.

Cohn-Neßler, Fanny 1920: Das Frankfurter Siechenhaus. Die Minka-von-Goldschmidt-Rothschild-Stiftung. In: AZdJ 84 (16.04.1920) 16, S. 174–175, online: UB JCS Ffm, Judaica, CM.

Crüwell, Konstanze 2015: Grüneburgpark: Stele verschweigt die wahre Geschichte. In: FAZ, 13.01.2015.

Daub, Ute 1999: Die Stadt Frankfurt am Main macht sich »judenfrei«. Zur Konzentrierung, Verbannung und Ghettoisierung der jüdischen Bevölkerung zwischen 1938 und 1943. In: Kingreen (Hg.) 1999: 319–355.

Deutsche Gesellschaft für Krankenhausgeschichte e.V. 1970: Zur Geschichte der jüdischen Krankenhäuser in Europa. Historia hospitalium. Sonderheft 1970. Aachen.

Diamant, Adolf 1983: Durch Freitod aus dem Leben geschiedene Frankfurter Juden. 1933–1943. Frankfurt a. M.

Dietz, Alexander 1907: Gumperz, auch Gumpertz und Gomperz, früher Emmerich. In: ders.: Stammbuch der Frankfurter Juden. Geschichtliche Mitteilungen über die Frankfurter jüdischen Familien von 1349–1849 nebst einem Plane der Judengasse. Frankfurt a. M.: 129-131, online: UB JCS Ffm, Judaica (pdf 143–145).

Dölemeyer, Barbara/Ladwig-Winters, Simone 2004: Kurzbiographien der Anwälte jüdischer Herkunft im Oberlandesgerichtsbezirk Frankfurt. In: 125 Jahre. Rechtsanwaltskammer Frankfurt am Main. Oberlandesgericht Frankfurt am Main. Rechtspflege. Ausstellung: Anwalt ohne Recht. Festveranstaltung 1.10.2004 Paulskirche Frankfurt am Main. Hg.: Rechtsanwaltskammer Frankfurt am Main – Oberlandesgericht Frankfurt am Main. Frankfurt a. M.: 137–201.

Dörken, Edith 2008: Berühmte Frankfurter Frauen. Frankfurt a. M.

Drummer, Heike 2012: »… dem Wahren, Schönen und Guten zu dienen«. Friedrich Krebs (1894–1961) – Oberbürgermeister in der NS-Zeit. In: Brockhoff, Evelyn (Red.): Frankfurter Stadtoberhäupter. Vom 14. Jahrhundert bis 1946, Frankfurt a. M.: 195–222.

Drummer, Heike 2014: Friedrich Krebs (1894–1961): NS-Oberbürgermeister der Stadt Frankfurt am Main. In: ISG Ffm: http://www.ffmhist.de

Drummer, Heike/Zwilling, Jutta 2015a: Hermann Wronker: Warenhauskönig im Exil – ermordet in Auschwitz (1867 – vermutlich 1942). In: ebd.

Drummer, Heike/Zwilling, Jutta 2015b: Von »Stadt der Rothschilds« zu »Stadt des deutschen Handwerks«. Die Suche nach einem Etikett für Frankfurt in der NS-Zeit. In: ebd.

Drummer, Heike/Zwilling, Jutta 2015c: Die Frankfurter Bezirksstelle der Reichsvereinigung der Juden in Deutschland. In: ebd.

Drummer, Heike/ Zwilling, Jutta 2015d: Freitod als letzter Ausweg: Juden vor der Deportation. In: ebd.

Eckhardt, Dieter/Eckhardt, Hanna 2005: Selbsthilfe aus Ruinen. Die Arbeiterwohlfahrt Frankfurt am Main in den drei wilden Jahren 1945–1948. Ein Projekt der AWO-Geschichtswerkstatt. Hg.: Arbeiterwohlfahrt, Kreisverband Frankfurt am Main. Frankfurt a. M.

Eckhardt, Hanna 2006: Der Röderbergweg, einst beispielhafte Adresse jüdischer Sozialeinrichtungen. In: dies. [u. a.] 2006: 10–13.

Eckhardt, Hanna/Eckhardt, Dieter/Jaeger, Elke 2006: Zu Hause im Ostend. 50 Jahre August-Stunz-Zentrum. Festschrift zum 50-jährigen Jubiläum. Hg. v. der Geschichtswerkstatt der AWO Frankfurt am Main. AWO Johanna-Kirchner-Stiftung. Mit Beitrag v. Harald Härter [u. a.]. Frankfurt a. M.

Eichler, Volker 1999: Das »Judenreferat« der Frankfurter Gestapo. In: Kingreen (Hg.) 1999: 237–258.

Ellger-Rüttgardt, Sieglind (Hg.) 1996: Verloren und Un-Vergessen. Jüdische Heilpädagogik in Deutschland. Geleitwort v. Freimut Duve. Weinheim.

Ernst, Petra 2017: Schtetl – Stadt – Staat. Raum und Identität in deutschsprachig-jüdischer Erzählliteratur des 19. und frühen 20. Jahrhunderts. Wien [u. a.].

Ernst, Petra/Lamprecht, Gerald 2010: Jewish Spaces. Die Kategorie *Raum* im Kontext kultureller Identitäten – Einleitende Anmerkungen zum Thema. In: dies. (Hg.): Die Kategorie *Raum* im Kontext kultureller Identitäten. Innsbruck, 7–12.

Fleiter, Michael (Hg.) 2013: HEIMAT/FRONT. Frankfurt am Main im Luftkrieg. [Begleitbuch zur Ausstellung des Instituts für Stadtgeschichte Frankfurt am Main]. Frankfurt a. M.

Flügge, Manfred 2004: Rettung ohne Retter oder: ein Zug aus Theresienstadt. München.

Forstmann, Wilfried 1991: Frankfurt am Main in Wilhelminischer Zeit 1866–1918. In: Frankfurter Historische Kommission (Hg.) 1991: 349–422.

Frankfurt-Loge 1913: [o.Verf.:] 25 Jahre Frankfurt-Loge. 1888–1913. [o.O.] [Frankfurt a. M.]: Independent Order of B'nai B'rith / Frankfurt-Loge. – Online-Ausg. 2015: UB JCS Ffm, Judaica.

Frankfurter Biographie 1994: Hock, Sabine/Frost, Reinhard (Bearb.): Frankfurter Biographie. Personengeschichtliches Lexikon. Erster Band: A–L. Hg. i.A. der Frankfurter Historischen Kommission v. Wolfgang Klötzer. Bd. 19,1, Frankfurt a. M.

Frankfurter Biographie 1996: Hock, Sabine/Frost, Reinhard (Bearb.): Frankfurter Biographie. Personengeschichtliches Lexikon. Zweiter Band: M–Z. Hg. i.A. der Frankfurter Historischen Kommission v. Wolfgang Klötzer. Bd. 19,2. Frankfurt a. M.

Frankfurter Historische Kommission (Hg.) 1991: Frankfurt am Main. Die Geschichte der Stadt in neun Beiträgen. Sigmaringen.

Freimann, Aron 1935: Zur Erinnerung an Baronin Adelheid von Rothschild s.A. In: IsrGbl Ffm 13 (1935) 11, Juli, S. 417, online: UB JCS Ffm, Judaica CM.

Gerteis, Walter 1961–1963: Das unbekannte Frankfurt. Frankfurt a. M., 3 Bände.

Geschichtswerkstatt der AWO Frankfurt am Main 2006: Zu Hause im Ostend. 50 Jahre August-Stunz-Zentrum. Frankfurt a. M.

Gohl, Beate 1997: Jüdische Wohlfahrtspflege im Nationalsozialismus. Frankfurt am Main 1933–1943. Frankfurt a. M.

Goethe, Johann Wolfgang von 1840: Aus meinem Leben. Wahrheit und Dichtung. Erster Theil. Stuttgart/Tübingen.

Goldschmidt, Julius 1932: [Nachruf] in: IsrGbl Ffm 10 (1932) 6, Februar, S. 133. – online: UB JCS Ffm, Judaica CM.

Goldschmidt, Salomon 1938: [Nachruf] in: It, 17.02.1938, online: Alemannia Judaica Hochstadt.

Gross, Raphael/Semmelroth, Felix (Hg.) 2016: Erinnerungsstätte an der Frankfurter Großmarkthalle. Die Deportation der Juden 1941–1945. München.

Grünberg, Kurt 2010: Steine der Erinnerung. In: Initiative 9. November e.V.: 200–206.

Gruner, Wolf 2002: Öffentliche Wohlfahrt und Judenverfolgung. Wechselwirkungen lokaler und zentraler Politik im NS-Staat (1933–1942). München.

Günzburg, Alfred 1909: Ärztlicher Bericht. In: GumpSiechenhaus 1909: 7–8.

GumpAnzeige 1932: Verwaltung des Gumpertz'schen Siechenhauses: Anzeige [Aufruf anlässlich des 40. Jubiläums] in: IsrGbl Ffm (1932) 2 (Oktober), S. 40, online: UB JCS Ffm, Judaica, CM.

GumpBericht 1892: Gumpertz'sches Siechenhaus [Bericht von der Eröffnung des Hauses Ostendstraße 75]. In: It 33 (1892) 86, S. 1636, online: UB JCS Ffm, Judaica, CM.

GumpBericht 1896: Gumpertz'sches Siechenhaus [Bericht von der Hauptversammlung des Vereins]. In: It 37 (1896) 14, S. 286, online: UB JCS Ffm, Judaica, CM.

GumpBericht 1899: Gumpertz'sches Siechenhaus [Bericht von der Hauptversammlung des Vereins]. In: It 40 (1899) 46, S. 894-895, online: UB JCS Ffm, Judaica, CM.

GumpBericht 1904: Gumpertz'sches Siechenhaus [Bericht von der Generalversammlung des Vereins]. In: FZ, 16.02.1904, Abendblatt (›Frankfurter Angelegenheiten‹), S. 2.

GumpBericht 1917a: Gumpertz'sches Siechenhaus [Bericht zum 25. Jubiläum]. In: AZdJ 81 (1917) 45 (›Gemeindebote‹), S. 3, online: UB JCS Ffm, Judaica, CM.

GumpBericht 1917b: Gumpertz'sches Siechenhaus [Bericht zum 25. Jubiläum]. In: FrIF 15 (1917) 36, S. 3, online: UB JCS Ffm, Judaica, CM.

GumpBericht 1922a: Das Isr.[aelitische] Krankenheim Gumpertz'sches Siechenhaus in Not. In: FrIF 20 (1922) 18, S. 2, online: UB JCS Ffm, Judaica, CM.

GumpBericht 1922b: Das Israelitische Krankenheim Gumpertz'sches Siechenhaus in Not. In: It, 63 (22) 19, S. 7, online: UB JCS Ffm, Judaica, CM.

GumpBericht 1936a: Gumpertz´sches Siechenhaus. [Bericht von der Generalversammlung des Vereins]. In: It, 20.05.1936, Nr. 21, S. 14–15, online: UB JCS Ffm, Judaica, CM.

GumpBericht 1936b: Gumpertz´sches Siechenhaus. [Bericht von der Generalversammlung des Vereins]. In: IsrGbl Ffm 1936 (Juni) 9: 353 [= Die Frankfurter Woche], online: UB JCS Ffm, Judaica, CM.

GumpSiechenhaus 1909: Sechzehnter Rechenschaftsbericht des Vereins »Gumpertz`sches Siechenhaus« in Frankfurt a. M. für das Jahr 1908. Frankfurt a. M.

GumpSiechenhaus 1913ff.: Rechenschaftsbericht des Vereins »Gumpertz`sches Siechenhaus« und der »Minka von Goldschmidt-Rothschild-Stiftung«. Frankfurt a. M. 1913ff., Online-Ausg. 2011: UB JCS Ffm, Judaica.

GumpStatut 1895: Revidirtes Statut für den Verein Gumpertz´sches Siechenhaus zu Frankfurt am Main. Frankfurt a. M.

Gut, Elias 1928: Geschichte der Frankfurt-Loge 1888–1928. Frankfurt a. M.

Hallgarten, Robert 1915: Charles L. Hallgarten. Frankfurt a. M.

Harris, S. 2002: Hachnosas Sefer Torah in Manchester [Würdigung von Ruth Seckbach]. In: The Dei'ah Vedibur – Information & Insight, 16.10.2002, http://www.chareidi.org/archives5763/lech/amnchstr.htm.

Harting, Mechthild 2016: Tee-Zeremonie unter der Blutbuche, updated 02.02.2016, http://www.faz.net/aktuell/rhein-main/nachfahre-der-rothschilds-tee-zeremonie-unter-der-blutbuche-14045258.html.

Haumann, Heiko 1998: Geschichte der Ostjuden. Aktualis. u. erw. Neuausg. München.

Heym, Heinrich/Klötzer, Wolfgang 1979: Frankfurt 1822 und heute. Frankfurt a. M.

Hennings, Verena 2008: Jüdische Wohlfahrtspflege in der Weimarer Republik. Frankfurt a. M.

Heuberger, Georg (Hg.) 1994a: Die Rothschilds. Band 1: Eine europäische Familie. [Begleitband zur Ausstellung des Jüdischen Museums Frankfurt am Main]. Sigmaringen.

Heuberger, Georg (Hg.) 1994b: Die Rothschilds. Band 2: Beiträge zur Geschichte einer europäischen Familie. [Essayband]. Sigmaringen.

Heuberger, Rachel/Krohn, Helga 1988: Hinaus aus dem Ghetto... Juden in Frankfurt am Main. 1800–1950. Mit Beitr. v. Cilly Kugelmann [u. a.]. Frankfurt a. M.

Heuberger, Rachel/Krohn, Helga (Hg.) 2008: Ein Amerikaner in Frankfurt am Main. Der Mäzen und Sozialreformer Charles Hallgarten (1838–1908). Unter Mitwirkung v. Maike Strobel. Frankfurt a. M.

Hirsch, Samson Raphael 1854: Die Religion im Bunde mit dem Fortschritt, von einem Schwarzen. Frankfurt a. M. – Online-Ausg. 2007: UB JCS Ffm, Judaica.

Hofacker, Karl 1932: Die Anstalten des Verbandes Frankfurter Krankenanstalten. Düsseldorf.

Hofmann, Simone/Ellrodt-Freiman, Esther/Rosensaft, Irina 2009: 120 Jahre B'nai B'rith Frankfurt Schönstädt Loge. Festschrift anlässlich der Feierlichkeiten zum 120-jährigen Jubiläum der B'nai B'rith Frankfurt Schönstadt Loge im Dezember 2009. Frankfurt a. M. [Selbstdruck].

Hofmann, Willy 1932: Die Stellung der jüdischen Weltanschauung zu Krankheit, Arzt und Medizin. Rede zur Einweihungsfeier des Hospital-Umbaus der Georgine Sara von Rothschild'schen Stiftung zu Frankfurt a. M. am 17. Elul 5692, 18. Sept. 1932. Frankfurt a. M.

Hopp, Andrea 1996: Von der Einheit der »heiligen Gemeinde« zur Vielfalt der ethnisch-religiösen Minderheit. Die jüdische Gemeinde in Frankfurt am Main. In: Olaf Blaschke/Frank-Michael Kuhlmann (Hg.) 1996: Religion im Kaiserreich. Milieus – Mentalitäten – Krisen. Gütersloh: 435–453.

Hopp, Andrea 1997: Jüdisches Bürgertum in Frankfurt am Main im 19. Jahrhundert. Stuttgart.

Horovitz, Jakob 1938: Sorge für das Alter. In: Almanach für das Jahr 5698 (1937/38). Hg. im Einvernehmen mit dem Vorstand der Israelitischen Gemeinde Frankfurt-M. von Stephanie Forschheimer, 1938, S. 20-23, online: https://archive.org/details/hug-ohahncollecti01hahnrs, E 291 – E 292 (LBI NY: Hugo Hahn Papers).

Horovitz, Markus 1896: Die Wohlthätigkeit bei den Juden im alten Frankfurt. (Beilage zu der Einladungsschrift d. Isr. Religionsschule). Frankfurt a. M. – Online-Ausg. 2012: UB JCS Ffm, Judaica.

Initiative 9. November e.V. 2010: Erinnerung braucht Zukunft. Der Ort der zerstörten Synagoge an der Friedberger Anlage in Frankfurt am Main. Frankfurt a. M.

Industrieverband Agrar e.V. 2007: Renaissance eines Weinschädlings. Die Reblaus meldet sich zurück. In: Profilonline, 27.09.2007: 1, http://weinbau.rlp.de/Internet/global/themen.nsf/ALL/38EDEFA12BE8A4A4C125736B00287022/$FILE/ReblausProfilonline070907.pdf.

Initiative Stolpersteine Ffm 2017: Initiative Stolpersteine Frankfurt am Main e.V. 2017: Stolpersteine in Frankfurt am Main. Zehn Rundgänge. Band 1. 2. durchges. Aufl. Frankfurt a. M.

Jersch-Wenzel, Stefi (Hg.) 2000: Juden und Armut in Mittel- und Osteuropa. Hg. im Auftrag des Simon-Dubnow-Instituts für Jüdische Geschichte und Kultur e.V. in Verb. mit François Guesnet [u. a.], Köln [u. a.].

Jetter, Dieter 1970: Zur Geschichte der jüdischen Krankenhäuser. In: Deutsche Gesellschaft für Krankenhausgeschichte e.V. 1970: 29–59.

Joseph, Max 1987 [1927]: Speisegesetze. In JüdLex Bd. V/2 (S–Z), Sp. 539–543.

Jüdischer Schwesternverein Ffm 1920: Verein für jüdische Krankenpflegerinnen zu Frankfurt a. M.: Rechenschaftsbericht 1913 bis 1919. Frankfurt a. M.

Jüdisches Museum Berlin 2015: Im fremden Land. Pressemitteilung vom 31. August 2015. https://www.jmberlin.de/im-fremden-land-0.

Jütte, Robert 2016: Leib und Leben im Judentum. Berlin.

Kallmorgen, Wilhelm 1936: Siebenhundert Jahre Heilkunde in Frankfurt am Main. Frankfurt a. M.

Kaminer, Isidor J. 2006: Tikun Haolam – Wiederherstellung der Welt. »Über-Leben« nach der Schoah. In: Forum der Psychoanalyse 22 (2006) 2, S. 127–144.

Karpf, Ernst 2003a: Jüdische Wohlfahrt von 1933 bis zum Novemberpogrom 1938. In: ISG Ffm: http://www.ffmhist.de.

Karpf, Ernst 2003b: Jüdische Wohlfahrt nach dem Novemberpogrom von 1938 bis 1940. In: ebd.

Karpf, Ernst 2003c: Die Jüdische Gemeinde nach dem Novemberpogrom 1938 bis zur ihrer Auflösung 1942. In: ebd.

Karpf, Ernst 2003d: Kinderauswanderung und Kindertransporte. In: ebd.

Karpf, Ernst 2003e: Juden und jüdisches Leben in Frankfurt nach der Befreiung 1945. In: ebd.

Kasper, Birgit/Schubert, Steffi 2013: Nach Frauen benannt. 127 Straßen in Frankfurt am Main. Hg. v. Frauenreferat der Stadt Frankfurt am Main. Frankfurt a. M.

Kingreen, Monica 1999a: Zuflucht in Frankfurt. Zuzug hessischer Landjuden und städtische antijüdische Politik. In: dies. (Hg.) 1999: 119–155.

Kingreen, Monica 1999b: Gewaltsam verschleppt aus Frankfurt. Die Deportationen der Juden in den Jahren 1941–1945. In: dies. (Hg.) 1999: 357–402.

Kingreen, Monica 2001: Raubzüge einer Stadtverwaltung. Frankfurt am Main und die Aneignung »jüdischen Besitzes«. In: Dieckmann, Christoph [u. a.] (Hg.): Beiträge zur Geschichte des Nationalsozialismus, Band 17, Bürokratien, Initiative und Effizienz. Berlin: 17–50.

Kingreen, Monica 2007: Systematische Politik der Ausplünderung. Die Aneignung »jüdischen Eigentums« durch die Stadt Frankfurt am Main. In: Stengel (Hg.) 2007: 226–241.

Kingreen, Monica 2016: Die Großmarkthalle und die gewaltsame Verschleppung der jüdischen Bevölkerung Frankfurts und des Regierungsbezirks Wiesbaden ab 1941 bis 1945. In: Gross/Semmelroth (Hg.) 2016: 153–190.

Kingreen, Monica (Hg.) 1999: »Nach der Kristallnacht«. Jüdisches Leben und antijüdische Politik in Frankfurt am Main 1938–1945. Frankfurt a. M., New York.

Kirchner, Anton 1807: Geschichte der Stadt Frankfurt am Main.

Klee, Ernst 2005: Das Personenlexikon zum Dritten Reich. Wer war was vor und nach 1945. Aktualis. Ausg. Frankfurt a. M.

Klee, Ernst 2010: »Euthanasie« im Dritten Reich. Die »Vernichtung lebensunwerten Lebens«. Vollst. überarb. Neuausg. Frankfurt a. M.

Knigge, Volkhard 1998: Buchenwald. In: Hoffmann, Detlef (Hg.): Das Gedächtnis der Dinge. KZ-Relikte und KZ-Denkmäler 1945–1995. Frankfurt a. M.

Köneke, Judith 2015: Stadtgeschichte sichtbar machen. In: FR, 14.05.2015, online: http://www.fr.de/frankfurt/ostend-stadtgeschichte-sichtbar-machen-a-470054.

Körner, Klaus 2016: Gegen Krieg und Faschismus. In: Ingrid Sonntag (Hrsg.): An den Grenzen des Möglichen. Reclam Leipzig 1945–1991: 142–156.

Korn, Salomon 2010: Es wären hundert Jahre gewesen... In: Initiative 9. November e.V.: 30–34.

Kottek, Samuel S. 2010: Wohlfahrtspflege in der jüdischen Gemeinde: der Krankenbesuch. In: Heidel, Caris-Petra (Hg.): Jüdische Medizin – Jüdisches in der Medizin Medizin der Juden? Frankfurt a. M.: 33–38.

Krohn, Helga (Hg.) 1995: Vor den Nazis gerettet. Eine Hilfsaktion für Frankfurter Kinder 1939/40. Sigmaringen.

Krohn, Helga 2000: »Auf einem der luftigsten und freundlichsten Punkte der Stadt, auf dem Röderberge, sind die jüdischen Spitäler«. In: dies. [u. a.]: 128–143.

Krohn, Helga [u. a.] 2000: Ostend. Blick in ein jüdisches Viertel. Einl. v. Georg Heuberger. Erinnerungen v. Wilhelm Herzfeld [u. a.]. [Ausstellungskatalog des Jüdischen Museums Frankfurt am Main]. Frankfurt a. M.: 7, 128–143.

Krohn, Helga 2011: »Es war richtig wieder anzufangen«. Juden in Frankfurt am Main seit 1945. Frankfurt a. M.

Krüger, Johann Friedrich 1830: Vollständiges Handbuch der Münzen, Maße und Gewichte aller Länder der Erde. Quedlinburg, Leipzig: 332, https://de.wikipedia.org/wiki/St%C3%BCckfass.

Kümper, Michal [u. a.] (Hg.) 2007: Makom. Orte und Räume im Judentum – Real – Abstrakt – Imaginär. Essays. Hildesheim, Zürich, New York.

Kugelmann, Cilly (Hg.) 2005: Weihnukka. Geschichten von Weihnachten und Chanukka. [Ausstellungskatalog des Jüdischen Museums Berlin]. Berlin.

Kuhlbrodt, Dietrich o.J.: Von Rosa von Praunheim. In: filmzentrale, http://www.filmzentrale.com/rezis/vonrosavonpraunheimdk.htm.

Lanzmann, Claude 2011: Shoah. [Vorwort v. Simone de Beauvoir]. Reinbek bei Hamburg.

Lavaud, Simona 2015: Gleichberechtigung und Gleichwertigkeit? Jüdische Wohlfahrt in der Weimarer Republik zwischen privaten Initiativen und öffentlichem Engagement am Beispiel der Berliner Gemeinde. Frankfurt a. M.

Leser, Julia 2009: Röderberg – Chronik eines antifaschistischen Verlages. 1950-1989, http://www.grin.com/de/e-book/151527/der-roederberg-verlag-chronik-eines-antifaschistischen-verlages.

Leuchtweis-Gerlach, Brigitte 2001: Das Waldkrankenhaus Köppern (1901–1945). Die Geschichte einer psychiatrischen Klinik. Frankfurt a. M.

Lewkowitz, Julius 1987 [1927]: Nächstenliebe (Lev. 19,18). In: JüdLex 1987 Bd. IV/1 (Me–R), Sp. 374–375.

Lewy, Wilhelm 1987 [1927]: Wohltätigkeit. In: JüdLex 1987 Bd. V/2 (S–Z), Sp. 1475–1479.

Loewy, Hanno (Red.) 2011: »Solls der Chanukkabaum heißen«. Chanukka, Weihnachten, Weihnukka. Jüdische Geschichten vom Fest der Feste. Gesammelt v. Hanno Loewy. 3., durchges. u. verb. Aufl. Berlin.

Löffler, Gustav 1916: Bericht des Arztes. In: GumpSiechenhaus 1916: 11–12.

Ludwig, Astrid 2010: Fachhochschule Frankfurt: Ein großer Mäzen. In: FR, 22.11.2010, http://www.fr.de/frankfurt/campus/fachhochschule-frankfurt-ein-grosser-maezen-a-973001.

Lustiger, Arno (Hg.) 1994: Jüdische Stiftungen in Frankfurt am Main. Sigmaringen.

Lustiger, Arno (Hg.) 2003: Charles Hallgarten. Leben und Wirken des Frankfurter Sozialreformers und Philanthropen. Mit Beitr. v. Jens Friedemann, Arno Lustiger, Hans-Otto Schembs u. Ulrich Stascheit. Vorw. v. Klaus Töpfer. Frankfurt a. M.

Märker, Juliane (Bearb.) 2014: Die jüdische Gemeinde Warmaisa. In: Institut für Geschichtliche Landeskunde an der Universität Mainz e.V. (Hg.): https://www.schumstaedte.info/die-schum-gemeinden/worms-warmaisa.html, updated 19.12.2014.

Magin-Pelich, Eva 2003: Die Frau, die zu Gott betete: Baronin Adelheid de Rothschild. In: AUFBAU, 07.08.2003, online abrufbar bei Alemannia Judaica Nordrach, http://www.alemannia-judaica.de/nordrach_synagoge.htm.

Maierhof, Gudrun 1999: Selbsthilfe nach dem Novemberpogrom. Die Jüdische Gemeinde in Frankfurt am Main 1938 bis 1942. In: Kingreen (Hg.) 1999: 157–186.

Maierhof, Gudrun 2002: Selbstbehauptung im Chaos. Frauen in der jüdischen Selbsthilfe 1933–1943. Frankfurt a. M., New York.

Mahnkopp, Volker 2018: Dokumentation zu vom NS-Staat verfolgten Personen im Frankfurter Kinderhaus der Weiblichen Fürsorge e. V. Hans-Thoma-Straße 24. Frankfurt a. M. 2011, erw. Fassung 2018, Stand: 11.09.2018, http://www.platz-der-vergessenen-kinder.de.

Makower, Felix 1907: Bericht über die Tätigkeit des Verbandes der deutschen Juden bei der Vorbereitung des preussischen Volksschulunterhaltungsgesetzes von 1906. Berlin, http://sammlungen.ub.uni-frankfurt.de/freimann/urn/urn:nbn:de:hebis:30-180013507006 Mann, Barbara E. 2012: Space and Place in Jewish Studies. New Brunswick, NJ.

Mann, Barbara E. 2012: Space ans Place in Jewish Studies. New Brunswick, NJ.

Maretzki, Louis 1907: Geschichte des Ordens Bnei Briss in Deutschland 1882–1907. Berlin o.J. [1907].

Matron, Kristina 2013: »Grabkreuze werden hier leider keine angefertigt« – Evakuierungen von kranken und alten Menschen aus Frankfurt und Krankenmorde 1943–1945. In: Fleiter (Hg.) 2013: 191–202.

Maxeiner, Rudolf 1979: Ländliches Leben im alten Frankfurt. Frankfurt a. M.

Maurer, Trude 1986: Ostjuden in Deutschland 1918–1933. Hamburg.

Meinl, Susanne/Zwilling, Jutta 2004: Legalisierter Raub. Die Ausplünderung der Juden im Nationalsozialismus durch die Reichsfinanzverwaltung in Hessen. Frankfurt a. M., New York.

Merzbach, Richard 1933: 60. Geburtstag [Würdigung]. In: IsrGbl Ffm 12 (1933) 3, November, S. 11–-113, online: UB JCS Ffm, Judaica CM.

Metzger, Thomas/Gunzenreiner, Johannes 2015: Von Theresienstadt ins Schulhaus Hadwig. Vor 70 Jahren traf in St. Gallen ein Zug mit 1200 Jüdinnen und Juden aus dem Konzentrationslager Theresienstadt ein. Ein historischer Blick auf die Hintergründe ihrer Rettung und ihre Zeit im Schulhaus Hadwig. In: Ostschweiz am Sonntag, Nr. 6, 08.02.2015, S. 19.

Meyer, Jacob 1914: Bericht des Arztes. In: GumpSiechenhaus 1914: 7.

Meyer, Jacob 1919: Bericht des Arztes. In: GumpSiechenhaus 1919: 9–10.

Meyer, Jacob 1928: [Nachruf] in: IsrGbl Ffm 7 (1928) Sept./Okt. 1928, Nr. 1/2, S. 24.

Michels, Claudia 2006: Rothschild-Tochter will Ort der Erinnerung. In: FR, 02.08.2006.

Morgenstern, Matthias 1995: Von Frankfurt nach Jerusalem. Isaac Breuer und die Geschichte des »Austrittsstreits« in der deutsch-jüdischen Orthodoxie. Tübingen.

Munzinger Archiv: Heinz Herbert Karry, https://www.munzinger.de/search/document?id=00000012822&type=text%2fhtml&template=%2fpublikationen%2fpersonen%2fdocument.jsp&key=%24param%5b%27key%27%5d&terminate=%24param%5b%27terminate%27%5d.

Murken, Axel Hinrich 1993: Vom Hekdesch zum Allgemeinen Krankenhaus. Jüdische Krankenhäuser im Wandel ihrer 800jährigen Geschichte vom 13. Jahrhundert bis zum Zweiten Weltkrieg. In: Historia Hospitalium, Band 19 (1993/94): 115–142.

Neuhaus, Leopold 1949: Nachruf auf Rahel Seckbach. In: AUFBAU 15 (23.09.1949) 38, S. 41.

Ortmeyer, Benjamin (Hg.) 1994: Berichte gegen Vergessen und Verdrängen. Von 100 überlebenden jüdischen Schülerinnen und Schülern über die NS-Zeit in Frankfurt am Main. Wehle.

Otto, Arnim 1998: Juden im Frankfurter Osten 1796 bis 1945. Offenbach a. M.

Praunheim, Rosa von 2009: Rosas Rache. Filme und Tagebücher seit 1960. Berlin.

Probst, Stephan M. (Hg.) 2017: Die Begleitung Kranker und Sterbender im Judentum. Bikkur Cholim, jüdische Seelsorge und das jüdische Verständnis von Medizin und Pflege. Berlin.

Pulzer, Peter G. J. 2004: Die Entstehung des politischen Antisemitismus in Deutschland und Österreich 1867 bis 1914. Mit einem Forschungsbericht des Autors. Mit 16 Tabellen. Göttingen.

Rau, Susanne 2013: Räume. Konzepte, Wahrnehmungen, Nutzungen. Frankfurt a. M., New York.

Rebentisch, Dieter 1991: Frankfurt am Main in der Weimarer Republik und im Dritten Reich 1918–1945. In: Frankfurter Historische Kommission (Hg.) 1991: 423–519.

Reinfurth, Klaus: Wie die Frankfurter zu ihren Hausnummern kamen, https://www.stadtgeschichte-ffm.de/de/info-und-service/frankfurter-geschichte/schlaglichter.

Reinke, Andreas 2001: »Eine Sammlung des jüdischen Bürgertums«. Der Unabhängige Orden B'nai B'rith in Deutschland. In: Gotzmann, Andreas/Liedtke, Rainer/Rahden, Till van (Hg.): Juden, Bürger, Deutsche. Zur Geschichte von Vielfalt und Differenz 1800–1933. Tübingen: 315–340.

Reschke, Barbara (Red.) 2012: Clementine von Rothschild. 1845–1865. Full of talent and grace. Zum 125-jährigen Bestehen des Clementine-Kinderhospitals hg. v. Vorstand der Clementine-Kinder-Hospital Dr.-Christ'schen Stiftung. 2., erg. Aufl. Frankfurt a. M.

Reuter, Fritz 1987: Warmaisa. 1000 Jahre Juden in Worms. 2. Aufl. Frankfurt a. M.

Rieber, Angelika/Lieberz-Gross, Till (Hrsg.) 2018: Rettet wenigstens die Kinder: kindertransporte aus Farnkfurt am Main – Lebenswege von geretteten Kindern, Frankfurt am Main.

Rieber, Angelika (Hg.) 2013: Unsere Wurzeln sind hier in Frankfurt. Begegnungen mit ehemaligen Frankfurterinnen und Frankfurtern jüdischer Herkunft und ihren Kindern. Karben.

Rothschild, Clementine von 1883: Achter Brief – Liebe und Gerechtigkeit im Judentum. In: dies: Briefe an eine christliche Freundin über die Grundwahrheiten des Judenthums. Mit e. biogr. Vorw. v. Leopold Stein. Leipzig, S. 61-75, Online-Ausg. 2008 (pdf 77–91): UB JCS Ffm, Judaica.

Rothschild, Louise von 1861: Wohlthätigkeit. Nächstenliebe. Gedanken einer Mutter über biblische Texte. In Reden an ihre Kinder. Aus dem zu London 1859 ersch. engl. Originale ins Deutsche übertr. u. hg. v. Leopold Stein. Frankfurt a. M., S. 27–42, Online-Ausg. 2008 (pdf 54-62), UB JCS Ffm, Judaica.

Rothschild, Miriam 1994: Die stillen Teilhaber der ersten europäischen Gemeinschaft. Gedanken über die Familie Rothschild II: Die Frauen. In: Heuberger G. 1994b: 159–170.

Rothschild, Miriam/Rothschild, Lionel de/Garton, Kate 2004: The Rothschild Gardens. A Family's Tribute to Nature. Photographs by Andrew Lawson & Lionel de Rothschild. New York

Sachs, Shimon 2016: Zur Stellung des behinderten Menschen in der jüdischen Überlieferung. In: Drovs, Dagmar: Heilpädagogik im deutschen Judentum. Eine Spurensicherung 1873–1942. Hg. v. Bernd Schröder. Münster, S. V-XXVIII.

Schellinger, Uwe 2002: Adelheid de Rothschild (1853–1935) und die Gründung der M.A. von Rothschildschen Lungenheilanstalt in Nordrach. In: Die Ortenau. Veröffentlichungen des Historischen Vereins für Mittelbaden 82 (2002), S. 519–528.

Schembs, Hans-Otto 1994: »Kranken zur Pflege, der Gemeinde zum Frommen, der Vaterstadt zur Zierde«. Die wohltätigen Stiftungen der Rothschilds in Frankfurt am Main. In: Heuberger G. 1994b: 211–224.

Schembs, Hans-Otto 2007: Jüdische Mäzene und Stifter in Frankfurt am Main. Einführung v. Hilmar Hoffmann. Hg.: Moses-Jachiel-Kirchheim'sche Stiftung. Frankfurt a. M.

Schenk, Andreas 2015: Fritz Nathan - Architekt. Sein Leben und Werk in Deutschland und im amerikanischen Exil. Basel.

Schiebler, Gerhard 1994: Stiftungen, Schenkungen, Organisationen und Vereine mit Kurzbiographien jüdischer Bürger. In: Lustiger (Hg.) 1994: 11–288.

Schlogel, Karl 2003: Im Raume lesen wir die Zeit. München/Wien.

Schlotzhauer, Inge 1989: Ideologie und Organisation des politischen Antisemitismus in Frankfurt am Main. 1880–1914. Frankfurt a. M.

Schmidt, Armin/Schmidt, Renate 2006: Die Römer an Rhein und Main. Frankfurt a. M.: 307.

Schneider, Ulrich 1997: Zukunftsentwurf Antifaschismus. 50 Jahre Wirken der VVN für »eine neue Welt des Friedens und der Freiheit«. Bonn.

Seckbach, Hermann 1917: Fünfundzwanzig Jahre Siechenhaus. In: FN, 20.09.1917 (ISG Ffm: Wohlfahrtsamt Sign. 877, Bl. 24).

Seckbach, Hermann 1918a: Das Glück im Hause des Leids. Skizzen aus einem Krankenhaus und Lazarett in der Kriegszeit. Frankfurt a. M. = Kriegsschrift der Agudas Jisroel Jugendorganisation 4.

Seckbach, Hermann 1918b: Soziale Fürsorge für jüdische Nerven- und Gemütskranke! In: IdR 24 (1918) 10, Oktober, S. 403, online: UB JCS Ffm, Judaica, CM.

Seckbach, Hermann 1919: Die Nervenkranke. In: It 60 (1919) 1, 09.01.1919, S. 2–3 [Rubrik: ›Kleines Feuilleton‹], online: ebd.

Seckbach, Hermann 1925: Die Existenz unserer jüdischen Anstalten. In: It 66 (1925) 22, S. 3, online: ebd.

Seckbach, Hermann 1928: »Sabbatgeis«. Erzählungen und Skizzen. Frankfurt a. M.

Seckbach, Hermann 1929: Dienstjubiläum [von Hermann Seckbach]. In: IsrGbl Ffm 1929 (Dez.) 4, S. 154, online: UB JCS Ffm, Judaica, CM.

Seckbach, Hermann 1930: Der Seder auf ›Schloß Grüneburg‹. In: It 71 (1930) 15, S. 14, online: ebd.

Seckbach, Hermann 1933: Der Seder auf Schloß Grüneburg. Erzählungen aus der Kinderecke. Frankfurt a. M.

Seemann, Birgit 2012, aktualisiert 2017: Frankfurter jüdische Altenpflege. Ein historischer Überblick, http://www.juedische-pflegegeschichte.de/frankfurter-juedische-altenpflege-und-altenhilfe-ein-historischer-ueberblick/.

Seemann, Birgit 2013a: Rothschild´sches Altersheim – ein Wohnprojekt für Frankfurter jüdische Seniorinnen im Zeil-Palais, http://www.juedische-pflegegeschichte.de/rothschildsches-altersheim-ein-wohnprojekt-fuer-frankfurter-juedische-seniorinnen-im-zeil-palais.

Seemann, Birgit 2013b: Rothschild´sches Damenheim – ein Wohnprojekt für bedürftige Frankfurter Seniorinnen aller Konfessionen in Eschersheim, www.juedische-pflegegeschichte.de, http://www.juedische-pflegegeschichte.de/rothschildsches-damenheim-ein-wohnprojekt-fuer-beduerftige-frankfurter-seniorinnen-aller-konfessionen-in-eschersheim.

Seemann, Birgit 2014: »Glück im Hause des Leids«. Jüdische Pflegegeschichte am Beispiel des Gumpertz'schen Siechenhauses (1888–1941) in Frankfurt/Main. In: Geschichte der Pflege. Das Journal für historische Forschung der Pflege- und Gesundheitsberufe 3 (2014) 2, S. 38–50.

Seemann, Birgit 2014a: Das Hospital der Georgine Sara von Rothschild'schen Stiftung (1870–1941) Teil 1: eine Klinik unter orthodox-jüdischer Leitung, http://www.juedische-pflegegeschichte.de/das-hospital-der-georgine-sara-von-rothschildschen-stiftung-1870-1941-teil-1/.

Seemann, Birgit 2014b: Das Hospital der Georgine Sara von Rothschild'schen Stiftung (1870–1941) Teil 2: Standort Röderbergweg, http://www.juedische-pflegegeschichte.de/das-hospital-der-georgine-sara-von-rothschildschen-stiftung-1870-1941-teil-2/.

Seemann, Birgit 2014c: Das Hospital der Georgine Sara von Rothschild'schen Stiftung (1870 – 1941) Teil 3: der Umbau 1931/32 und sein Architekt Fritz Nathan, http://www.juedische-pflegegeschichte.de/das-hospital-der-georgine-sara-von-rothschildschen-stiftung-1870-1941-teil-3/.

Seemann, Birgit 2015: Leid-Kontexte in der deutsch-jüdischen Krankenpflege des 19. und frühen 20. Jahrhunderts. In: Geschichte der Pflege 4 (2015) 2, S. 24–26.

Seemann, Birgit 2016: »Ausdauer, Energie und Opferbereitschaft« – Frankfurter jüdische Krankenschwestern im Ersten Weltkrieg, http://www.juedische-pflegegeschichte.de/ausdauer-energie-und-opferbereitschaft-frankfurter-juedische-krankenschwestern-im-ersten-weltkrieg.

Seemann, Birgit 2016a: Stiefkind der Forschung: Das Rothschild'sche Kinderhospital in Frankfurt am Main (1886-1941). In: nurinst: Beiträge zur deutschen und jüdischen Geschichte. Band 8, Schwerpunktthema: Kinder: 153–168.

Seemann, Birgit 2017a: Judentum und Pflege: Zur Sozialgeschichte des orthodox-jüdischen Gumpertz'schen Siechenhauses in Frankfurt am Main (1888–1941). In: Nolte, Karin/ Vanja, Christina/ Bruns, Florian/ Dross, Fritz (Hg.) 2017: Geschichte der Pflege im Krankenhaus. Historia Hospitalium. Jahrbuch der Deutschen Gesellschaft für Krankenhausgeschichte, Band 30. Berlin: 13–40.

Seemann, Birgit 2017b: Der jüdische Krankenbesuch (Bikkur Cholim), http://www.juedische-pflegegeschichte.de/der-juedische-krankenbesuch-bikkur-cholim, http://www.juedische-pflegegeschichte.de.

Seemann, Birgit 2017c: Jüdische Krankenhäuser in Frankfurt am Main (1829–

1942), http://www.juedische-pflegegeschichte.de/juedische-krankenhaeuser-in-frankfurt-am-main-1829-1942.

Seemann, Birgit 2018a: Gumpertz´sches Siechenhaus (1888–1941) – jüdische Pflege für die »Ärmsten der Armen« im Frankfurter Ostend, http://www.juedische-pflegegeschichte.de/gumpertzsches-siechenhaus-1888-1941-juedische-pflege-fuer-die-aermsten-der-armen-im-frankfurter-ostend.

Seemann, Birgit 2018b: Gumpertzsches Siechenhaus: biographische Wegweiser, http://www.juedische-pflegegeschichte.de/gumpertzsches-siechenhaus-biographische-wegweiser.

Seemann, Birgit 2018c: »Geschick, Pflichttreue und große Herzensgüte« – Rahel (Spiero) Seckbach, Oberin des Gumpertz´schen Siechenhauses: http://www.juedische-pflegegeschichte.de/geschick-pflichttreue-und-grosse-herzensguete-rahel-spiero-seckbach-oberin-des-gumpertzschen-siechenhauses.

Seemann, Birgit 2018d: Seckbach (geborene Spiero), Rahel Sara (1876–1949). In: Kolling, Hubert (Hg.): Biographisches Lexikon zur Pflegegeschichte. Band 8. Nidda: 258–262.

Seemann, Birgit i.E.: Thekla (Mandel) Isaacsohn – Oberin, Heimleiterin, »Leviratsmutter« [Arbeitstitel], http://www.juedische-pflegegeschichte.de (im Erscheinen).

Seemann, Birgit/Bönisch, Edgar 2012: Das Internetportal www.juedische-pflegegeschichte.de. Ein virtuelles Denkmal für jüdische Pflegende. In: informationen. Wissenschaftliche Zeitschrift des Studienkreises Deutscher Widerstand 1933-1945. 37. Jg., Mai 2012, Nr. 75, S. 30–31.

Seemann, Birgit/Bönisch, Edgar 2013: Jüdische Pflegegeschichte im Nationalsozialismus am Beispiel Frankfurt am Main. In: Steppe/Ulmer (Hg.) 2013: 257–265.

Seemann, Birgit/Bönisch Edgar 2017: Ein jüdischer Ort wird nationalsozialistisch. Kontexte des Mikro-Raums ›Gumpertz'sches Siechenhaus‹ in Frankfurt am Main und seine NS-›Arisierung‹ als räumlicher Gewaltprozess. Unter Mitarbeit von Eva-Maria Ulmer und Gudrun Maierhof, unveröffentlichtes Manuskript (Stand Januar 2017).

Seide, Adam 1987: Rebecca oder ein Haus für Jungfrauen jüdischen Glaubens besserer Stände in Frankfurt am Main. Roman. Frankfurt a. M.

Segall, Jakob/Weinreich, Frieda 1925: Die geschlossenen und halboffenen Einrichtungen der jüdischen Wohlfahrtspflege in Deutschland. Berlin, http://nbn-resolving.de/urn:nbn:de:hebis:30-180015307004.

S.F. [anonymisiert] 1994: Am 1. April 1933, dem Boykottsamstag, wurde ich angefallen und geschlagen. In: Benjamin Ortmeyer (Hg.): Berichte gegen Vergessen und Verdrängen. Von 100 überlebenden jüdischen Schülerinnen und Schülern über die NS-Zeit in Frankfurt am Main. Witterschlick/Bonn.

Soden, Kristine von 1995: »Und dann kamen keine Briefe mehr«. In: Krohn (Hg.) 1995: 59–82.

Stascheit, Ulrich 2014: Der ›Hallgarten-Hof‹ im Fachbereich ›Soziale Arbeit und Gesundheit‹. In: Fachhochschule Frankfurt am Main, Fachbereich Soziale Arbeit und Gesundheit (Hg.): »Warum nur Frauen?«. 100 Jahre Ausbildung für soziale Berufe. Frankfurt a. M.: 547–556.

Statut Rothschild´sches Damenheim 1904: Statut der Wilhelm Carl von Rothschild´schen Stiftung für wohltätige und gemeinnützige Zwecke zu Frankfurt a. M. Frankfurt a. M.

Stemmler, Gunter 2017: Schuld und Ehrung. Die Kommunalpolitiker Rudolf Keller und Friedrich Lehmann zwischen 1933 und 1960 – ein Beitrag zur NS-Geschichte in Frankfurt am Main. Frankfurt a. M.: UB JCS Ffm, Online-Ausg., urn:nbn:de:hebis:30:3-445442 [2. gedruckte Auflage geplant].

Stengel, Katharina (Hg.) 2007: Vor der Vernichtung. Die staatliche Enteignung der Juden im Nationalsozialismus. Frankfurt a. M., New York.

Steppe, Hilde 1997: »... den Kranken zum Troste und dem Judenthum zur Ehre ...«. Zur Geschichte der jüdischen Krankenpflege in Deutschland. Frankfurt a. M.

Steppe, Hilde/ Ulmer, Eva-Maria (Hg.) 2013: Krankenpflege im Nationalsozialismus. 10., aktualisierte und erweiterte Auflage. Frankfurt a. M.

Stern, Baruch 1932: 50 Jahre Israelitische Volksschule Frankfurt am Main. Frankfurt a. M., http://sammlungen.ub.uni-frankfurt.de/judaicaffm/urn/urn:nbn:de:hebis:30:1-156507 Stolberg, Michael 2011: Fürsorgliche Ausgrenzung. Die Geschichte der Unheilbarenhäuser (1500–1900). In: Stollberg, Gunnar [u. a.] (Hg.): Krankenhausgeschichte heute. Was heißt und zu welchem Ende studiert man Hospital- und Krankenhausgeschichte? Historia Hospitalium, Band 27, Berlin, Münster: 71–78.

Talabardon, Susanne/Völkening 2015, Helga: Die Hebräische Bibel. Eine Einführung. Berlin.

Tauber, Alon 2008: Zwischen Kontinuität und Neuanfang. Die Entstehung der jüdischen Nachkriegsgemeinde in Frankfurt am Main 1945–1949. Wiesbaden.

Tobias, Jim G. 2011: Zeilsheim. Eine jüdische Stadt in Frankfurt. Nürnberg.

Tüffers, Bettina 2004: Der braune Magistrat. Personalstruktur und Machtverhältnisse in der Frankfurter Stadtregierung. 1933–1945. Hg. i.A. der Gesellschaft für Frankfurter Geschichte e.V. in Verbindung mit der Frankfurter Historischen Kommission, Frankfurt a. M.

Tüffers, Bettina 2016: Der braune Magistrat: Werner Fischer-Defoy. In: ISG Ffm: http://www.ffmhist.de, updated 29.04.2016.

Ulmer, Eva-Maria 2009: Krankenpflege als Beruf jüdischer Frauen und die Ausübung der beruflichen Krankenpflege im Exil. In: Feustel, Adriane/ Hansen-Schaberg, Inge/ Knapp, Gabriele (Hg.): Die Vertreibung des Sozialen. München: 152–163.

Ulmer, Eva-Maria 2009: Der Beginn der beruflich ausgeübten Pflege im 19. Jahrhundert, http://www.juedische-pflegegeschichte.de/der-beginn-der-beruflich-ausgeuebten-pflege-im-19-jahrhundert.

Umhoch, Kai 2018: »Bankhaus Rothschild & Söhne an die Berliner Disconto-Gesellschaft, 1. August 1901«. In: Zeitgeschichte in Hessen, http://www.lagis-hessen.de (Stand: 01.08.2018).

Volk, Otto 2019: »Erlöschen der deutschen Linie der Bankiersfamilie Rothschild, 25. Januar 1901«. In: Zeitgeschichte in Hessen, http://www.lagis-hessen.de (Stand: 25.01.2019).

Volkov, Shulamit 2000: Die Dynamik der Dissimilation: Deutsche Juden und die ostjüdischen Einwanderer. In: dies.: Antisemitismus als kultureller Code. Zehn Essays. 2., durch ein Reg. erw. Aufl. München: 166–180.

Volkov, Shulamit 2001: Die Erfindung einer Tradition. Zur Entstehung des modernen Judentums in Deutschland. In: dies.: Das jüdische Projekt der Moderne. Zehn Essays. München: 118–137.

Weglein, Resi 1988: Als Krankenschwester im KZ Theresienstadt. Erinnerungen einer Ulmer Jüdin. Hg. u. mit e. Zeit- u. Lebensbeschreibung versehen v. Silvester Lechner u. Alfred Moos. Stuttgart.

Wesp, Dieter 2017: Villa Kennedy. Wohnhaus – Forschungslabor – Luxushotel. Ein Stück Frankfurter Geschichte: von Reichtum und Raub, von Verdrängung und Neuanfang, von Privatisierung und neuem Luxus. Berlin.

Wippermann, Wolfgang 1986: Das Leben in Frankfurt zur NS-Zeit. Band I: Die nationalsozialistische Judenverfolgung. Darstellung, Dokumente, didaktische Hinweise. Frankfurt a. M.

Wolf, Benny 1912: Die Speisegesetze. Vom Herausgeber. Erster Teil. Cöln 5672 [1912]: Verlag der Bibliothek des Jüdischen Volksfreundes = Bibliothek des Jüdischen Volksfreundes. Hg. v. Rabb.[iner] Dr. Wolf, Cöln, Nr. 4, Der denkende Jude Teil III. – Online-Ausg. 2008: UB JCS Ffm, Judaica.

Wolf, Siegbert (Hg.) 1996: Frankfurt am Main. Jüdisches Städtebild. Frankfurt a. M.

Zalc, Claire/Bruttmann, Tal (Hg.) 2017: Microhistories of the Holocaust. New York, Oxford.

Zedaka 1992: Zedaka. Jüdische Sozialarbeit im Wandel der Zeit. 75 Jahre Zentralwohlfahrtsstelle der Juden in Deutschland 1917–1992. Frankfurt a. M.

Zedaka 2011: »Zedaka« – Das Leitbild der Zentralwohlfahrtsstelle der Juden in Deutschland (ZWST), 2011, http://www.zwst.org/de/zwst-ueber-uns/leitbild-zedaka/.

Zeller, Susanne 2009: Jüdische Ethik und ihr (unbeachteter) Zusammenhang mit dem Prozess der Professionalisierung der Sozialen Arbeit in Deutschland. In: Feustel, Adriane/Hansen-Schaberg, Inge/Knapp, Gabriele (Hg.), Die Vertreibung des Sozialen. Stuttgart: 54–70.

Zeller, Susanne 2013: Was ist jüdisch an der Jüdischen Sozialarbeit? Harry Maòr und die identifikatorische Kulturarbeit. In: Soziale Arbeit 5/2013: 178–192.

Zeller, Thomas 2004: Die Architekten und ihre Bautätigkeit in Frankfurt am Main in der Zeit von 1870 bis 1950. Frankfurt a. M.

## Links [letzter Aufruf aller Links am 01.11.2018]

Alemannia Judaica: Arbeitsgemeinschaft für die Erforschung der Geschichte der Juden im süddeutschen und angrenzenden Raum: http://www.alemannia-judaica.de/

AUFBAU: AUFBAU (New York, N.Y.: 1934–2004). © JM Jüdische Medien AG / Serenade Verlag AG, Zürich, Switzerland: https://archive.org/details/aufbau

August-Stunz-Zentrum Ffm: August-Stunz-Zentrum der Arbeiterwohlfahrt Frankfurt am Main, http://www.awo-frankfurt.com/dienste-angebote/senioren/vollstationaere-pflege/august-stunz-zentrum.html

Ausstellung »Flüchtlinge im Hadwig«: Fachstelle Demokratiebildung und Menschenrechte an der Pädagogischen Hochschule St. Gallen: Ausstellung »Flüchtlinge im Hadwig«, 2015, https://www.phsg.ch/dienstleistung/fachstellen/fachstelle-demokratiebildung-und-menschenrechte (mit Artikel, Interview, Handreichung)

BA Koblenz: Bundesarchiv Koblenz: Gedenkbuch: Opfer der Verfolgung der Juden unter der nationalsozialistischen Gewaltherrschaft in Deutschland 1933–1945, http://www.bundesarchiv.de/gedenkbuch/directory.html.de

BDJU: Biographische Datenbank Jüdisches Unterfranken: http://www.landjudentum-unterfranken.de

Bildungsserver: Kleine Eiszeit, http://wiki.bildungsserver.de/klimawandel/index.php/Kleine_Eiszeit.

B'nai B'rith Ffm: B'nai B'rith Schönstädt Loge e.V., Frankfurt a. M.: http://bnaibrith-ffm.de

Frankfurter Kinderhaus: Frankfurter Kinderhaus der Weiblichen Fürsorge e.V.. Hg.: 200grad GmbH & Co. KG, Offenbach a. M., http://www.platz-der-vergessenen-kinder.de

Frankfurter Personenlexikon: Ein Projekt der Frankfurter Bürgerstiftung. Kooperationspartner: Frankfurter Historische Kommission. Hg.: Clemens Greve, Sabine Hock, http://frankfurter-personenlexikon.de

Geni: https://www.geni.com [genealogische Website mit noch weiter zu prüfenden Angaben]

Infobank Judengasse Ffm: Infobank Judengasse Frankfurt am Main: http://www.judengasse.de

ISG Ffm: Institut für Stadtgeschichte Frankfurt am Main: http://www.stadtgeschichte-ffm.de

ISG Ffm: Frankfurt am Main 1933–1945: http://www.ffmhist.de

JM Ffm: Jüdisches Museum Frankfurt am Main mit Museum Judengasse und Gedenkstätte/Datenbank Judengasse: http://www.juedischesmuseum.de

Jüdische Orte Ffm: Jüdisches Museum Frankfurt am Main (Hg.): Jüdische Orte in Frankfurt am Main. In Kooperation mit der Universitätsbibliothek JCS Frankfurt am Main. Fotografie und Texte: Bettina Jäger, http://www.juedisches-frankfurt.de

Jüdische Pflegegeschichte Ffm: Jüdische Pflegegeschichte / Jewish Nursing History – Biographien und Institutionen in Frankfurt am Main. Hg.: Frankfurt University of Applied Sciences [Projektleitung: Eva-Maria Ulmer. Red.: Edgar Bönisch und Birgit Seemann], http://www.juedische-pflegegeschichte.de

Jüdisches Leben Ffm: Projekt Jüdisches Leben in Frankfurt am Main. Spurensuche – Begegnung – Erinnerung e.V.: Projekt Jüdisches Leben Frankfurt am Main [Red.: Angelika Rieber [u. a.]] http://www.juedisches-leben-frankfurt.de

LAGIS: Landesgeschichtliches Informationssystem Hessen (LAGIS). Hg.: Hessische Landesamt für geschichtliche Landeskunde, Marburg: http://www.lagis-hessen.de

Rothschild Archive: The Rothschild Archive: https://www.rothschildarchive.org

SchUM-Städte: SchUM-Städte Speyer, Worms, Mainz e.V. (Hg.), https://schumstaedte.de/

Statistik des Holocaust 2016: Freier, Thomas: Statistik und Deportation der jüdischen Bevölkerung aus dem Deutschen Reich: http://www.statistik-des-holocaust.de/info.html [Website mit noch weiter zu prüfenden Angaben]

Stolpersteine Ffm: Stolpersteine in Frankfurt am Main, http://www.stolpersteine-frankfurt.de

Terezin Opferdatenbank: Theresienstädter Initiative / Institut Terezínské iniciativy: http://www.holocaust.cz/de/opferdatenbank

USHMM Database: United States Holocaust Memorial Museum: Holocaust Survivors and Victims Database: http://www.ushmm.org/research/collections/resourcecenter

Vor dem Holocaust: Fritz Bauer Institut Frankfurt am Main (Hg.): Vor dem Holocaust – Fotos zum jüdischen Alltagsleben in Hessen. Red.: Monica Kingreen, http://www.vor-dem-holocaust.de

Yad Vashem: Gedenkstätte Yad Vashem, Jerusalem (mit der zentralen Datenbank der Namen der Holocaust-Opfer), http://www.yadvashem.org/yv/de/

ZWST: Zentralwohlfahrtsstelle der Juden in Deutschland: http://www.zwst.org/de/home/

# Bildnachweise

Abbildung 1: © Institut für Stadtgeschichte Frankfurt am Main, Stadtvermessungsamt Nr. 436, Eintrag No. 34, Gewann II, im Flurbuch (Frankfurter Gemarkung), ohne Datum [Ergänzungen E.B.]

Abbildung 2: © Institut für Stadtgeschichte Frankfurt am Main, Grundbücher-Stadt Nr. 137

Abbildung 3: © Institut für Stadtgeschichte Frankfurt am Main, S8-Stpl/1792, Johann Hochester, Jakob Samuel Walwert

Abbildung 4: © Edgar Bönisch

Abbildung 5: © Institut für Stadtgeschichte, Frankfurt am Main, S8-Stpl/1864, Delkeskamp

Abbildung 6: © Institut für Stadtgeschichte Frankfurt am Main, S1/413-9

Abbildung 7: © Historisches Museum Frankfurt am Main

Abbildung 8: Aus: Maxeiner 1979: 85

Abbildung 9: © Edgar Bönisch/Birgit Seemann

Abbildung 10: © Institut für Stadtgeschichte Frankfurt am Main, S7Vö/1677, Vömel

Abbildung 11: © Institut für Stadtgeschichte Frankfurt am Main, S8-STK-2T/8J-1914, Stadtvermessungsamt [Ergänzungen E.B.]

Abbildung 12: Aus: Krohn 2000: 22f.

Abbildung 13: Aus: Stern 1932: 23

Abbildung 14: Aus: Stern 1932: 13

Abbildung 15: Aus: Stern 1932: 41

Abbildung 16: Aus: Stern 1932: 19

Abbildung 17: Aus: Stern 1932: 63

Abbildung 18: Aus: Stern 1932: 67

Abbildung 19: © Institut für Stadtgeschichte Frankfurt am Main, Schulamt 3828

Abbildung 20: © Institut für Stadtgeschichte Frankfurt am Main, Schulamt 3828

Abbildung 21: © Jüdisches Museum Frankfurt am Main, F91-545_A, Fotograf: Walter Maltner, Offenbach

Abbildung 22: © Leonard Freed, Hawdala-Zeremonie in der Synagoge Frankfurt am Main. Aus der Serie Deustche Juden heute, Frankfurt am Main 1961; Jüdisches Museum Berlin.

Abbildung 23: © Institut für Stadtgeschichte Frankfurt am Main, Magistratsakte V453

Abbildung 24: © Jüdisches Museum Frankfurt und mit freundlicher Genehmigung von Cilly Peiser

Abbildung 25: © Edgar Bönisch

Abbildung 26: Aus: Bar Ezer o.J., S. 1

Abbildung 27: © Jüdisches Museum Frankfurt am Main, F93-0230

Abbildung 28: © Yad Vashem, Hall of Names, Page of Testimony for »Rosa Marx«

Abbildung 29: © Jüdisches Museum Frankfurt, F93-245

Abbildung 30: © Courtesy of the Leo Baeck Institute, New York

Abbildung 31: © Institut für Stadtgeschichte Frankfurt am Main, S7A2005/28

Abbildung 32: © Courtesy of the Leo Baeck Institute, New York

Abbildung 33: © Courtesy of the Leo Baeck Institute, New York

Abbildung 34: © Courtesy of the Leo Baeck Institute, New York

Abbildung 35: © Courtesy of the Leo Baeck Institute, New York

Abbildung 36: © Courtesy of the Leo Baeck Institute, New York

Abbildung 37: © Institut für Stadtgeschichte Frankfurt am Main, Gutacherausschuß für Grundstückbewertung Sig. 2141

Abbildung 38: © Universitätsbibliothek Frankfurt am Main/ Digitale Sammlungen Judaica, http://sammlungen.ub.uni-frankfurt.de/freimann/content/titleinfo/760524

Abbildung 39: Institut für Stadtgeschichte Frankfurt am Main, Heiratsbücher Nr. 33 (Nr. 179/ 1848)

Abbildung 40: © Aus: Bartetzko, Dieter [u.a.] 1977: Wie Frankfurt fotografiert wurde. 1850–1914. München, online: https://commons.wikimedia.org/wiki/File:Frankfurt_Am_Main-William_Henry_Fox_Talbot-Zeil_in_Richtung_Hauptwache-1846.jpg [01.11.2018], bearb. v. Mylius (Roland Meinecke)

Abbildung 41: Aus: Frankfurt-Loge XX. No. 372 gegründet am 8. Januar 1888. Frankfurt a.M. 1901. © Universitätsbibliothek Frankfurt am Main/ Digitale Sammlungen, https://sammlungen.ub.uni-frankfurt.de/judaicaffm/content/titleinfo/4098628

Abbildung 42: Aus: Gut 1928: 70f.

Abbildung 43: Aus: 25 Jahre Frankfurt-Loge. 1888–1913. [Frankfurt a.M.] 1913: Independent Order of B'nai B'rith / Frankfurt-Loge: 35

Abbildung 44: Aus: Lustiger (Hg.) 2003: unpag.

Abbildung 45: © Reproduced with the permission of The Trustees of The Rothschild Archive, Sign.: RAL 000/1586/269

Abbildung 46: © Reproduced with the permission of The Trustees of The Rothschild Archive, Gutle Rothschild (1753-1849) née Schnapper. In dark dress, lace collar, paisley shawl and blue-ribboned cap. Oil on canvas

Abbildung 47: © Reproduced with the permission of The Trustees of The Rothschild Archive, Sign: RAL 000/2089

Abbildung 48: © Edgar Bönisch/Birgit Seemann

Abbildung 49: © Institut für Stadtgeschichte Frankfurt am Main, Sign. S7A 2005/28

Abbildung 50: © Reproduced with the permission of The Trustees of The Rothschild Archive, Sign.: RAL 000/2089

Abbildung 51: © Reproduced with the permission of The Trustees of The Rothschild Archive, Sign.: RAL 000/1586/346

Abbildung 52: © Reproduced with the permission of The Trustees of The Rothschild Archive, Sign. RAL 000/1571/5

Abbildung 53: © Institut für Stadtgeschichte Frankfurt am Main, Sign. S7A1998/12908, Historisches Museum Frankfurt am Main

Abbildung 54: © Marco Ebel

Abbildung 55: Aus: Seckbach 1918a

Abbildung 56: © Claus Canisius

Abbildung 57: © Claus Canisius

Abbildung 58: Aus: Verein für jüdische Krankenpflegerinnen zu Frankfurt am Main, XVI. Jahresbericht, Frankfurt a.M. 1909

Abbildung 59: Aus: Cohn-Neßler 1920: 174. © Universitätsbibliothek Frankfurt am Main/ Digitale Sammlungen Judaica, https://sammlungen.ub.uni-frankfurt.de/cm/periodical/pageview/3288197

Abbildung 60: Aus: GumpSiechenhaus 1913ff.: Rechenschaftsbericht des Vereins »Gumpertz'sches Siechenhaus« und der »Minka von Goldschmidt-Rothschild-Stiftung« Frankfurt am Main für das Jahre 1913. Frankfurt a.M. 1914. © Universitätsbibliothek Frankfurt am Main/ Digitale Sammlungen Judaica, http://sammlungen.ub.uni-frankfurt.de/2044707

Abbildung 61: © Yad Vashem, Hall of Names, Page of Testimony for Hermann Wronker

Abbildung 62: © Yad Vashem, Hall of Names, Page of Testimony for Ida Wronker

Abbildung 63: © Institut für Stadtgeschichte Frankfurt am Main, Nullkartei, ohne Sign.

Abbildung 64: Deutsches Architekturmuseum, Frankfurt am Main, Fotografin: Hanna (Jeanne) Mandello, © Isabel Mandello

Bildnachweise

Abbildung 65: © Universitätsbibliothek Frankfurt am Main/ Digitale Sammlungen Judaica, https://sammlungen.ub.uni-frankfurt.de/cm/periodical/pageview/3098121

Abbildung 66: © Jüdisches Museum Frankfurt am Main, Sign. F87-F0324

Abbildung 67: © Institut für Stadtgeschichte Frankfurt am Main: Sign. S7Z1939/39

Abbildung 68: © Yad Vashem, Hall of Names, Page of Testimony for Rina Mingelgrün

Abbildung 69: © Yad Vashem, Hall of Names, Page of Testimony for Flora Schlesinger

Abbildung 70: © Betty Harrison

Abbildung 71: Alemannia Judaica Hochstadt, http://www.alemannia-judaica.de/hochstadt_synagoge.htm [01.11.2018]

Abbildung 72: © Cornelia und Michael Mence

Abbildung 73: Aus: It 77 (1936) 42, 22.10.1936, S. 12. © Universitätsbibliothek Frankfurt am Main/ Digitale Sammlungen Judaica, https://sammlungen.ub.uni-frankfurt.de/cm/periodical/pageview/2540446

Abbildung 74: © Institut für Stadtgeschichte Frankfurt am Main, Personalakten Nr. 17.043

Abbildung 75: © Hessisches Hauptstaatsarchiv Wiesbaden, Sign. 518/ 59139: Fallakte Seckbach, Rahel geb. Spiero

Abbildung 76: Aus: Bönisch, Edgar 2013: Karl Falkenstein, http://www.juedische-pflegegeschichte.de/karl-falkenstein [01.11.2018]

Abbildung 77: © National Archives Czech Republic (Prag), Autopsy of S. Keller, Sign. NA, HBMa, box Inv. No. 5

Abbildung 78: Aus: Aufbau 15 (16.09.1949) 37, S. 30

Abbildung 79: © Esther Alexander-Ihme

Abbildung 80: © Marco Ebel

Abbildung 81: © Jüdisches Museum Frankfurt am Main

Abbildung 82: © Historisches Museum Frankfurt

Abbildung 83: © HHStAW 519 V VG 3102 1744_006

Abbildung 84: © Mit freundlicher Genehmigung von Ronald Karry

Abbildung 85: © Institut für Stadtgeschichte Frankfurt am Main, S8-2/767

Abbildung 86: © Institut für Stadtgeschichte Frankfurt am Main, S8-STK-2T/ NO1-1950 [Ergänzungen E. B.]

Abbildung 87: Mit freundlicher Genehmigung: Dave Koller, Los Angeles

# Bildnachweise

Abbildung 88: © Institut für Stadtgeschichte Frankfurt am Main, S7C1998/30577

Abbildung 89: © Institut für Stadtgeschichte Frankfurt am Main, S7C1998/30585

Abbildung 90: © Eva-Maria Ulmer

Abbildung 91: © Frobenius Institut Frankfurt am Main, EBA-B01982, Alf Bayrle

Abbildung 92: © Gabriele Lichter-Kotterba, Inv.-Nr.: 2015/12.144, Archiv Peter Roehr, MUSEUM MMK FÜR MODERNE KUNST

Abbildung 93: © SPAARNESTAD PHOTO/NA/Anefo/Fotograaf onbekend, CC BY-SA 3.0 nl, https://commons.wikimedia.org/w/index.php?curid=11623190

Abbildung 94: © Ute Wittich

Abbildung 95: © VG Bild-Kunst, Bonn 2017 Foto: Axel Schneider, MUSEUM FÜR MODERNE KUNST

Abbildung 96: © Rosa von Praunheim

Abbildung 97: © Rosa von Praunheim

Abbildung 98: © Institut für Stadtgeschichte Frankfurt am Main, S7C1998/30569, Klaus Meier-Ude

Abbildung 99: © Sonnenschein

Abbildung 100: © Institut für Stadtgeschichte Frankfurt am Main, Fürsorgeamt Nr. 3864

Abbildung 101: © Institut für Stadtgeschichte Frankfurt am Main, S8-STK-2T_NO1d_1986, Architekturbüro Härter

Abbildung 102: © Marco Ebel

Abbildung 103: © Marco Ebel

Abbildung 104: © Birgit Seemann

Abbildung 105: © Birgit Seemann

Abbildung 106: © Birgit Seemann

Abbildung 107: © Birgit Seemann

Abbildung 108: © Birgit Seemann

Abbildung 109: © Birgit Seemann

Abbildung 110: © Birgit Seemann

Abbildung 111: © Birgit Seemann

Abbildung 112: © Marco Ebel

Abbildung 113: © Marco Ebel

Abbildung 114: © privat / Marion Bienes

Abbildung 115: © Marco Ebel

Abbildung 116: © Initiative Stolpersteine Frankfurt am Main

Abbildung 117: © Birgit Seemann

Abbildung 118: © Birgit Seemann

Abbildung 119: © Institut für Stadtgeschichte Frankfurt am Main, S14C2002/95, Wolfgang Kamberg

Abbildung 120: © Marco Ebel

Abbildung 121: © Marco Ebel

Abbildung 122: © Birgit Seemann

Abbildung 123: © Forschungsprojekt ›Jüdische Pflegegeschichte‹ an der Frankfurt University of Applied Sciences, http://www.juedische-pflegegeschichte.de [04.03.2019]

Abbildung 124: © Forschungsprojekt ›Jüdische Pflegegeschichte‹ an der Frankfurt University of Applied Sciences, http://www.juedische-pflegegeschichte.de [04.03.2019]

Abbildung 125: © Forschungsprojekt ›Jüdische Pflegegeschichte‹ an der Frankfurt University of Applied Sciences, http://www.juedische-pflegegeschichte.de [04.03.2019]

Abbildung 126: © Forschungsprojekt ›Jüdische Pflegegeschichte‹ an der Frankfurt University of Applied Sciences, http://www.juedische-pflegegeschichte.de [04.03.2019]

# Dank

Wir bedanken uns bei den Mitarbeiterinnen und Mitarbeitern

des Deutschen Architekturmuseums

der Frankfurt University of Applied Sciences

des Frobenius-Instituts an der Goethe-Universität Frankfurt am Main

des Hessischen Hauptstaatsarchivs Wiesbaden

des Historischen Museums Frankfurt am Main

der Initiative Stolpersteine Frankfurt am Main e. V.

des Instituts für Stadtgeschichte Frankfurt am Main

der Internationalen Holocaust Gedenkstätte Yad Vashem, Jerusalem

des Jüdischen Museums Berlin

des Jüdischen Museums Frankfurt

des Leo Baeck Institute, New York

der National Archives Czech Republic (Prag)

des Staatsarchivs Freiburg

des Stadtarchivs Holzminden

des Stadtarchivs Linz am Rhein

des Stadtarchivs Lippstadt

des The Rothschild Archive London

der Universitätsbibliothek J. C. S. Frankfurt am Main mit Judaica-Sammlung

Dank

Ebenso geht unser herzlicher Dank an

Esther Alexander-Ihme, Frankfurt a. M.

James Bauer, New York

Helke und Thomas Bayrle, Frankfurt a. M.

Dr. Claus Canisius (Enkel von Oberin Thekla (Mandel) Isaacsohn), Hirschberg a. d. Bergstraße

Dieter und Hanna Eckhardt, Geschichtswerkstatt der AWO Frankfurt a. M.

Marco Ebel, Frankfurt a. M.

Dr. Eckhardt Friedrich, Herrliberg, Schweiz

Feli Gürsching †

Annette Handrich, Monica Kingreen †, Michael Lenarz und Konrad Schneider (Beirat des Projekts ›Jüdische Pflegegeschichte‹)

Betty Harrison, (Nichte von Rita Hamburger), USA

Simone Hofmann, B'nai B'rith Schönstädt Loge e.V., Frankfurt a. M.

Prof. Dr. Lena Inowlocki, Frankfurt a. M.

Dr. Isidor Kaminer, Frankfurt a. M.

Ronald Karry, Büdingen

Klaus Kieckbusch, Holzminden

Dr. Kathrin Massar, Frankfurt a. M.

Sandra Nagel, Kuratorin, Paris

Brigitte Nottebohm, Frankfurt a. M.

Rosa von Praunheim, Berlin

Dr. Jürgen G. Richter, Arbeiterwohlfahrt (AWO) Frankfurt a. M.

Angelika Rieber, Oberursel

Dr. Hans-Joachim Rothe, Frankfurt a. M.

Ken Schoen aka Kaufmann, Archivar (Judaica) in Massachusetts/USA

Familie Sonnenschein, Frankfurt a. M.

Prof. Ulrich Stascheit, Frankfurt a. M.

Majer Szanckower, Verwalter der Frankfurter Jüdischen Friedhöfe Frankfurt a. M.

Ute Wittich, Garten- und Landschaftsarchitektin, Frankfurt a. M.

Dr. Siegbert Wolf, Historiker und Publizist, Frankfurt a. M.

# Brandes & Apsel

Iris Bergmiller-Fellmeth / Elisabeth Leuschner-Gafga / Initiative 9. November / (Hrsg.)

## Displaced Persons

Vom DP-Lager Föhrenwald nach Frankfurt am Main

From DP-Camp Ferenwald to Frankfurt am Main

Sebastian Koch / Stiftung Kloster Eberbach (Hrsg.)

## Kloster Eberbach im Nationalsozialismus

Der Katalog zur Ausstellung »Vom DP-Lager Föhrenwald nach Frankfurt in die Waldschmidtstraße« der Initiative 9. November e. V. im Hochbunker Friedberger Anlage in Frankfurt gewährt uns Einblicke in eine bis heute unbekannte Lebenswelt. Die Erinnerungen der Zeitzeugen sind voller Wehmut angesichts der Leiden und Trauer ihrer Angehörigen, gleichzeitig voller Dankbarkeit für deren Liebe und Fürsorge und die weitergegebene Überzeugung, »trotzdem Ja zum Leben (zu) sagen«.

204 S., 20 x 27 cm, € 19,90
ISBN 978-3-95558-268-5

Kloster Eberbach, heute von der gemeinnützigen Stiftung Kloster Eberbach unterhalten, hat nun die Auseinandersetzung auch mit diesem Teil seiner Geschichte gesucht. Ergebnis ist das vorliegende Buch. Es fragt nach der Rolle Eberbachs u. a. bei der Arisierung des Weinhandels, dem Einsatz von Kriegsgefangenen in den Weinbergen und den Aktivitäten des Widerstandes. Nicht jede Erkenntnis fügt sich dabei reibungslos in unser geläufiges Bild von der NS-Zeit.

320 S., 17 x 32 cm, geb., € 29,90
ISBN 978-3-95558-269-2

Thorwald Ritter / Hildegard Haas / Dietrich Fichtner

## Stolpersteine in Seligenstadt

Rundgang zu Wohnhäusern, Synagogenplatz und jüdischem Friedhof

 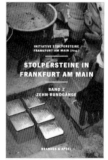

Initiative Stolpersteine Frankfurt am Main (Hrsg.)

## Stolpersteine in Frankfurt am Main Band I und II

Die Autoren haben in einer akribischen Recherche die Familiengeschichten und -tragödien der Seligenstädter Juden vor und nach dem Zweiten Weltkrieg rekonstruiert. In ihren Berichten spricht die Geschichte aus Kataster- und Brandversicherungsunterlagen, Meldeberichten und -registern, Schülerlisten, Adressbüchern, Briefen und einigen Interviews mit Überlebenden. So entsteht ein Rundgang durch Seligenstadt, vorbei an Wohnhäusern, der Synagoge und dem jüdischen Friedhof, der die Geschichte der jüdischen Mitbürger wiederbelebt und die Erinnerung an sie wachhält.

196 S., Pb. Großoktav, € 19,90
ISBN 978-3-95558-254-8

Zu jedem Rundgang gehört eine übersichtliche Routenkarte. Texte und Abbildungen liefern Hintergrundinformationen über Geschichte und Gegenwart der jeweiligen Stadtviertel.

Band I: 196 S., Pb. Großoktav, € 14,90
ISBN 978-3-95558-185-5
Band II: 216 S., Pb. Großoktav, € 14,90
ISBN 978-3-95558-241-8

**Unsere Kataloge erhalten Sie kostenlos:**
Brandes & Apsel Verlag • Scheidswaldstr. 22 • 60385 Frankfurt am Main
info@brandes-apsel.de • www.brandes-apsel.de
**Fordern Sie unseren Newsletter kostenlos an:**
newsletter@brandes-apsel.de